明清史学术文库

清代赋税政策研究

1644～1840年

何平 著

故宫出版社
The Forbidden City Publishing House

1965年5月生。湖北省咸丰县人。现任中国人民大学财政金融学院副院长，货币金融系教授，博士生导师。

发表了多篇有价值的经济史和金融理论论文。主持教育部人文社会科学基地重大科研项目《现代财政金融理论的中国渊源》等多个项目。2005年入选教育部新世纪优秀人才支持计划。2006年获宝钢教育基金优秀教师奖。参与的《本硕连读金融实验班》教改项目，2005年获国家级高等教育教学成果二等奖。主持教育部高等教育质量工程第二类特色专业《金融学国际化人才培养》（2007）和国家级教学团队（2008）《金融学国际化人才培养模式创新教学团队》项目工作。2009年9月，参与的教学改革项目《财政金融专业国际性人才培养模式探索》获国家级教学成果二等奖。

2006年11月、2011年11月先后当选海淀区第十四届、第十五届人大代表，两届均兼任海淀人大常委会财经委委员。

历史研究包括财政金融历史的研究，首要的是事实的把握。无遗漏、真实而有价值的文献资料的梳理，是高质量研究成果的前提。同时，研究者也须与时俱进，分享同时代人类在相关学科领域的知识成果，勇于付诸实践，充分体现时代精神，才能获得有益于社会和人类的科学结论。翔实有价值文献与人类最新的人文社会科学理论的结合，是历史研究进步的保证。

那种简单地以“断代修史”为旗帜，忽视或者漠视现代科学特别是社会科学的知识积累来构筑学术与文化工程，必然造成社会资源的无谓浪费和学术停滞。

何平

2012年7月6日

北京

总序一

2012年是清帝退位一百周年，明清史研究也走过了百余年的风雨里程。出于总结和促进发展的目的，故宫出版社将百年来明清史专题研究的重要的甚至经典性著作，遴选四十余部再版发行，以期对当前的明清史研究有所裨益，这是令人高兴和值得肯定之举。

长达五百余年的明清两代，是中国历史上两个重要的王朝，既处于我国封建社会行将灭亡的衰落时期，又处在中国封建专制主义发展的巅峰时期。盛世与没落，帝王的文治武功与社会的演进变革，殖民者的“福音”传播与列强的坚船利炮，此起彼伏的农民起义与先进的中国人的图强探索，以及革命与改良，等等。这是一个多姿多彩且天翻地覆的历史时期。这一时期又连接着今天，影响着今天。因此，研究明清两代的历史，就有着十分重要的意义。

现代意义上的明清历史研究开始于20世纪初。面对清王朝的腐朽没落，半殖民地半封建社会的奴役屈辱，资产阶级革命的风起云涌，以梁启超、夏曾佑、严复、孟森、章太炎、向达、谢国桢、萧一山等学者为代表的中国知识界，继承中国古代社会“鉴古知今”的历史传统，吸收近代科学理论知识，开始对清先世、明满关系、南明史、学术史，后渐扩大到秘密社会史、华侨史、晚清史（这是一大热点）、民族史、历史地理、财政史、盐业史等明清历史的多个方面，进行系统研究，筚路蓝缕，取得了丰硕的成果。

新中国成立以后，特别是改革开放以来，学术界在马列主义理论指导下，继承老一辈学者的信实学风，汲取西方学术研究的科学方法，解放思想，大胆探索，推动了明清史研究的不断深入。研究领域在不断扩大，研究水平在不断提高，明清史学逐渐形成充满朝气、欣欣向荣的繁荣景象。经过数十年的发展与积淀，时间已为我们留下了一些有价值的学术著作，这些著作资料翔实，论述严密，条理贯通，至今仍为许多学者所推崇。因此，将多年以来明清史研究著作纳入《文库》，重新修订再版，可使我们回顾明清史学研究的发展轨迹，促进 21 世纪明清史学术研究的深入发展。

故宫博物院和故宫出版社推出这套《明清史学术文库》还有一层特殊的意义，这就是故宫和故宫博物院在明清史研究中的特殊地位。故宫作为明清两代的皇宫紫禁城，在明清两朝的统治历史中，共有 24 位皇帝在此生活执政，使之在五百多年中成为全国的政治中心、文化中心，演绎出一幕幕兴衰史剧，几乎明清时期的每一个重大历史事件，都与宫廷发生着密切的联系。故宫几乎每一座宫殿、每一个院落、每一处山石，甚至每一口水井、一床一案，都有一段传奇经历，蕴含着独特的、浓厚的历史文化信息，涉及建筑、园林、历史、地理、文献、文物、考古、美术、宗教、民族、典制、礼俗等诸多学科与门类。这也是研究明清时期典章制度、宫廷建筑、宫廷生活等历史问题的专家学者不能不予以关注、不能不去考察体验的诸多社会历史领域。建立在以明清两代皇宫“原址保护”基础上的故宫博物院，兼容建筑、藏品与其中蕴含丰富的宫廷历史文化为一体，这一特点及优势，决定了它在整个明清史研究中有着独特的、不可替代的重要地位。而故宫的一切研究工作也离不开明清史学术界的辛勤劳动。

正是基于这种独特关系，故宫博物院与清史编纂委员会联合举办清史研讨会，与北京大学联合主办《明清论丛》，成立明清宫廷史研究中心和故宫学研究所，组织编纂明清史研究丛书，并资助出版一大批重要的明清史学术研究成果，受到学界的广泛赞许。以突出皇宫、皇权和皇帝等皇家文化研究的“故宫学”学术概念，也得到了学界的广泛关注。浙江大学、中国社会科学院研究生院等高校已开始招收这方面的硕士研究生，浙江大学成立了故宫学研究中心，南开大学成立了明清宫廷史与故宫学研究中心，台湾清华大学开设了“故宫学概论”课程等。所有这些，必将对故宫博物院的日常工作和学术研究，以及明清史学界的进一步发展，产生重要的推动作用。

故宫出版社作为故宫博物院的重要部门，一直把促进明清史和故宫学的研究作为自己义不容辞的责任和义务，做出了积极的努力，也取得了重要的成果。本次推出这套《明清史学术文库》，在整合、出版既有学术成果的基础上，通过深入地与专家、学者沟通，对明清史及故宫学研究涉及的一些问题进行专题探讨，以提高明清史和故宫学研究的理论水平，并向成为我国明清史研究成果的出版重镇不断迈进，其精神也值得赞扬。我们相信，通过故宫出版社与明清学术界的不断努力，明清历史研究必将取得更大的发展。

郑欣淼

2012年 7 月

总序二

一百年前的1912年，清朝覆亡，宣统帝退位，中华民国建立。标志着统治中国长达两千多年封建帝制的终结。中国历史迈开了前进的脚步，中国人民觉醒奋起，在近代化的征途上努力前进。

伴随着清王朝的覆灭，中国的一大批学者对中国封建社会的最后两个王朝——明朝和清朝的历史进行了认真、系统的研究，章太炎、梁启超、孟森、钱穆、萧一山、蒋廷黻、郭廷以、郑天挺、吴晗、罗尔纲、王钟翰等学术前辈在明清史处女地上披荆斩棘、辛勤耕耘，为明清史学的发展奠定了基础。改革开放以来，学术界百花齐放、百家争鸣，以马克思主义为指导不断地解放思想，积极吸收外国的研究思想和方法，使我国明清史的研究出现了前所未有的长足进步，涌现出一批有价值的学术著作。但在当时，中国或者尚在战乱时期，或者尚在建设的探索时期，经济贫穷，文化欠发达，学术著作的印刷数量不多，流传不广，不利于学术交流和明清史研究更深入的发展，故而故宫出版社将多年来明清史专题性研究著作纳入《明清史学术文库》，重新修订再版，力求涵盖民国以来各个时期的学术大家及其代表性著作，目的就在于将涉及政治、经济、文化、社会生活等方面的研究著作汇集一起，以此反映明清社会的整体状况，为学者深入研究明清时期的社会状况提供学术平台。

明清两代，时间长达五百多年之久，道路崎岖，变化迅速，人物和事件丰富繁多，是最接近今天现实的历史，生产力已有相当发展，居于当时世界各国的前列，社会结构和各种关系已相当复杂，人口众多，经济繁荣，交流频繁，财富充盈，各种事业兴旺发达。至康雍乾时期，中国历史发展到最高峰。但社会中的各个领域存在着缺陷，各种主客观条件尚未具备，整个社会唯以协同推进，阻力重重，举步维艰。所以未能进入近代化的轨道，中国坐失了西方世界在 18 世纪所抓住的社会进步的良好时机，这是中国的不幸，也是我们前几辈先人痛心扼腕、力图奋起直追的动力和原因。今天，我们正在建设中国特色的社会主义，成绩辉煌，但前途还有许多艰难曲折，需要我们奋斗拼搏，晚近明清历史上先辈们走过的崎岖道路值得我们回顾、反思、探索、研究，以利于后人的继续快步前进。

在中华民国成立以前，明清史虽已编纂了许多重要的档案资料，但研究尚在起步阶段，历史编纂中充斥着对本朝的歌功颂德和对前朝的诋毁。民国以后的明清史研究则有了重大的进步。

其进步主要可举出三个方面：

第一，改变了形而上学和英雄史观，逐渐以社会进步史观和马克思主义唯物史观来研究历史；改变了停滞不动、堆砌史料、罗列历史事实，不讲究前因和后果，不揭示历史发展的客观规律，强调英雄创造了历史而忽视人民群众的生产斗争、阶级斗争，不能给人以真实的历史知识的做法。历史是人类进步的活动，是人民群众艰辛创造和英勇斗争的进程。经济活动是人类社会的基础，而政治、军事、法制、文化、思想都是其上层建筑，将会或早或迟地随着经济基础的变化而变化。二十世纪初进步史观和马克思主义唯物史观的出现，大大改变和推动了中国历史研究，明清史研究领域出现了许多高水平的、科学的、实证的明清史著作。

第二，研究领域的扩大。自民国以来，明清史研究的领域不断扩大，不仅着重于帝王将相活动，不仅有内外战争、官场升贬、刑律惩治，也不仅宣扬封建的纲常伦理，还涉及到中央和地方的典章制度、兴废沿革、官阶序列、财政收支、赋税征收，人口的增减迁移，城镇的设置变迁；经济方面有农林牧副各业的状况，开垦和耕作记录，各种传统的手工业和商业，以至近代工厂、矿场的兴起，电报的设置，火车轮船的建造；军事方面，有八旗、绿营、团练、湘军、淮军以至北洋水师、小站练兵等；文化方面，既有诗文词赋、绘画书法、人物传记，又有昆曲、京剧、小说、唱本各种民间艺术；加之民族、法制、科学、宗教、城市、乡镇、风俗习惯、生态海洋等方面。各种研究无所不包，覆盖了各个社会历史领域，使得每朝的史书类似于百科全书型的著作，可以阅读和寻找到各种各样的知识。

第三，史料的整理和发展大为进步。民国以后，大内档案公之于世，其数量达一千万件以上，其中尤以清朝的档案与史料为多，它们的大量公开出版为后人提供了无穷的研究宝藏。档案和各种史料是认识和研究历史的重要载体，只有对它进行积累、分析、辨识、考证，才能揭示出历史的真相。近百年来，收集、保存、整理和利用这些珍贵的历史资料取得了很大的成绩，使我们对五百多年的明清历史有了许多新的重要的发现和认识。

故宫出版社作为故宫博物院的下属部门，把服务和促进明清史和故宫学研究作为自己的责任和义务，并为此做出了不懈的努力，坚持资助出版《明清史论丛》，还抽出人力、物力出版了《明代宫廷史研究丛书》等一批颇具特色的明清史著作，逐渐成为明清史研究成果的一个重要的出版阵地，为明清史研究的深入发展，作出了积极贡献。相信本丛书的出版，无论对史学工作者还是普通的史学爱好者，都是一个极大的便利，必将对明清史学术知识和研究的深入发展与广度普及，产生积极的影响。

戴逸

2012年7月

目　录

再版前言　清代财政与货币问题研究的新取向

本书由中国社会科学出版社作为“东方历史研究丛书”之一种初版于 1998 年 12 月。自那时以来，在相同领域，国内外出版了几本十分重要的著作。最引人注目首次出版的创新专著，是中国学者武汉大学陈锋教授的《清代财政政策与货币政策研究》（武汉大学出版社，2008 年 4 月）和现任日本京都大学人文社会科学研究所所长岩井茂树教授的《中国近世财政史研究》（京都大学出版会，2004 年 2 月）。同时，比本书更早时期出版的英文专著也有了中文译本，按中文版出版时序，最具代表性的是美国哥伦比亚大学曾小萍（Madeleine Zelin）教授的《州县官的银两——18 世纪中国的合理化财政改革》（中国人民大学出版社，2005 年 1 月。英文初版：The Magistrate′s Tael:Rationalizing Fiscal Reform in Eighteenth Century Ch′ing China.Berkeley:University of California Press,1984）、台湾中央研究院院士王业键教授的《清代田赋刍论（1750~1911 年）》（人民出版社，2008 年 11 月。英文初版：Land Taxation in Imperial China,1750 ~1911.Cambridge,Massachusetts:Harvard University Press,1973）。这些著作为清代中国财政经济问题的研究进行了富有成效的切实推进，贡献卓著。

在本书由故宫出版社再版之际，我试图就以上这些重要著作特别是新近出版的两本专著所作出的重要贡献以及本书出版以来近 15 年的研究进展进行总结，以改进未来的研究工作，作为再出发的准备。同时，除了初次出版印数少的因素之外，也明确本书在该领域整体研究进程中的位置和意义，作为再版理由的补充，就教于师长和同行。

传统方法的极致

在以传统范畴构成的传统研究框架和传统研究方法上，陈锋教授的专著在汉语文献里、岩井茂树教授的专著在日语文献里都达到了该领域研究的极致，他们将该领域的研究推升到一个新的层次。

陈锋教授的专著气势宏大，在全面回顾 20 世纪清代财政史研究的基础上，对开国时期的财政政策、财政收支结构及其变动、银钱比价以及近代新币的发行等问题进行了深入的专题研究，其使用的文献包括一般文献和档案文献十分全面。在一定程度上可以说达到了中文文献的极致。即使在个别细节上的研究，也进行了明显的推进，比如对乾隆三十一年岁入统计（见第 369 页）、乾隆三十一年岁出统计（见第 408、409 页），均利用新近收集的资料进行了最新推算。

现任京都大学人文社会科学研究所所长的岩井茂树教授新近出版的专著，是日文研究著作的极致。它所取的时段是日语中的“近世”，用汉语表达的最贴切的对应词应当是“前近代”或者“近古”，也就是紧靠我们通常所说的中国历史中以 1840 年起始的近代（modern times）之前的那个时段，处于向近代过渡的关键时期。正是由于它所取的是这样一个关键的时期，所以它的研究志趣正在于中国财政的特征、近代化的可能性及其制约因素。他称:

可以容易地看到，富裕的地主或者豪族具有与官府为核心的国家权力的对抗力量，在另一方面国家权力在它的终端诸如基层社会十分软弱这样的表面现象。此外，也可以对处于形成过程中的中国的国民国家，做出从前近代承续下来的国家支配的属性未能克服的历史解释。但是，受认识上的局限，几乎完全没有给出解释。使得地方官府和有“面子”而“有力”的那些人们之间厉害一致的东西究竟是什么呢？他们的那种厉害一致和国家税收负担分配之间怎样地发生关联呢？这样的征收制度和财政结构、内部的统治方法之间能看出怎样的关联性呢？按照这些问题来展开，形成这种现象的财政体系本身的结构和它的历史特征不就是能够理解了吗？收集在本书中的研究的出发点，正是基于这样的思路。（日文版，第12页）

我认为，财政体系是观察在传统中国政治支配秩序中所具有的特殊性质和构造的最好渠道。另外，历史地形成的财政的体系，与社会经济发展状况之间是以怎么样的相互关系展开的呢？另外，它作为财政体系的一个类型可以给它作出怎样的特征描述呢？回答这些问题，都是财政史研究的重大课题。……本书的研究只是从负担分配和财政结构的相互关系的视角来探讨这个课题。（日文版，第16页）

岩井茂树教授在研究方法上将明清时期的财政问题与现代中国联系起来考察，以期获得中国财政体系在制度结构和原则上的一般性理解，深入而精到。

但是，所谓科学是一个探索真理的过程。传统研究路径的工作，仍然留下了进一步研究的余地。这里仅仅举出三个研究主题。

一是如同岩井茂树教授所指出的中欧财政体系的差别。中国中世纪的国家税收收入的背景是，处于支配地位的国家政权几乎处于“无产”的状态。国家经济规模虽然强大，但是，它失去了与其他各种财务收支安排并列作为众多家庭收支之一种的性质。它通过赋税、物资和力役的征收和支出，对整个社会经济的面貌发挥重大的影响。在国家财政上，这便与经常依赖君主自己拥有的土地等资产的收入和利用君主特权获得的一部分间接税收入的欧洲或者日本中世纪所谓的国家家计财政大相异趣。在以知行地制或领邦制为政治体制的条件下，可以通过对阶层化和分权化了的下级财政的向上缴纳以实现整个国家财政的统一。就封建中国以及明清中国的财政而言，自上而下以至社会末端完全实行铁板一块的集权管理（参见前揭岩井专著日文版第 15 页）。这样看来，向近代财政体制转化的中国和欧洲，具有完全不同的历史秉赋。但是，这种在财政体制上的大分流表现，远远没有得到学者透彻细致的解读。

二是在对清代社会进行整体贯通研究的基础上，如何就赋税数额和实际负担做出合理的推算。

我在拙著下篇第三节“(一) 赋税征收失控与民众负担加重”中，质疑王业键教授以关于清代政府部门的收入没有超过国民所得的 5%来衡量农民实际负担和简单地判断清代中国为低税率国家的不当。近读李伯重教授《中国的早期近代经济——1820 年代华亭—娄县地区 GDP 研究》（中华书局，2010 年 8 月），就该书第 515 页华娄上缴赋税的总量估计数 37.5 万两，与书中第 250 页的 1820 年代华娄的 GDP 估计数 1350 万两比较，上交赋税额只占 GDP 的 2.8%弱。但是，这并不代表民众实际负担量，因为除了“附录 14 工资”下的政府一节（第 503~510 页）文职人员、武职人员额外收入（未计入经制规定的财政收入，从而未反映在赋税负担中。额外收入主要表现为陋规，但隐形陋规人们仍然没有全然揭明）之外，明代万历九年赋税征银制度化给整个社会带来的革命性冲击（参见万明《明代财政体系转型——张居正改革的重新诠释》，载《中国社会科学报》2012 年 7 月 4 日 A-05），包括为赋税负担的加重提供了新的通道。那就是，在货币化财政下，银钱比价的变动特别是银贵钱贱的条件下给民众带来较之名义赋税定额成倍的负担。按照陈锋教授专著在“银贵钱贱”及其对策一节提供的信息（见第 600~602 页），1820 年代全国银钱比价最高的是道光二十九年，银一两合 2355 钱。而具体到江苏，有统计数字的道光二十六年，银一两合 2000 钱。这些都远高于 1:1000 的通常官定价格。仅仅由于货币比价的变动，收入为铜钱而上缴赋税为白银的基层社会和民众，实际负担数倍于名义负担，还不包括货币兑换和鉴定中的中介盘剥。所以，关于清代赋税额和实际负担的研究，必须综合地考虑各种因素，构造出一个可以复原当时场景的科学模型，得出合理的估算数字，否则，与西方经济比较时，实有隔靴搔痒之嫌。

税收负担计算的陷阱，远不只是经济方面的原因造成的，比如当今中国农业税取消与农民实际负担的问题，就要了解社会变动的细节。新华社称：

> 2005 年 12 月 29 日，十届全国人大常委会第十九次会议高票通过决定，自 2006 年 1 月 1 日起废止《农业税条例》，取消除烟叶以外的农业特产税、全部免征牧业税，中国延续了 2600 多年的“皇粮国税”走进了历史博物馆。
>
> 2006 年全面取消农业税后，与农村税费改革前的 1999 年相比，中国农民每年减负总额将超过 1000 亿元，人均减负 120 元左右。全面取消农业税表明中国在减轻农民负担，实行工业反哺农业、城市支持农村方面取得了重要突破。（《取消农业税》，http://www.gov.cn/test/2006-03/06/content_219801.htm）

这里我们在讨论今天的农民负担时，不仅要看税种的减除或减除额，还需要考虑农民生产方式的变化。现代农民种田大多使用货币购入的化肥（而古代是用农民自筹的农家肥），倘若化肥价格的上涨幅度过大，有可能抵消农业税取消带来的实惠，甚至也存在价格上涨因素进一步恶化农民负担的情况，进而弃农不耕。这是时代差异给我们提出的启示。由此推之，在研究清代赋税以及民众的实际负担时，我们还有许多未知的因素和细节，需要分析和探究，远没有到达终点。

第三，关于清代前期货币问题的研究。我曾经在拙著的后记中称，清代货币档案等材料的理论提炼价值缺乏，现在看来，这完全是当时的认识水平所致。近年不仅有黑田明伸教授利用中国历史材料重建有别于西方的货币理论的有意尝试（黑田明伸：《货币制度的世界史》，中国人民大学出版社，2007 年 11 月），就是对清代铜钱供给及其相关政策的研究也有明显的进展。日本青年学者上田裕之在《清朝支配与货币政策——清代前期制钱政策的展开》（[日]汲古书院，2009 年 10 月）的专著中，利用清代满汉文原始档案材料对清代前期的铜钱供给政策进行了详细的研究。比如，关于康熙到乾隆时期长期存在的钱贵银贱问题，上田博士就不仅仅是从两者的供给数量引起比价变动的视角着眼，他透彻地分析了在白银的日常使用存在不便（成色鉴定与称量的困难）的情况下，是由于完好铜钱使用地域范围的扩大不断扩大了官方完好铜钱供给的缺口。这些分析富有新意。至于对乾隆后期乃至道光时期银钱比价的逆转，又有林满红教授的精深研究（参见林满红：《银线：19 世纪的世界与中国》，江苏人民出版社，2011 年 11 月）。

“不完全财政”的解释功能

放在整个研究过程来看，我这本即将再版的著作在两个方面仍值得关注，一是用“不完全财政”描述清代财政体系的制度性缺陷，进而从财政体系出发对清代社会进行运行机制上的精炼描述，一是利用原始档案资料对清代征税原则的形成过程和赋税调整和征税的实施进行复原。

关于“不完全财政”的系统描述，其意义和解释原理远没有获得人们透彻的理解和认识。的确，关于清代财政在支出安排上存在缺口的现象，许多学者早有论述，同时，也指出了以加派摊派性质的“额外部分”对这种不均衡或不对称的收支安排加以补充，从而形成固定化的正额部分和具有极强弹性的额外部分形成互补关系。但是，我在此书中构筑了将时势变迁（今日经济周期的相同解释功能）、不完全财政体制和专制制度（与今日预算的民主化和选举制的功能对应）结合在一起的系统化的理论描述，并期望以“不完全财政”这个经典化的概念来表达这个系统描述。也就是说，我提出的“不完全财政”概念，就不仅仅是一个收支不对称设计的替代性表达。

我在本书初版后的《论不完全财政体制对清代社会的破坏机制》（刊于《学术研究》2004 年第 6 期）一文中，更加清晰地论述了时势变迁条件下清朝封建政府实施“不完全财政”对社会的作用机制。简单地说，就是以在制度上存在支出缺口为特色的清代不完全财政体制，导致民众负担的加重和国家税收的失控。清政府虽然建立了养廉银制度以弥补不完全财政的缺陷，但在专制制度的制约和时势变迁对人们行为影响的催化作用下，不完全财政体制对清代社会机体的破坏日益加重，终于铸成乾嘉之际清朝统治由盛转衰的不幸格局。

岩井茂树教授在前揭专著的第五章考察了现代中国农村财政体系中的“摊派”和“义务工”，指出它们与明代中国财政体系中的附加税和徭役在结构上有着惊人的相似。这种从人体解剖到猿体解剖的方法，体现了历史的贯通和联系。同样，我们提出的“不完全财政”概念在理解现实问题时，也必然不乏启示。

拙著另一个着力点，就是充分利用原始文献进行复原的工作。我首次利用了李之芳的工作文档，对清代初年赋税征收数额和原则的形成进行了复原。而在赋税调整的章节，我花了三个多月的时间在第一历史档案馆遍阅了朱批奏折田赋类的全部 7000 余件原始档案的胶片，并抄录了其中最能反映清政府政策意向的近 300 件档案，对清朝相应时期的赋税政策形成和政策执行过程进行了复原。其间，与《清朝文献通考》比照，弄清了清朝官方历史文献形成过程中对原始档案的剪裁，进一步认识到清代档案文献在研究当时问题时的不可替代性。但是，基于竭泽而渔式的以全部户部相关档案而进行的中央决策机制的描述和以人类学方法对基层社会征税过程的研究，仍然是摆在我们面前的任务。只有那样的工作完成之后，我们才能通过制度和实践两个维度获得对于清代财政赋税问题接近于历史真实的科学认识。

现代解释如何可能？

清代财政货币问题研究的宗旨，并不仅仅是停留在专业学者之间的意见交流上。由于包括财政金融理论在内的现代西方经济学的理论和方法都萌芽于清朝历史时间对应的西方国家，要探索现代财政金融理论的中国渊源，就必须从现代理论建设的视角出发，对清代财政货币金融问题进行全新的解读。这既包括现代问题意识的重新塑造，又包括现代经济学研究方法的采用。

中国历史上有“易代修史”的传统，今天我们也将这种传统作为清代历史工程的理由之一。但是，必须知道，历史上正史编撰者在自身所处的同时代人中，在知识摄取的广度和深度以及智力水平上均是处于顶峰的精英阵营。他们能够以当时社会的最高价值和标准完成当时整个社会所需要的历史著作。近代以来，西方社会科学取得了长足发展。1902 年以来，经济学作为独立学科得到充分发展并成为今天的显学。我们虽然对张维迎教授不懂博弈论就不能写经济史的主张不敢苟同，但是，忽视或者漠视现代社会科学相关分支的发展，仅仅从历史上正史修撰的标准去重建清史，得出的结论必然是与时代精神不合拍的时代错误，远远达不到历史上“易代修史”为现实服务的目标。

那么清代财政货币问题的现代解释如何可能呢？

第一，中西大分流视野中的比较意识。由于清代处于世界历史的近代化阶段，西方国家率先进入资本主义时代。在这样的背景下，清代财政货币金融问题定额研究，就必须坚持中西制度比较、近代化转型和现代指向的视角。不仅要探明中西先进与落后大分流的原因和路径，而且要在研究这段历史中，重建不同于西方的财政货币金融理论，以解释中国固有的特性。

陈锋教授在专著中全面阐述了体现为“存留”和“起运”的中央财政与地方财政的关系问题。但是，正是这个时期，与此性质完全不同，西方资本主义国家在宪政的前提下建立起现代意义上中央与地方的分权财政。清朝政府直到光绪时期之后，才在酝酿这个意义上的财力分配制度的建设（参见刘增合：《地方游离于中央：晚清“地方财政”形态与意识疏证——兼评陈锋教授〈清代财政政策与货币政策研究〉》，载《中国社会经济史研究》，2009年第1期》）。中国财政体系的近代转换，还必须经过长期的努力才能解读明白。

第二，现代经济学视野中的问题意识。如上所述，清代财政金融历史研究的目的之一，还在于重建自身独特的解释理论。

比如说，从现代经济学的理论框架出发，清代货币问题研究的改进如何可能？这就要从经济学的经典范畴出发，进行以清代中国为对象的研究。研究的是否取得成效，取决于问题的正确提出。

王业键教授在其专著《中国近代货币与银行的演进（1644~

1937年)》（台北，中研院经济研究所，1981 年版）中，提出了下属这样的问题。

> 十八世纪的中国，货币供给大量增加……当时货币供给的增加对于经济产生何种影响？……十八世纪是中国历史上空前的扩张时代……从 1680 年代到 18 世纪末，物价水平可能上升三倍。……这就是说，当时的货币供给、总国民生产及物价水平都同时显著顶腾升。前者对于后者究竟有多大的影响？实有待经济史家作深入的专题研究的必要。但就总体的初步观察与推断，我认为其间因果关系是肯定而明显的。(第 26 页)
>
> 但是北方通货以铜钱及钱票为主，白银外流对于北方经济上的不良影响，程度上也就叫南方为小。由此及看来，太平天国这一空前的社会大动乱遍扫江南，而北方未受波及，这和当时白银外流与国内货币区域的分布是否有相当关系？值得作进一步的研究。(第 98 页)

这些问题都值得从经济学的角度进行深入的研究。而类似问题的提出，则需要对清代中国进行跨学科的解剖。

第三，现代数量分析方法的使用和条件。在清代财政货币问题的数量研究方面，已经有学者作出了尝试。

燕红忠用现代方法研究了清代的货币问题与经济发展的关系（见《货币供给量、货币结构与中国经济趋势：1650~1936 年》，载《金融研究》2011 年 7 期，第 57~69 页）。但是，在货币供给量的计算方面，却存在质疑。黑田明伸教授的研究表明，在市场层次不同从而存在多元货币的情况下，服务于不同层次市场的货币不能通过比价转换予以加总计算。也就是说，在清代以铜钱、白银和私票为主的多元货币体系，是“不能加总的货币”（见黑田明伸：《货币制度的世界史》，中国人民大学出版社，2007 年 11 月）。如果不解决这个问题，数量研究就失去了根基，进而缺乏科学性。所以，数量方法必须在解读当时历史真实情景的基础上，才能为科学研究服务。

何　平

2012 年 9 月 18 日

于京西世纪城寓所

导　言

本书的研究内容，主要集中在清朝政府对田赋地丁的处理方面。清代财政基本收入包括田赋地丁、关税、盐课、杂赋等。在1840年前，虽然田赋地丁在财政收入中所占比例有下降的趋势，但它始终是清代财政收入的主体，并且是清政府制定支出政策的直接依据。在清统治者的眼里，也是只把田赋、地丁两项视为赋税正项。从对社会生活各方面的影响来看，在财政基本收入的各项中，唯有田赋地丁的征收最为重要（漕粮是田赋的一种特殊形式，其征收及政策处理所体现出的问题的性质，与田赋地丁并无二致）。从清朝国家税收的来源看，诚如汤象龙先生所说，几乎全部由农民来负担。“在清廷每年总收入中百分之七十的银两来自田赋，所征粮食更全部来自田赋和漕粮。其他收入如盐课、关税、耗羡、杂赋等也都由农民间接来负担。这说明农业是这时主要的社会生产，国家收入主要征自农业，也说明这时农民是社会的主要生产者，同时又是统治阶级剥削的主要对象。”[1] 所以，我们以田赋地丁为中心来研究清代的赋税政策，是符合当时传统农业社会实际的。

关于清代赋税问题的研究，近三十年来，国内外学术界已取得丰硕的成果。在国内，出版了陈支平《清代赋役制度演变新探》

1　汤象龙：《鸦片战争前夕中国的财政制度》，载所著《中国近代财政经济史论文集》，西南财经大学出版社，1987年。

(厦门大学出版社，1988年)、庄吉发《清世宗与赋役制度的改革》(台湾学生书局，1985年)等专著，并发表一系列重要的学术论文，诸如李华《清代前期赋役制度的改革——从“滋生人丁永不加赋”到“摊丁入亩”》、郭松义《论“摊丁入地”》、潘喆和唐世儒《获鹿县编审册初步研究》等。此外，一些专家学者还在自己的有关论著中，对清代赋税问题作过深入的论述，如同冯尔康先生在《雍正传》中所作的那样。这些研究成果，从制度史的角度对清代赋税问题进行了深入的解剖，成为我们认识清代赋税问题的基础。在国外，有美国出版的王业键《中华帝国的田赋》和曾小萍《知县的银两》等英文专著，并有日本及其他国家学者的有关论著。王业键和曾小萍的研究视角，偏向于将清代历史看成从传统社会向近代社会过渡，其评价清代前期赋税改革的参数是资本主义所具有的一系列特征。当然，对于我们认识清代赋税问题来说，自有一新耳目之感。

本书选择的研究视角，是把清代赋税改革及其调整作为一种政府政策来考察。这样，关于赋税政策的研究，就不仅要注重制度建设的内容及过程方面，还要对制度的实施效果和实施过程中的影响因素加以考察；不仅要注重作为制度的内容和效果，而且要注重日常行政中因时势的变化所进行的临时性政策调整的原则和政策效应。在对清前期社会性质的判断上，我们认为虽然已是中国封建社会的晚期，社会生活的各个方面仍然是传统社会的力量占据主导地位。所以，清代赋税政策运行的轨迹仍然固守在传统社会所规定的范围内。这样，对赋税政策的评判坐标便应当是以封建社会条件下封建政府所能达到的至善程度为基点，而不能以资本主义社会中的政策框架来要求。

那么，如何研究清代的赋税政策呢？十余年前，我的导师王思治教授和李鸿彬教授合撰《明清之际的历史应置于世界范围来考察》(载《史学集刊》1985年第3期)一文，指出了明清之际历史研究的方向。在本书中，一定程度上可以说是循着导师的思路，从赋税政策的侧面对清代历史作出分析。无论如何，清代社会所处的时代，在世界历史上是传统社会向近代社会转型的激烈变革的时代，西方社会一个个资产阶级政权相继建立，世界已迈入资本主义的新时代。在这样的背景下，清代赋税政策的性质和特点就必须首先加以注意，而其特殊性更将对中国未来的前途产生重要的影响。

政府政策的具体内容是由政策目标决定的，我们便首先考察清政府的赋税政策之目标思想。而政策目标思想是由统治者的政策主张和具体的政策实践来体现的。所以我们在上篇中利用许多重要的史料和学术界已取得的一系列重要研究成果，通过对清中前期各阶段在赋税征收问题上所面临的形势和任务以及政府对策的总体考察，来说明清政府在赋税征收中所恪守的政策目标。了解政策目标，是认识赋税制度及日常赋税政策调整内容和性质的前提，因而虽然论述中许多内容和事实为人所熟知，却是说明政策目标的背景和内涵所不可缺少的。为了实现政策目标，政府必须对重要经济关系作出合理的处理。因为，赋税征收不是孤立的行为，它是社会经济活动中的一个环节。这样，就不得不对影响赋税征解的三大重要经济关系（即存留与起运的比例关系、赋税承担者负担轻重的关系、赋税征收与币值变动的关系）的处理情况进行论述，以进一步明了清政府赋税政策目标的内涵。

清代赋税政策的内容包括两个方面：一是清代赋税制度的内容，一是日常行政中赋税调整的情况。关于第一个方面，史学界研究已很深入，我们只试图说明赋税制度在赋税收入上所体现出来的特点及其存在的缺陷。在论述其特点前，我将以自己揭明的新材料《赋役详稿》，说明清代赋税制度建立在怎样的基础之上。关于赋税制度的缺陷，可以有多方面的分析视角。我们认为，赋税收入是财政制度的一个方面。所以，从财政收支相互关系的角度来认识其利弊是十分重要的。

关于第二个方面的内容，我们认为要了解日常赋税调整的类型和原则，最可靠的资料是档案。所以，文中直接利用了现存的作为清中前期各时期决策依据的朱批奏折加以说明。而日常政策调整对于赋额的影响，最可靠的资料当是钱粮奏销册。但某一地区长期系统的奏销册资料已不可得，我们便把目光转向作为赋税征课依据的《赋役全书》。要对政策调整的收入效应进行全面的了解，个案分析和总体说明都是必要的。所以我们将从这两个方面加以研究。

赋税政策的实施，有赖于相关的政策工具，即赋税册籍。而赋税征课及其社会经济效应又直接受着基层社会组织状况和吏治的影响。所以，我们在最后部分将对赋税政策的传导途径和制约因素进行分析，以进一步认识清代赋税政策的性质和地位。下面就按照这样的逻辑顺序展开探讨。

上篇　满足经常军需国用的政策目标

赋税政策是一定时期统治阶级特定统治思想指导下的产物。统治阶级只能从自身所处的具体历史条件出发，根据自身对现实问题的认识、历史经验的总结和传统经济思想的承袭，制定出相应的赋税政策。清朝统治者各个时期对赋税问题的有关主张和思想，是形成清代赋税政策的重要因素。影响清代赋税政策的统治思想，主要表现在两个方面，一是清朝统治阶级关于赋税政策目标的认识，一是统治阶级关于各种赋税关系处理原则的思想。这些思想和政策主张直接影响着清朝政府赋税制度的内容和政策调整的方向。因此，我们在研究清代赋税制度和政策调整的具体内容前，首先对这一时期清政权的赋税政策思想加以论述。

一　原额观念与政策目标

政策目标是政策制定者所希望赋税的征收和减免应达到的期望值。马克思曾经说过，“赋税是官僚、军队、教士和宫廷的生活源泉，一句话，它是行政权力整个机构的生活源泉。强有力的政府和繁重的赋税是同一个概念”。[1] 在封建社会，赋税征收的直

1 《路易·波拿巴的雾月十八日》，《马克思恩格斯选集》第1卷，第697页，人民出版社，1972年。

接目的，是为国家机器的正常运转提供充足的财力保证。赋税征收是形成国家经济能力的主要途径。由于所处的具体历史背景和所面临的现实问题不同，清代前期不同的历史阶段清政府的赋税政策目标也存在着差异。在此，我们首先对清代前期不同历史阶段清政府的赋税政策目标及思想分别加以分析，然后总结出影响清代前期赋税政策发展趋势的带规律性的赋税政策目标思想。

（一）万历原额与军需筹措

1644 年清军入关定鼎北京到 1683 年清朝政府收复台湾，是清朝政府进行统一战争夺取并巩固全国统治权的时期。这一时期赋税的征收直接服务于统一战争的需要，赋税政策及其目标表现出鲜明的时代特色。为了取得统一战争的胜利，实现对全国的真正统治，人心的向背至关重要。清朝政府作为新建立的政权，必须推行优于故明前朝的政策，才能取得民众的支持和拥护，并建立起牢固的社会基础。基于这一要求，清政权定鼎北京不久，便致力于以明代万历年间赋税原额为准建立新的赋税征收体制，剔除明季的赋税加派，大力宣扬“轻徭薄赋”，以树立在赋税政策方面清政权的新形象。然而，在另一方面，面对清初严峻的政治军事形势，统一战争正在进行，对全国的统治尚未实现，清政权不得不在追求赋税征收秩序化的同时，采取各种手段组织财力以支持战争。这样，在赋税的征收实践中，仍然将明末的一些加派保留下来，使得一些曾被免除的加派项目纳入清朝的赋税体制。而且，为了筹措军费还采取了预征和开设新的加派等措施，破坏了赋税的正常征收原则。所以，清初的赋税政策表现出鲜明的两面性。

1. 万历原额的定赋原则

入关伊始，对满洲贵族统治者来说，建立完善的赋税征收体制和掌握熟练的理财本领是一个全新的课题。顺治二年闰六月初七日，多尔衮召见满汉大学士议论军国大事，当绥远巡抚赵兆麒谈及钱粮奏销事宜，多尔衮便插话称，“钱粮事宜只须咨会户部奏缴，何必一一奉告”，表现出冷淡的态度。在场的一些汉族大学士也向多尔衮启奏道，“钱粮关国家重务，凡有支销，自当奏闻。若径咨户部，不经上闻，恐后世滋弊不可为训。此前朝旧例，似不可废”[1]。汉族官僚有在明代从政的经验，他们深知赋税征收及其政策对于国家政权及统治稳定的重要，正是在他们的极力吁请下，清朝统治者把建立正常的赋税制度作为一项重要的任务。

顺治元年五月，清军入关不久，御史曹溶、给事中刘昌、巡抚方大猷等官员便纷纷上疏主张“定经赋”、“议国用”。[2]那么，赋税征收的标准究竟怎样确定？在以农业为中心的古代中国，由于农业常年产量长期增长不大和儒家“量入为出”财政思想的影响，每当朝代更替之际，新兴政权大多以前朝的赋税原额作为确定赋税征收额的依据，形成一种遵循原额的传统。这种原额观念也直接为清初赋税征收额的确立所遵循。

清初确立赋税征收标准时，一种意见主张“以明末练饷为标准”[3]，也就是以明末包括三饷加派在内的赋税征收额为依据。大学士范文程根据对历史经验的总结，对多尔衮建言指出，“明之亡，由于酷苛小民，激成流寇之变，岂可复蹈其所为”。[4]正是基于明末苛索横征导致政权灭亡的认识，顺治元年七月初八日，摄政王多尔衮颁布谕令，废除明末三饷加派，谕令称，“前朝弊政，厉民最甚者，莫如加派辽饷，以致民穷盗起，而复加剿饷，再为各边抽练，而复加练饷，惟此三饷，数倍正供，苦累小民，剔脂刮髓，远者二十余年，近者十余年，天下嗷嗷，朝不及夕。更有

1 《多尔衮摄政日记》，顺治二年闰六月初七日。
2 《清世祖实录》卷五。
3 《范文肃定赋税》，《清稗类钞》第 2 册，第 518 页，中华书局，1984 年。
4 昭梿：《啸亭杂录》卷二《范文肃公厚德》。

召买粮料，名为当官平市，实则计亩加征，初议准作正粮，既而不肯销算。有时米价腾贵，每石四五两不等，部议止给五分之一。高下与夺，唯贿是凭，而交纳衙门又有奸人包揽，猾胥抑勒，明是三饷以外，重增一倍催科，巧取殃民，尤为疵政。……自顺治元年为始，凡正额之外一切加派，如辽饷、剿饷、练饷及召买米豆，尽行蠲免。各该抚按，即行所属各道府州县军卫衙门，大张榜示，晓谕通知。如有官吏通同朦胧混征暗派者，察实纠参，必杀无赦"。[1]但赋税的实际征收，必须有相应的赋税册籍作为依据，清初赋税征收标准的确立便通过编纂《赋役全书》来进行。

顺治元年十一月，山东道监察御史宁承勋上疏指出，"赋役之制未颁，官民无所遵守"，应当命令户部"著定书册，刊布海内"，使"州县有司遵照条规，户给易知由单，庶愚民尽晓，而永遵良规矣"。[2]顺治三年四月，摄政王多尔衮正式谕令户部办理《赋役全书》的编纂事宜，"特遣大学士冯铨前往户部，与公英俄尔岱，彻底察核。……在内责成各该管衙门，在外责成抚按，严核详稽，拟定《赋役全书》，进朕亲览，颁行天下"。[3]随后又特命户部右侍郎王宏祚专门主持《赋役全书》的编纂工作。大学士范文程建议，"天下田赋，悉照万历年间则例征收，除天启、崇祯时诸加派"。[4]清初面临严峻的政治军事形势，军需紧急，最迫切的需要是保证税收，而保证税收最为稳妥的政策是尊重各地万历年间的田赋原额。顺治十四年十月丙子日，《赋役全书》编纂完成，在给户部的上谕中，顺治帝曾指出编纂《赋役全书》的原则

1 《摄政王谕官吏军民蠲除三饷档案》影印件，载《明清档案》第1册，第33～37页，台湾联经出版事业公司。并见《清世祖实录》卷六。

2 《清世祖实录》卷一一。

3 《清世祖实录》卷二五。

4 《清史列传·范文程传》。

和理由，“朕惟帝王临御天下，必以国计民生为首务。……当明之初，取民有制，休养生息。万历年间，海内殷富，家给人足。天启崇祯之世，因兵增饷，加派繁兴，贪吏缘以为奸，民不堪命，国祚随之，良足深鉴。朕荷上天付托之重，为生民主……诚恐有司额外加派，豪蠹侵渔中饱，民生先困，国计何资？兹特命尔部右侍郎王宏祚将各直省每年额定征收起存总撒实数编列成帙，详稽往牍，参酌时宜，凡有参差遗漏，悉行驳正。钱粮则例，俱照明万历年间。其天启崇祯时加增，尽行蠲免……纲举目张，汇成一编，名曰《赋役全书》，颁布天下，庶使小民遵兹令式便于输将，官吏奉此章程罔敢苛敛。为一代之良法，垂万世之成规”[1]。清朝统治者分析了赋税征收和明王朝兴亡的关系，把万历年间的赋税征收原额作为新政权赋税征收的依据。这既可减除明末赋税加派给人民带来的困扰，“岁减数百万两，民赖以苏”[2]，又可以使清朝的赋税征收尽快走向正轨，为统一战争的胜利提供充足的财力保证。康熙二十四年，由于“户口土田视昔有加，按赋增徭因地加赋，条目纷繁，易于混淆”，下令重修《赋役全书》，“止载起运、存留、漕项、河工等切要款目，删去丝秒以下尾数，名曰《简明赋役全书》”。[3]但因顺治时所编《赋役全书》遵循已久，未曾颁行。顺治时所编《赋役全书》便成为清朝后世赋税征收的重要参考依据。

2. 满足军需的逾制实征

顺治年间清政权致力于赋税征收的秩序化，但当时全国尚未统一，全国范围内的赋税体制没有建立起来，面对庞大的军费开支，清朝政府财政不平衡的情况十分严重，正常的赋税收入远远不能满足各项支出的需要。

---

1 《清世祖实录》卷一一二。

2 昭梿：《啸亭杂录》卷二《范文肃公厚德》。

3 《清史稿》卷一二一。

顺治九年，户部尚书噶达洪等在题本中引礼科给事中刘余谟题本文称，“钱粮每岁入数一千四百八十五万九千余两，出数一千五百七十三万四千余两。见在不敷银八十七万五千余两。其中各省兵饷一年该银一千三百余万，各项经费不过二百余万。是国家财赋大半尽于用兵，即使天时无警，正供不亏，而军士嗷嗷待哺，民力已竭矣”。[1]张玉书论及顺治年间的财政状况时称，“方顺治八九年间，岁入额赋一千四百八十五万九千有奇，而诸路兵饷岁需一千三百余万，加以各项经费二百余万，计岁出至一千五百七十三万四千有奇，出浮于入者，凡八十七万五千有奇。至十三年以后，又增饷至二千万，嗣又增至二千四百万。时额赋所入，除存留项款外，仅一千九百六十万。饷额缺至四百万，而各项经费犹不与焉。国用匮乏，盖视前代为独甚”[2]。关于一些具体年份的财政收支情况，保存至今的档案也给我们提供了部分信息。顺治十三年，户部尚书在一份题本中称，“顺治十二年，入数比出数缺额二百五十六万有奇”[3]。顺治十三年的情况，由于“增添湖广等省祁阳等处兵马并浙江、福建大兵粮草等项”，军费又增，云南道监察御史王元曦谈到该年的情况时称，“方今朝廷每岁所入一千八百万，而兵饷所需，尚溢此数。竭天下之物力以养兵，犹苦不足”[4]。军费支出给清初的财政造成沉重的压力。

据今人陈锋的研究，在顺治十三年到十八年这段时间，各省每年的军费支出总额都大大超过了张玉书所说的二千四百万之

1 《户部题本：顺治九年九月十五日》，《明清史料》丙编，第 4 本，维新书局本第 8 册，第 326 页。刘余谟疏并见《清经世文编》卷三四《户政九》，文字与此稍异。

2　张玉书：《纪顺治间钱粮数目》，《清经世文编》卷二九《户政四》。

3 《戴明说题为钱粮入不敷出事》（顺治十三年二月十七日），中国第一历史档案馆档案（下简称一史馆档案）。

4 《王元曦题为陈国用三大事》（顺治十三年四月二十三日），一史馆档案。

数。[1] 我们根据已知的档案材料，将顺治朝最后三年的军费支出列表如下：

年度	支出银额（两）	资料来源
顺治十六年	30000000	车克题为再恳皇恩请留金花银两以济急需事（顺治十七年六月二十一日）
顺治十七年	35630000	车克题为酌拨十七年饷事（顺治十七年六月十二日）
顺治十八年	33415430	阿思哈题为找拨十八年份兵饷事（顺治十八年八月二十二日）

从统计范围看，全国各项军费总支出还大于表列各数。顺治十七年的表列数字只包括各省驻防与绿旗营镇、留滇八旗官兵、平西王吴三桂所属官兵、京城禁旅等项，“尚有靖南大将军达素大兵、驻闽明安达里大兵、驻浙官兵需用粮饷，该督抚未经报部数目，尚未计算”[2]，而且未包括东北驻防所需费用。而顺治十八年的表列数字，其范围仅限各直省所支军费。这些档案材料所提供的数字，说明军费支出造成财政不平衡的严重程度。事实上，清政权国家机构和各级政权的正常运转也脱离不了财政的支撑，这就更扩大了财政收支的差距。

战争形势下的财政缺口，突出地反映在各地官将上疏中所反复陈述的欠饷问题上。严重的甚至会引起军心的涣散，酿成祸端。如顺治十三年，三边总督金砺论及陕西欠饷时称，“秦省十二年兵饷，部拨不敷，外解未至。……盖秦边所在，俱为重地，官兵月饷均难久欠。且此荷戈之夫，不耕而食，所望以资生者惟此应得之月饷，当此米珠薪桂之时，而可不按月支给乎？……臣晓夜焦思，苦乏点金之术，万一致有他虞，臣一身不足惜，其如封疆

1　陈锋：《顺治朝的军费支出与田赋预征》，载《中国社会经济史研究》1992 年 2 期。
2　《车克题为酌拨十七年饷事》（顺治十七年六月十二日），一史馆档案。

大计何？不得不据实奏陈”[1]。福建巡抚徐永祯论及福建存在的严重欠饷问题时称，自顺治十二年起至十七年止，奉拨各省未协拨的欠饷达 1491453 两零，“有一分之钱粮即有一分之需用，缺一分之额解，即缺一分之供需。实缘外解不前，以致将节年起解内帑钱粮用过”[2]。这类欠饷的情况十分普遍，在留存的清初臣僚的题本中多有反映。

欠饷的消极影响，诚如金砺所言，关系到封疆大计和整个国家政权的存亡。这个军费缺口能不能通过正常的赋税征收加以弥补呢？

在赋税征收方面，当时虽然确立了以万历原额为计赋的标准，由于统一战争正在进行，清廷并未实现对全国的真正统治，所以，不可能征取到根据万历则例确立的全国赋税应征总额。在清廷建立起政权的地方，由于赋税体制的建立尚有一个过程，加之受战争的影响，经济残破，实征赋额远低于万历年间。在全国赋税总额中占相当地位的湖广地区，顺治初年，战争正炽，其赋税征收的情况，顺治九年湖川总督祖泽远称，“近者楚省额赋止八十万两，已不过江南一邑之多”。这远不能满足当地军需，“协济则有浙饷，有盐课，有江南之银，江西之米，亦可谓缓急相济无虞匮乏矣。然派多积欠，解不如期。兵丁枵腹以荷戈，有司捉襟而露肘，额协两饷，均不足给。此钱粮之不足恃一也”。[3]而湖广地区万历六年米麦起存数目，根据明张学颜《万历会计录》的记载达 2162183 石。清初各地方经济残破异常严重，有的地方征不足额，有的地方根本不能实施赋税征收。此类记载较多，下举典型

1 《金砺题为秦省兵饷最为吃紧、部催外协屡催未至事》（顺治十三年二月二十日），一史馆档案。

2 《车克等户部残题本》，《明清史料》巳编下册，第 1199 页，中华书局影印本。

3 《湖川总督祖泽远揭贴》（顺治九年十一月初三日到），《明清史料》（九），第 82 页，维新书局，1972 年。

的几例。

江南英山县。“英山县处万山之中，最为荒瘠之地。向自明季以来，流寇残破，久已不成县治。幸我朝伐罪吊民，重辟兹土，顺治二年遗黎稍集，五六两年复被山寇占据，人民多遭惨杀，田土尽成丘墟……招徕孑遗，寥寥无几。甫离水火之时，万难问以税赋。……据开英山县原额人丁一万一千一百三十五丁，除历遭寇乱逃亡故绝，今止实存人丁五百四十二丁。原额田塘地共一千一百九十五顷八十一亩八分八厘，除历经寇乱抛荒，今止实在熟田二十六顷四十八亩六分三厘三毫。较之原额相去径庭。即此见在之人丁，虽垦之田土，有名无实。民食尚有不给，若欲即行开征，犹恐输纳不敷，而流徙之未至者，恐致畏难不前”。面对“英山一县，久为土寇盘踞，其人民罹害较之别州县为甚”的情况，清廷不得不“允其所请，五六七三年未完钱粮概为豁免，自八年为始照数征输”。[1]

江西万安等地。江西巡按董成学巡历后报称：“泰和虽云残破，尚可收拾。及至万安抵赣二百余里，沿途之庐舍俱付来灰烬，人踪杳绝。第见田园鞠为茂草，郊原尽属丘墟，睹□□也。食不下咽。而况于鸡犬无闻，烟火寂然，□□朝食斗餐以充饥，暮结露帏以御寒。奔驰□赣，查保甲不满千人，稽仓库并无钱谷，城内数宅茅房，小民难以安居。官虽设而无民可治，地已荒而无力可耕。夫赋从民出，无民而尚何催科之可施乎？”[2] 这样的州县实际上也无从征收赋税，“亦惟有大加赈恤，可以起敝维衰”。

湖南岳阳等地。巡按湖广湖南监察御史胡来相称，“今于本年十一月初六日巡历衡州府属，道经岳阳星（长）沙一路。巡行所至，如岳属之巴陵，长属之湘潭、湘阴，衡属之衡山等县，城

1 《户部题本》（顺治八年五月二十日），《明清史料》丙编第 8 本，维新书局本，第 9 册，第 783 ~ 784 页。

2 《户部残题本》，《明清史料》丙编第 7 本，维新书局本，第 9 册，第 653 页。

无完堞，市遍蓬蒿。虽间有寥寥孑遗，尽皆结草而栖，苟安于颓垣败壁之余。即通衢古道，驿舍萧条。日暮投宿，必迂绕于深山穷谷之中，始有茅茨村舍。然犹风栖破户，月照空庭。其间沃壤鞠为茂草，荡为荒丘，举目皆然”。[1]

经济残破的情况，在康熙朝结束全国统一战争前的二十余年间，依然严重。康熙登极的顺治十八年，全国耕地面积，民田为5493576顷，若加官庄、屯田等，耕地面积约为570~580万顷，较之明朝万历年间额少150~200万顷。康熙元年，全国人丁数为19203233丁，大量逃亡人丁未入户籍。而且，在康熙十三年至二十年间，丁数又有所减少。[2]正常的赋税征收仍然不能满足以军费为主的各项财政开支的需要。

既然全国各地的赋税不能完全如数征收，而军费的需求又缺乏任何紧缩的余地，清朝政府便在赋税征收问题上调整政策，并辅之以加派、预征等掠夺人民的措施来筹措军饷。

清朝政府首先调整政策，改变顺治元年免除三饷加派的决定，保留明代的辽饷加派以增加收入来源。大致从顺治三年起，正式恢复辽饷派征，只免除天启崇祯年间所加派的剿练等饷，从此成为定例，先后在各省实施。至顺治十四年，将辽饷加派改称地亩九厘银，从此正式载入清王朝中央及地方的《赋役全书》中，“至若九厘银，旧书未载者，今已增入”，[3]成为清代一项固定的田赋税。清初恢复明末辽饷加派，是以明代万历年间原额为基础洒派于天下田亩中的。由于当时全国人丁数和实际耕田数远不能与明万历年间相比，这就大大加重了实耕每亩田数的辽饷均摊量，

1 《户部题本》（顺治十三年二月二十八日户部尚书戴明说等题）所引，《明清史料》丙编，第10本，维新书局本第9册，第910～911页。

2 孙毓棠、张寄谦：《清代的垦田与丁口的记录》，《清史论丛》第1辑，中华书局，1979年。

3 《清世祖实录》卷一一二。

突破了万历四十八年每亩加派九厘辽饷的规定。及至后来，更名田地和清代中期的新升科地也同样承担着九厘银负担，成为清代赋税应征课额增加的重要因素。这种沿袭辽饷加派的政策，虽然在清军未占领的地区和经济残破严重的地区无法收效，但可以为在已占领的地区和经济略有起复的地区加重剥削和掠夺以增加收入提供合法依据。而且，随着统治范围的扩大，较高的赋税科则比原来未有加派项目时会带来越来越多的财源。

通过恢复辽饷加派以筹集军费收效较好的例子，可以湖广为例。顺治年间，湖广在较长时期都是清军向西南明政权和农民军余部作战的依托地。面对沉重的军费压力，当地官将特别是顺治十年洪承畴受命经略西南后，经常在湖广地区开征各种名目的加派，其中也通过增加辽饷的亩均负担量以扩大收入。同治《衡阳县志》称，“九厘饷银，明万历中派辽饷，国初免征，洪承畴经略云贵，复加派至一分三厘有奇，仍曰九厘饷”。[1] 我们根据陈支平先生所揭明的材料，[2] 将湖南部分州县的辽饷征派情况列表如下，以见一斑。

地　区	田亩数（顷）	九厘银总数（两）	亩摊银数（两）
衡州府	33000	48000	0.0146
桂阳州	8800	11000	0.0132
宁远县	2300	3700	0.0158
蓝山县	2221	2700	0.0123

这些地区的辽饷亩摊量均远远超出了九厘的水平，为军饷的筹集提供了很大的财源。除辽饷而外，由清政权中央政府明令

1　同治《衡阳县志》卷三《赋役志》。

2　见陈支平：《清代赋役制度演变新探》，第 30 页，厦门大学出版社，1988 年。上述辽饷加派的实施情况也参考该书。

沿袭明季田赋加派的还有两次。一是在顺治七年，摄政王多尔衮特为在关外造城，“新增钱粮，加派于直隶、山西、浙江九省等处地方”，共250余万两。[1]此次加派很快停止。二是顺治十八年的练饷加派。据档案记载，“本年不敷五百七十万有奇银两，今各省镇兵丁仍给操赏银两，应将明季所增练饷，照旧例暂增于顺治十八年为始起征。俟钱粮充足之日，该部题请停止”。[2]康熙元年方行停止。以上是中央政府在全国范围内明令沿袭的加派。事实上，地方官员为了自身的职守和应付军事差遣，私行加派的现象十分严重。“乃今之州县，每有一项正供，即有一项加派”。[3]

加派之外，为了应付军需，顺治年间还实行过田赋预征。现存档案表明，顺治年间至少在陕西、湖广、广西、浙江等省区不同程度地实施了田赋的预征。[4]其中以陕西为甚，顺治九年户部尚书车克在题本中称，“巡按陕西监察御史王佐题前事内开……本年（顺治八年）九月内，据布政司呈详，为兵繁饷急协解不敷等事。概谓大兵将临，库仓无储，议照上年例，于西安所属先派征九年额赋预备兵饷。……及臣巡历蒲（城）、同（州）等处，单骑细访士民，纷纷称苦，而知预征之弊又不自上岁始也。……”[5]根据已知的材料，其他省区预征的情况有：湖南，顺治四年，各营于湖南就近府属预支过五年分饷银豆草价共银30981两。湖北，顺治八年预征过各营兵饷银21843两。广西，顺治十年，请开来

1 《清世祖实录》卷四九。

2 《户部尚书题加征练饷事》（顺治十八年七月九日），《清代档案史料丛编》第4辑，第1～3页。

3 《顺治十五年十月癸巳工科给事中史彪古奏》，《清世祖实录》卷一二一。

4 参见陈锋：《顺治朝的军费支出与田赋预征》，载《中国社会经济史研究》1992年第1期。

5 《车克题为预征相沿为例秦民苦累难堪事》（顺治九年六月十六日），一史馆藏。

年预征十分之三。[1]这些田赋预征，成为应急军需的重要方式，多为统治者应允和默认。诚如顺治十一年浙江巡抚秦世祯所称，“照得征输钱数各有年额，本年者尚有夏税秋粮之分，次年者岂容预征撮借！……此弊起自明末，然必部题明白，暂或举行。岂今各县不奉明旨，每借年（军）需为名，擅行预征”。[2]这种情况一直在康熙年间还存在，据《大清会典则例》载，“康熙十八年覆准，州县官隔年预征钱粮，督抚察参，照私派例将州县等官革职拿问……其预征钱粮即准为次年正项钱粮”。[3]这说明预征钱粮曾经在一定范围内存在。

如上所述，清初在赋税征收及其政策调整的问题上存在着十分矛盾的现象。一方面，诚如顺治帝在顺治十二年八月二十二日颁谕免除直隶八府州县顺治八年至十一年未完民欠钱粮时指出，“畿辅之地，乃天下根本，必加意休养，使民生乐业，方能自近及远，渐至太平。……朕念畿内地方人民艰苦……既缺养赡之资，俱有身家之累。而历年积欠一旦并征，其何以堪？殊非加惠近畿笃厚根本之意”。[4]从笃厚根本、稳定统治出发，在一定程度上减免明末开征的一些加派，并把轻徭薄赋作为政治口号以收罗人心。另一方面，又不得不面对军兴旁午、军费紧急的严酷现实，将明末的辽饷加派沿袭下来，并允许各地官将自行加派和实施田赋预征以筹措军饷。这种两面性的赋税政策所服务的目标就是统一战争的胜利和政权的巩固。在清期统治者看来，赋税的征收既要依照万历原额，尽快地走上秩序化的轨道，又要服务于当时各项政策的共同目标统一战争的胜利。轻徭薄赋偏重在政治上的宣传，

1　见前引陈锋文。

2　秦世祯：《抚浙檄草》，见《清史资料》第 2 辑。

3　乾隆《钦定大清会典则例》卷一六《吏部·考功清吏司·解支》。

4 《清世祖实录》卷九三。

实征过程中的沿袭加派、容忍私派与预征，则为清政权提供经济上的实力，二者相互为用。在按原定标准征收赋税与筹集军费的政策目标相冲突时，便不惜抛弃减除加派的决定，加重人民的负担，使清初的赋税征收政策呈现出显明的战时经济的特征。

（二）国用已足与钱粮蠲免

康熙时期，随着统一战争的结束，政权趋于巩固，整个社会进入承平时期。就这个时期所面临的任务而言，“虽曰守成，实同开创”[1]。清政权不得不接受明朝灭亡的教训，面对当时经济残破的社会现实调整各项政策，以实现社会经济状况的逐渐好转。在经济恢复方面，鼓励开垦，兴修水利，发展农业。在赋税政策方面，从发展生产培植税源、减少开支以惜国用出发，形成了以满足国用为目标的不加赋思想。

1. 崇尚宽大的治政方针

赋税政策是清朝整个统治政策的一个组成部分，它直接受着清政府行政方针的制约。就康熙时期而言，清朝政府坚持什么样的方针治理国家，才能保证统治的巩固与稳定，渐至太平？康熙亲政不久，便曾指出：“国家致治，首在崇尚宽大，爱惜人才，俾事例简明，易于遵守，处分允当，不致烦苛，乃符明作惇大之治。”[2]在晚年总结一生所固守的行政原则时，康熙也称，“持身务以诚敬为本，治天下务以宽仁为尚，虽德之凉薄，性之不敏，此心此念兢守五十年，夙夜无间”。[3]政尚宽仁是康熙政府所始终坚持的治国行政的基本方针。任何方针政策都不是统治者随意作出的决定，就康熙政府的宽仁方针而言，它是传统儒家政治经济

1 《清史稿》卷八《圣祖本纪三》。

2 《清圣祖实录》卷四三。

3 《康熙御制文集三集》卷一七《敕谕》。

伦理思想和当时客观社会形势综合作用的结果。下面我们就这一方针形成的主要因素略予表述。

（1）儒家思想的影响。就宽仁方针的思想渊源而言，它直接受到儒家思想的影响。清朝初年，以满洲贵族为首的清朝政权，由于与广大中原汉族地区的文化差异，推行了一系列不合理政策，使得以民族矛盾为中心的各种社会矛盾十分尖锐，这直接影响着清朝统治的稳固。康熙即位以后，熊赐履等在朝汉族官僚，极力吁请皇帝学习儒学，消除文化差异给政府政策带来的消极影响。在熊赐履等看来，面对当时存在的各种朝政弊端，儒学对于“君态清明，君身强固”具有重要意义。极力主张皇帝“扶持正教，一洗从前浮薄偏曲之陋习与空虚荒诞之邪说”，[1] 把儒学的倡导作为意识形态建设的中心，由此确立以儒学治国的政治方向。其途径是通过儒臣与皇帝讲学，使儒家思想成为专制君主统治社会的指导思想。“在今日尤为切要者，原请临莅之暇，间御便殿，接见儒臣，谘诹讲论，如天人理欲之分，危微操舍之界，道术是非之变，政事得失之由，古今治乱安危之关，国运隆替盛衰之故，以及人才消长、民生休戚，天命去留，生灵向背，一一明晰而讨究之”。[2] 康熙八年，康熙亲政以后，随即建立起经筵日讲制度。汉族儒臣在讲经论史中，通过对皇帝的熏陶，使以理学为代表的儒家学说成为康熙治理国家的理论依据，并成为政府行政的指导思想。康熙曾说，“朕政事之暇，惟好读书，始与熊赐履讲论经史，有疑必问，乐此不倦。继而张英、陈廷敬以次进讲，于朕大有裨益”。[3] 众所周知，传统儒家在政治行为方面主张以礼制国，行宽仁之政。如孔子曾说，“人而不仁，如礼何？人而不仁，如

1 《经义斋集》卷一《奏疏·万言疏》（康熙六年）。

2 《经义斋集》卷一《奏疏·清除积习消隐忧疏》（康熙七年）。

3 《康熙起居注》第 2 册，第 1624 ~ 1625 页，中华书局，1984 年。

乐何”。[1]又说，“礼者，君之大柄也，所以别嫌明微、傧神、别仁义，所以治政安君也”。[2]康熙继承这一思想，在行政方面坚持崇尚宽大的方针。

（2）历史经验的总结。任何一个统治者，要使自己的政策顺乎时代潮流，使自身的统治立于不败之地，就要善于从历史中总结经验，吸取教训。康熙与儒臣讲论经史，其中一个重要内容，就是明晰探究“古今治乱安危之关，国运隆替盛衰之故”，从历史中吸取教训，以规范自身的言行，改进自己的政策。明朝灭亡的教训，对于康熙来说是了解国运盛衰之故最切近的事例。所以，他总是以明亡为鉴戒，致力推行优于明朝的政策，以求长治久安。比如在宫中用度方面，改变明末肆意奢糜、耗尽国财的行径，厉行节约。康熙曾说，“朕于宫中费用，从来力崇俭约，期以有余，沛恩百姓”。[3]据当时廷臣所奏，“查故明宫内，每年用金花银九十六万余两，今悉充饷；光禄寺送内用二十四万余两，今止三万余两；每年木柴二千六百余万斤，今止七八百万斤；红螺炭一千二百余万斤，今百余万斤；各宫床帐、舆轿、花毯之属二万余两，俱不同”。[4]政府各机关的开支较明朝有很大的压缩和减少。在赋税征收方面，明末苛敛加派误国给康熙更是留下极为深刻的印象。

（3）现实矛盾的困扰。儒家思想的影响，历史经验的吸取对宽仁方针的形成固然重要，然而统治者政策方针的形成最终决定于现实的客观社会政治形势。因为政策方针的提出，旨在解决特定的社会现实矛盾。

康熙初年，清政权仍然面临着严峻的形势。当时不仅国家尚

1 《论语·八佾》。
2 《礼记·礼运》。
3 《清圣祖圣训·圣德》。
4 《石渠余记》卷一《纪节俭》，北京古籍出版社，1985 年。

未完全统一，而且新政权的社会基础也远未牢固。在统治范围内，“官贪吏酷，财尽民穷”，[1]社会矛盾依然十分尖锐。以致在吴三桂起兵叛清后，“伪檄”一传，竟然“天下骚动”，各省军民相继背叛，“东西南北，在在鼎沸”，[2]显示出清朝统治的脆弱。在财政上，康熙从顺治手中接下来的是一座空虚的国库，每年入不敷出，不仅没有积蓄，而且缺饷额400万两。[3]由于军费、治河等项开支庞大，财政上的被动局面十分严重，康熙政府便通过加重人民的负担以解决困难。首先，康熙初年，从顺治沿袭下来的以万历旧额为准的赋税征收，仍缺乏相应的地亩和人丁。明末清初战争给社会带来的创伤，使得人丁和地亩仍然没有恢复到明万历年间的水平。政府采取包荒包课以攫取万历赋税原额，人民承受着繁重的赋役负担。其次，为了筹集经费，清朝政府实行更加严厉的赋役催征。顺治年间拖欠钱粮，有司参罚，仅涉及知府以下官员，知府以上虽有拖欠未完，仍得升转。康熙即位以后，谕令吏、户二部，“今后经管钱粮各官，不论大小，凡有拖欠参罚，俱一体停其升转，必待钱粮完解无欠，方许题请开复升转”。[4]吏、户二部据此制定《直隶各省巡抚以下州县以上征催钱粮未完分数处分例》，奏准实施。[5]使赋役催征纳入更加严厉的管理之下。在顺治十八年，还部署了打击抗粮绅衿的江南“奏销案”。此次行动除江南之外，波及山东、浙江、福建、广东、江西、陕西、安徽等省，以对江南抗粮绅衿的处罚最重。这使赋税征收有所好转，“官乘大创之后，十年并征；人当风鹤之余，输将恐后”。[6]同时还通过

1 《康熙起居注》第1册，第60页。

2 赵翼：《皇朝武功纪盛》卷一。

3 《清圣祖实录》卷三六。

4 《清圣祖实录》卷一。

5 《清圣祖实录》卷二。

6 叶梦珠：《阅世编》卷六《赋税》。

加派预征、裁扣地方存留银两，以集聚财力应付平定三藩之乱的军费需求。康熙十七年三月对户兵二部所发上谕称，“逆贼吴三桂背恩煽惑，各处用兵，禁旅征剿，供应浩繁。念及百姓困苦，不忍加派科敛，因允诸臣节次条奏，如裁减驿站官俸工食及存留各项钱粮；改折漕白二粮颜料名物；增添盐课、盐丁、田房税契、牙行杂税、宦户田地钱粮；奏销浮冒隐漏地亩严行定例处分；用过军需未经报部不准销算。以上新定各例，不无过严，但为筹划军需，早灭逆贼以安百姓之故”。[1]这些都是变相加派，或让官吏自谋地方经费和工食，加重对百姓的榨取。

然而，包荒包课和严格赋役催征，仍会加剧社会矛盾的激化，不是治本之法。要取得民心的悦服，巩固政权，就必须行宽仁之政。如康熙所云，“宽则得众，治天下之道，以宽为本”。[2]而宽仁之政的一个主要内容就是休养抚息。早在康熙十二年三月初三日，康熙召经筵讲官熊赐履至御前问道:“要务安在?”答称，“民为邦本，本固邦宁。今天下小民穷苦尚无起色，惟在休养抚息。务令家给人足，庶几教化可兴，此万世治平之基也”。[3]那么在经济政策上如何达到休养抚息的目的？就是要正确处理发展生产和赋税征取的关系。康熙帝根据自身对历史和国情的认识，总结道：“自古国家久安长治之谟，莫不以足民为首务，必使田野开辟，盖藏有余，而又取之不尽其力，然后民气和乐，聿成丰亨豫大之休。”[4]要保证长治久安，首先是发展生产，使百姓的生活富足，但如果在赋税征取方面漫无限度，仍会影响人民的生活，导致生产的萎缩，危害统治的稳定。所以，在统一战争结束后，康熙及其政府便从生产和分配两方面着眼，既“以足民为首务”，又“取

1　王先谦：康熙《东华录》卷二一。

2 《康熙政要》卷二。

3 《康熙起居注》第1册，第84页。

4 《康熙御制文集一集》卷四《敕谕》。

之不尽其力”，使清朝统治进入盛世时期。

在生产方面，鼓励开垦、积极治河，使农业生产逐渐恢复发展。在分配方面，则推行较为宽松的赋税政策。在封建专制社会，如果单从权力行使的角度着眼，赋税征收的量度可以随意决定，政府可以实行十分苛刻的重税政策，甚至竭泽而渔。但正如康熙所说，“人主势位崇高，何求不得，但须有一段敬畏之意”[1]。敬畏什么？在赋税征收问题上，就是苛索无艺必然导致人民起而反抗。赋税征收额度的确定，必须以不危害政权统治的稳定为前提，“取之不尽其力”。正是基于这一认识，康熙把赋税的适度征取看成与发展生产同等重要的因素之一。那么，赋税的征取究竟怎样才算合适？康熙的主张是在赋税征取中坚持宽赋的思想。

2. 宽赋思想的主要内容

康熙二十年前，统一战争正在进行，财政困窘，军饷的筹集是各级官将的首要任务。在康熙看来，即使形势如此，仍要注重兵饷和民生的关系。康熙十七年正月丙申，在给广东巡抚金俊的上谕中称，“广东地方当用兵之后，尔到彼处务加意抚绥，保靖崖疆，惠养百姓。军中粮饷固属急需，而民生疾苦尤宜体恤。必令兵民相安，方为两全之道”。[2]康熙十八年十月甲子，上谕浙江巡抚李本晟曰：“近来兵民多不能调和，尔宜尽心料理。每见各省督抚料理事务，所见止在一省，不能通行。凡事应悉心区画，从天下大计起见。李本晟奏曰，目前惟兵饷最急。民富则国裕，民贫则兵饷无从而办，上曰：百姓足，君孰与不足，百姓不足，君孰与足，古今不易之理也。”[3]

在康熙看来，赋税征收中的苛派扰民是影响统治和社会安定

1 《康熙起居注》第 1 册，第 127 页。

2 《清圣祖实录》卷七一。

3 《清圣祖圣训》卷六《圣治》。

的主要因素，所以在整顿吏治时，把苛派扰民列为重点。康熙十八年七月三十日，康熙帝以地震示警，“于宫中勤思召灾之由，精求弭灾之道，约举大端，凡有六事”。其中第一件事便为，“民生困苦已极，而大臣长吏之家日益富饶。民间情形虽未昭著，近因家无衣食，将子女入京贱鬻者，不可胜数，非其明验乎！此皆地方官吏谄媚上官，苛派百姓。总督、巡抚、司道又转而馈送在京大臣，以天生有限之物力，民间易尽之脂膏，尽归贪吏私囊。小民愁怨之气，上干天和，以致召水旱、日食、星变、地震、泉涸之异”。[1] 自然灾变自有其本身的规律，赋税征收中的苛派浮收会引起与灾变同样的破坏性效果。在统一战争结束后，从稳定统治，安定社会的角度出发，康熙多次阐述了赋税征收问题上的主张，构成康熙政府赋税政策指导思想的主要内容。概括起来，大致有以下几个方面。

（1）加增田赋，必有累于民。康熙多次阐述了不得随意加增田赋正额的主张。在他看来，只要加大赋税征收额，必然造成百姓生活的苦累。康熙三十四年正月戊寅日，谕大学士称，“兴永朝奏请丈量湖南田地，有累于民否？治国之道，莫要于安民。或有不肖州县官将，田地竟不行丈量，而辄称余田加赋者，亦未可定。安有加增田赋而全不累民之理”。[2] 所以正额田赋的加增方面，必须保持十分谨慎的态度。

（2）于民有益，减赋亦可。固守赋税原额，不得随意减免，是清初以来赋税征收的基本原则。康熙年间，随着财政状况的好转，在正额田赋方面，如果出现人丁和地土的减少，也允许相应调减赋额。康熙三十九年二月乙酉，湖广总督郭琫奏称，“皇上命臣选奏丈量地亩官员，但湖南民稀地广，恐清丈后钱粮较前减

1 《康熙起居注》第1册，第421页。

2 《清圣祖实录》卷一六六。

十分之二”。康熙针对这一奏报，指出：“果于民有益，所减虽倍于此，亦有何害。若不清丈，以荒田著落他人，征收钱粮，有累群黎，断不可也。此事綦重，保题丈量官员，尔具疏来，照所请行。”[1]对于丁缺地荒的情况，也不应照数征比。如康熙二十九年六月丙戌，上谕户部称，“朕抚育烝黎，勤求民瘼，务期休养，渐至阜安……近见广东高琼等府地丁各项钱粮历年逋欠……倘因丁缺地荒，不能输纳，仍行征比，照例考成，则小民既困追呼，有司复罹参罚，徒滋扰累，终无裨益”。[2]

（3）反对加派。如前所述，苛派扰民危害统治，是康熙力主剔除的弊端。在康熙一朝，一直把加派视为不合法的行为。除此而外，康熙还认为苛索加派还影响赋税正额的征收。康熙五十五年七月二十五日，在回覆户部所题为更换浙江海关等关监督，将部院衙门保送官员职名开列一疏时，康熙说道：“看各关监督所欠钱粮甚多。此辈未派之先，人争愿去，及至到任，钱粮即缺。此皆不分好歹，多带人役，苛收钱粮之故。向年杭州有一监督，问巡抚王度昭，钱粮如何不致缺额？王度昭告以钱粮宽征，断不缺额。后如其言行之，是年钱粮果不缺额。”[3]人民的负担能力有限，苛索于此便失缴于彼，在正额之外加重苛索，自然影响正额的完纳。而实行宽征，即在正额之外不去加征苛索，则可使钱粮不至缺额。所以，从保证赋税正额征收的角度来说，康熙也反对苛索加派。

（4）实行钱粮蠲免（详论见后）。

康熙这些思想是以注重民生为前提的。他从明朝灭亡中吸取教训，注意到任何政策都须注意其是否影响民众的利益。他主张，

1 《清圣祖实录》卷一九七。

2 《清圣祖实录》卷一四六。

3 《康熙起居注》第 3 册，第 2299 页。

“惟有益于民之事，朕即允行，否则断乎不行也”。[1] 宽赋思想就是由此出发而形成的。

3. 赋税征收目标和不加赋政策

康熙主张在赋税征收中实行比较宽松的政策，而这是与其赋税征收的目标联系在一起的。“康熙二十年以后，海内始有起色”。[2] 就财政而言，康熙二十一年即已好转。二十三年，康熙第一次南巡，次年三月他对大学士说，“朕南巡时见闾阎疾苦，深为轸念，所过地方如此，其他省可知。今国帑充足，朕欲免直隶各省明岁钱粮以纾民困”。[3] 就当时财政平衡的途径而言，康熙在二十四年四月初九日议定蠲免直隶钱粮时说，“今军国之需，只在樽节制度，自可足用，必使百姓乐业，家给人足，无一夫不获其所，始慰宵旰”。[4] 随着战争的结束，康熙政府确立起以满足经常性军国之需为目的的承平型赋税征收目标。

满足国用成为康熙政府赋税政策的基本原则。康熙二十一年九月十八日上谕大学士等称，“自用兵以来，百姓供应烦苦。朕前屡言，俟天下荡平，将钱粮宽免。今岁各处所报灾伤甚少，尔等可同户部先将天下钱粮出纳之数通算来看。至陕西一省，供应较他省苦累加倍，钱粮尤应宽免”。[5] 所以，在康熙二十四年“国帑充足”的情况下，便采取了蠲免直隶等处钱粮的措施。康熙二十八年正月二十五日，在议定蠲免江南通省百姓历年积欠钱粮时，上谕称，“朕念江南财赋甲于他省，素切留心。因尚有历年带征钱粮，恐为民累。……夫民为邦本，足民即以富国。朕平日躬行节俭，一丝一粟，未尝轻费。所以如此简约者，无非爱养物力，

1 《清圣祖圣训》卷八《圣治》，康熙五十二年四月甲寅上谕大学士等。
2 陆陇其：《论直隶兴除事宜书》，《清经世文编》卷二八。
3 《清圣祖实录》卷一二〇。
4 《康熙起居注》第2册，第1316页。
5 《康熙起居注》第2册，第897页。并见《清圣祖实录》卷一〇四。

为优恤元元之地。在民间惟正之供，军国所需，岂易骤言蠲免？迩来国用稍裕，故能沛恩施。总期藏富于民，使家给人足，则礼让益敦，庶几渐臻雍穆之治欤”。[1] 同年九月十七日，在与大臣议及蠲免直隶所属被灾钱粮时，康熙称，“小民生计最多苦辛，今人动称耕九余三，谈何容易！农家终岁勤动，幸遇有秋，而谷价又贱。欲办八口衣食，与来岁耕种之资，犹恐不足，安得宽然有余？……自古帝王生长深宫，少知稼穑艰难与民生疾苦。朕轸念民艰，时常巡省，周谘博访，悉知穷檐困踣之状，实可哀怜。朕前见国用颇充，已将递年各省钱粮次第蠲免。但国家经费出入，当酌剂盈虚，务期上安下全，公私交济。不得漫无筹画，支左诎右”。[2] 国用的充足，成了康熙政府推行蠲免政策的重要前提。

就康熙朝的钱粮蠲免而言，自康熙元年至四十四年，据康熙四十四年十一月大学士奏报中的统计，共蠲免钱粮九千万两，[3] 相当于这四十四年间正项钱粮总额的 1/12。康熙四十五年至五十九年，经当今学者统计，仅把有数额的相加，即达六千二百二十一万一千余两，相当于这 15 年间正项钱粮收入的近 1/6。[4] 这是康熙政府宽赋政策的重要内容。就其蠲免钱粮的性质来看，如果说康熙前期其蠲免的主要内容属于包荒包课形成的逋欠，[5] 那么在康熙二十年后的钱粮蠲免，除了灾蠲、逋欠蠲免以外，还有康熙五十年开始的三年普蠲和五十六年蠲免带征等大项蠲免，均属康熙政府在宽赋政策上所采取的主动积极的措施。而这种宽赋措施的推行都是以国帑充足为前提的。从清政府的财政状况来看，以户部存银为例，平定三藩前，康熙十七年曾降到 3329920 两，三藩平

1 《康熙起居注》第 3 册，第 1829～1830 页。

2 《康熙起居注》第 3 册，第 1900～1901 页。

3 《清圣祖实录》卷二二三。

4 曹月堂：《谈康熙朝的钱粮蠲免》，载《南开史学》1982 年第 1 期。

5 参见陈支平：《清代赋役制度演变新探》。

定后，见于首次记录的是康熙二十五年，存银数为 26052735 两。从此户部存银多在 3000 万两以上，许多年份均至 4000 万两以上，四十七年、五十八年还达到此时期的最高额 4700 余万两（详见本篇末附表：康熙六年至乾隆三十九年户部银库每年实存银数）。这与清朝政府的蠲免钱粮措施的推行，在时间上是吻合的。

康熙政府推行钱粮宽征措施，实行蠲免，国帑的充足提供了可能，但也与康熙对当时的社会经济形势的认识相关。康熙五十二年十月丙子，在对大学士的上谕中称："潘宗洛（原任偏沅巡抚）奏湖南荒田五百余顷。今天下户口甚繁，地无弃土，湖南安得有如许未垦之田？"又谕，"湖广、陕西人多地少，故百姓皆往四川开垦。……今四川之荒田已尽开垦，果按田起税，则四川省一年内可得钱粮三十余万。朕意国用已足，何必苛求。且先年人少田多，一亩之田，其值银不过数钱。今因人多价贵，一亩之值，竟至十数两不等。即如京师近地，民舍市廛日增，居址连亘毫无空隙。此皆朕与尔等所亲见者也。今岁不特田禾大收，即芝麻木棉皆得收获。如此丰年而米粟尚贵，皆由人多地少故耳"。[1] 人口增长，物力有限，给人民生活造成更多的压力。

实际上，就清朝的经济恢复与人民生活的改善而言，并不与财政的好转完全保持一致。在封建专制社会，统治者总是把赋税的征收和国帑的充足放在第一位，其次才实行有所节制的宽征政策。所以即使到康熙后期，人民生活仍很困苦，社会经济形势仍非大好。四十二年，他曾论及山东道："朕四次经历山东，于民间生计无不深知。东省与他省不同，田野小民俱系与有身家之人耕种。丰年则有身家之人所得者多，而穷民所得之分甚少；一遇凶年，自身并无田地产业，强壮者流离四方，老弱者即死于沟壑。"[2]

1 《清圣祖实录》卷二五六。

2 《清圣祖实录》卷二一三。

四十三年，在论及全国吏治民情时，他说："小民力作艰难，每岁耕三十亩者，秋成时除完租外约余二十石，其终岁衣食丁徭所恃惟此。为民牧者，若能爱善而少取之，则民亦渐臻丰裕。今乃苛索无艺，将终年之力作而竭取之，彼小民何以为生？"[1] 康熙四十七年，在谈及江南时又说："朕屡次南巡，见闾里殷阜之象远不逮于旧时，虽不时蠲免额赋，停征积逋，仅可支吾卒岁，绝无余蓄。"[2] 他还从历史的比较中，认识到贫富对立给社会造成的困扰。他说，"古者田以井授人，皆自耕其田，故室家殷阜，而鲜失业游食之民。后世富室之田跨连阡陌，贫民代为耕耨，是以素无盖藏。一遇水旱遂致游食四方。流亡载道，亦势使然也"。[3]

康熙四十八年十一月庚辰日，康熙对当时的形势进行了分析。他说，"本朝自统一区宇以来，于今六十七八年矣。百姓俱享太平，生育日以繁庶。户口虽增，而土田并无所增，分一人之产供数家之用，其谋生焉能给足。孟子曰无恒产者无恒心，不可不为之筹也"。[4] 正是在这种形势下，赋税征收既然满足了康熙政府所确立的目标，便推行蠲免钱粮等宽赋措施，并在康熙五十一年做出了"滋生人丁永不加赋"的决定。

（三）整顿财政　目标不变

雍正时期，是清朝财政赋税制度全面建立和完备的时期。这一时期仍然沿袭着康熙满足经常性军国之需的赋税征收目标，这一目标直接制约着各项财政赋税措施的实行。

1. 亏空的清厘与充实国库

康熙的宽仁之政，导致了在康熙后期官吏贪污风气的泛滥。

---

1 《清圣祖实录》卷二一五。
2 《清圣祖实录》卷二五三。
3 《康熙御制文集二集》卷二七。
4 《清圣祖实录》卷二四〇。

雍正帝即位，面临的是钱粮短缺、国库空虚的局面。在中央，如同雍正所说，“历年户部库银亏空数百万两，朕在藩邸，知之甚悉”。[1]在地方上，也是亏缺累累，“近日道府州县亏空钱粮者正复不少”。[2]“藩库钱粮亏空，近年或多至数十万”。[3]为了充实国库，厉行清厘亏空。雍正一改康熙的治政作风，实行严猛之政，把财政整顿和吏治建设结合起来。

康熙六十一年十二月十三日，雍正亲政伊始，便给户部下达了全面清查钱粮的命令，上谕户部称：“自古惟正之供，所以储军国之需。当治平无事之日，必使仓库充足，斯可有备无患。……而近日道府州县亏空钱粮者，正复不少。揆厥所由，或系上司勒索，或系自己侵渔，岂皆因公那（挪）用。皇考好生如天，不忍即下典刑，故伊等每恃宽容，毫无畏惧，恣意亏空，动辄盈千累万。……朕深悉此弊，本应即行彻底清查，重加惩治。但念已成积习，姑从宽典。除陕西省外，限以三年。”[4]“三年之内务期如数补足，毋得苛派民间，毋得借端遮饰。如限期不完，定行从重治罪。三年补完之后，若再有亏空者，决不宽贷。其亏空之项，除被上司勒索及因公挪移者，分别处分外，其实在侵欺入己者，确审具奏，即行正法。倘仍循私容隐，或经朕访闻得实，或被科道纠参，将督抚一并从重治罪。即如山东藩库亏空至数十万；虽以俸工补足为名，实不能不取之民间加派。山东如此，他省可知。以小民之膏血，为官府之补苴，地方安得不重困乎？既亏国帑，复累民生，大负皇考爱养元元之至意。此朕所断断不能姑容者。”[5]

雍正元年正月十四日，即下令在中央设立会考府，管理钱粮

1 《上谕内阁》，雍正二年十一月十三日谕。

2 《上谕内阁》，康熙六十一年十二月十三日谕。

3 《清世宗诗文集》卷一《谕巡抚》。

4 《清世宗实录》卷二，康熙六十一年十二月甲子。

5 《上谕内阁》，康熙六十一年十二月十三日谕。

奏销"出入之数"。康熙后期，在钱粮奏销中户部滋生出一种以有无部费决定是否准销的弊端。倘若没有献纳部费，即使开支正当，计算也清楚，也不准销。要是有了部费，即便糜费百万，也一概准销。康熙知道这种弊端，但未予深究。雍正指出，"朕今不能如皇考宽容"，此后任何部门的钱粮出入，均由会考府稽核管理，并由怡亲王允祥、舅舅隆科多、大学士白潢、尚书朱轼合同办理。[1]会考府成立未及三年，办理部院钱粮奏销事件550件，其中有96件予以驳回改正。[2]户部库银，经怡亲王允祥查出亏空共250万两，其中150万两雍正责令历任户部堂官、司官及部吏赔偿，其余的部分由户部此后历年弥补。[3]清查过程中，涉及到贵族和高级官僚，也不宽贷。[4]

地方亏空的清厘，雍正元年也全面展开。湖广布政使张圣弼、粮储道许大完、湖南按察使张安世、广西按察使李继谟、原直隶巡道宋师曾、江苏巡抚吴存礼及布政使李世仁、江安粮道王舜、前江南粮道李玉堂等，先后被革职查抄家产以弥补亏空。[5]在整顿财政弥补亏空的过程中，雍正采取抄家与罢官并行的严厉打击措施。雍正元年二月，谕吏部："亏空钱粮各官，若革职留任催追，必致贻累百姓。"不可复留原任。如果已经清还完毕，还可任职的，必须由大吏奏请。[6]经过二年的整顿，收到了明显的效果，户部存银由元年的23711920两，上升到三年40434744两，增加近一

1 《上谕内阁》，雍正元年正月十四日谕；《养吉斋丛录》卷一；并参《会考府题奏档》，载《文献丛编》第43辑。

2 《上谕内阁》，雍正三年八月十三日谕。

3 《雍正起居注册》，雍正二年十一月十三日；《上谕内阁》，雍正八年五月十日谕。

4 康熙十二子允祹将家用器皿出卖以赔偿亏空，第十子允䄉被查抄家产，内务府官员李英贵与张鼎鼐等冒支正项钱粮百余万，被抄家，见《雍正起居注》雍正二年十月十七日、雍正五年六月十九日。

5 萧奭：《永宪录》卷二。

6 《上谕内阁》，雍正元年二月二十九日谕。

倍。（见本篇附表：康熙六年至乾隆三十九年户部银库每年实存银数）三年清查期满后，鉴于部分省亏空清查并不彻底，雍正又下令展限三年，谕称："凡各省亏空未经补完者，再限三年，宽至雍正七年，务须一一清楚。如届期再不全完，定将该督抚从重治罪。如有实不能依限之处，著该督抚奏闻请旨。"[1]

雍正初年彻底清查亏空的措施，使户部存银逐年上升，在雍正七年达到了有统计以来的历史最高水平，即60248747两（参见本篇附表），扭转了雍正即位初财政困窘、国库空虚的局面。雍正政府把整顿财政、清查赋税作为充实国库的重要手段，直接服务于满足军需国用的目标。

2. 赋税制度的完善与宽赋思想

雍正整顿和清厘财政，是直接针对康熙末年吏治废弛而形成的国库亏缺所采取的措施，其整顿的途径是通过解决官侵吏蚀、加强赋税征收管理来保证国库的充裕。在赋税征收额度的问题上，仍继承康熙时期的原额，并把征收赋税的目标仍然维持在满足国用上。这一思想直接体现在雍正所进行的赋役改革实践和一系列的言论中。

雍正二年始，在全国范围内进行了摊丁入亩的改革，使清朝的赋税制度趋于完备。关于这一重要的赋税制度改革，我们将在后面专节讨论。在此仅先指出一点，这一改革对国家赋税收入的影响而言，是把赋税额度固定下来。

在保证原额征足与国库充实的原则下，雍正也不主张加赋。雍正即位以后，"勤求民瘼，事无巨细，必延访体察，务期利民。而于征收钱粮尤为留意，惟恐闾阎滋扰，此念时切于怀"。[2]为此，在雍正元年正月辛巳日，向总督、巡抚、布政司、道员、知府、

1 《上谕内阁》，雍正四年八月四日谕。

2 《清世宗实录》卷九，雍正元年七月己丑上谕户部。

知州、知县分别发布谕令，让他们各尽职守。其中把钱粮征收放在各级官员所负职责的首要位置上，强调在赋税征收中，不得任意苛索。如谕布政司称："赋役会计皆尔专司，调剂均平乃为称职。今钱粮火耗日渐加增，重者每两加至四五钱。民脂民膏，朘削何堪！至州县差徭，巧立名色，恣意苛派。竭小民衣食之资，供官司奴隶之用。尔试思户版税籍，谁为职掌，私派横征，谁任其咎，顾可失于觉察乎？"谕知州知县称："州牧县令，乃亲民之官，吏治之始基也。……至于钱粮关系尤重，丝毫颗粒皆百姓之脂膏。增一分则民受一分之累，减一分则民沾一分之泽。前有请暂加火耗抵补亏空帑项者，皇考示谕在廷，不允其请，尔诸臣共闻之矣。今州县火耗，任意加增，视为成例，民何以堪乎？嗣后断宜禁止，或被上司察劾，或被科道纠参，必从重治罪，决不宽贷。夫欲清亏空之源，莫如节俭正直。节俭则用无不足，正直则上官不可干以私。"[1]在雍正看来，要清除赋税征收中苛索加派的弊端，必须在地方开支上"节俭正直"，堵住苛派的源头。

在开支的原则上，雍正主张支所当支。他说，"国家有一定之经费，若属应用，则数千数万亦不为多。若不应用，则一丝一粟亦宜察核"。[2]当时一些地方官吏采取捐俸工银两办理地方事务，雍正对这种做法表示反对。江西巡抚裴率度请捐俸工银两赈恤被水居民，雍正指出，"夫官吏俸工，特为赡养伊等家口而设，原不可少。纵将通省俸银捐助，为数亦属无几，有何裨益？至若胥吏工食，亦尽行捐出，何以令其应差行走。如果民遇灾艉，该督抚即应奏闻动支正项钱粮。若偶遇水旱微灾不无赈恤，或修理堤岸城垣之小费，该地方大小官员有愿出己资捐助效力者，何必具题。即欲报闻，亦止可另行折奏。著该部行文直省督抚，凡地方

1 《清世宗实录》卷三。

2 《清世宗实录》卷四四，雍正四年五月壬辰日谕旨。

遇有公事奏请捐助俸工之处，永行停止”。[1] 他反对捐俸办理公事的主要理由，在给雍正元年二月二十四日广西巡抚孔毓𤦼所上奏折的朱批中作了论述。孔毓𤦼奏称广西省贡院狭陋，他已率属捐俸修广，并称“不敢支销库项，亦不敢丝毫派扰小民”。雍正朱批道：“此一次罢了，捐之一字，朕甚不悦。如果当用者，即当动用正项。如不当用者，何必奏闻。此等有害民生之举，自后不可如此，方属实心任事，不负朕皇考之用也。”[2] 尽管孔毓𤦼声称不敢丝毫派扰小民，雍正深知，开支取于俸工，官员和吏役生计无所支应，最后还是向百姓摊派，加征苛索。事实上，捐俸只能加重百姓的负担。湖广总督杨宗仁雍正元年谈及湖广的情形时称，“湖广州县以上俸工，报捐已经十年，总无分厘给发，责成官役枵腹办事，焉能禁不需索闾阎？……再从前凡有公事，无一不分捐州县，派累百姓”。[3]

对于亏空的弥补，雍正主张从加强赋税征收管理入手，而不能以派累小民加重负担来解决。他认为，“钱粮固属紧要，而民瘼尤宜体恤。闻有州县亏空钱粮，百姓情愿代赔者，此端断不可开。亏空之员，未必爱民。况百姓贫富不等，断无阖县情愿代赔之理。或系棍蠹勾连，借端科敛，或不肖绅衿一向出入衙门，通同作弊。及本官被参，犹冀题留复任，因而号召多事之人，连名具呈，称系阖县愿赔。后官畏惧承追处分，接呈入手，即差役按里追呼，名曰乐捐，其实强派累民不浅。嗣后绅衿富民情愿协助者，听其自行完纳。其有阖县具呈者，即将为首之人治以重罪”。[4]

在端正开支的同时，加强奏销管理。其中重要的一条是取消

1 《清世宗实录》卷一一，雍正元年九月丁亥上谕户部。

2 《雍正朝汉文朱批奏折汇编》第 1 册，第 114 页，广西巡抚孔毓𤦼奏折。

3 《雍正朝汉文朱批奏折汇编》第 1 册，第 401 ~ 402 页，湖广总督杨宗仁奏陈饬给俸工缘由折（雍正元年五月十五日）。

4 《清世宗实录》卷一九，雍正二年闰四月乙酉日谕。

部费，整顿奏销秩序。雍正二年十月上谕称："直省督抚提镇等，从前题奏事件，俱有部费。朕屡次降旨严禁，今闻仍蹈前辙。凡事不讲部费不能结案。各衙门书吏势难枵腹办事，酌量稍给纸笔饭钱，于理犹无违碍。何得费至盈千累万，以遂小人无厌之求。况各省大臣题奏事件，俱朕亲览交部定议，及议覆时，朕详览独断。在各省大臣何不自信，甘受蠹役欺诳耶。至会考府系朕新设，特为稽查各部诸弊，以清钱粮之出入。会考府王大臣朕可保其无受使费之理。今闻有一二省畏懦不明之大臣另加一倍使用，殊可痛恨。嗣后著永行禁止。若经朕查出，与受一体治罪。"[1]

雍正时期，在财政改革上实行了耗羡归公的措施，并建立养廉银制度，其具体情形我们将在中篇（上）论述。就这一措施所推行的目的而言，是为了解决地方各级政权公私之用不敷之处的经费问题。但对耗羡的性质，雍正严格地将它与钱粮正项相区别。雍正二年三月丁丑日上谕河南巡抚石文焯称："据奏请将捐谷耗羡银两，收存司库留充公用。耗羡存库不过暂寄以备地方公用，断不可归入钱粮之内。凡此等羡余，概不得牵混正项。国家经费自有常额。若将此入正项，尔等羡余必仍另取。不特名实相违，且恐移东就西，反致滋弊。"[2] 所以，耗羡在管理上也应与正项钱粮相区别。雍正四年四月己丑上谕内阁称："各省耗羡银两，与营伍中数分公粮存贮公所，原为本省本营之中，或有公事需用，或为各官养廉，使地方营伍备用有资，不致派累兵民，乃通权达变之法，其来久矣。并非正项钱粮可比也。迩来督抚提镇中，小心拘谨者，恐目前经手，将来无以自明，具折奏请咨部以记出纳，原系见小之举，该部只应存案。此并非开销正项钱粮也。若将耗羡银两，俱比照正项具题报销，相沿日久，或有不肖官员指耗羡为

---

1 《清世宗实录》卷二五，雍正二年十月癸巳日上谕。

2 《清世宗实录》卷一七。

正项。而于耗羡之外，又事苛求，以致贻累小民。此风断不可长。”[1]在雍正看来，耗羡是用于解决地方公私之用比较灵活的经费，自然不得比照正项钱粮报销。

众所周知，雍正耗羡归公改革，是通过对耗羡的管理，实行有节制的加派来解决地方经费不足的问题。这毕竟是在赋税正额之外实行加派，是一种加赋的行为。但在雍正看来，这只是一种临时性的措施，一旦条件成熟就当取消。在归公耗羡之外，雍正反对再任意苛索。他在多种场合论述了不得随意加额征收的思想。雍正二年，上谕江西巡抚裴率度称，“今岁湖口关税赢余，是尔等清厘所致。但数觉过多。倘额外剥削商民，则断然不可。关税多少系于年岁之丰歉，难可预定。或遇不及之年，不可勉强必求足数，不然是又增加税额矣。当严饬胥吏，毋致苦累商民”。[2]为了保证关税不致随意加征，雍正还命令将征收税则向社会公开。雍正二年十一月甲辰日上谕各省兼管关税巡抚等，鉴于“各关俱有远处口岸，所委看管之家人贤愚不一，难免额外苛求”，“嗣后将应上税课之货物，遵照则例，逐件开明刊刻详单，分发各货店，遍行晓示，使众皆知悉。其关前所有刊刻则例之木榜，务令竖立街市，人人共见，不得藏匿屋内，或用油纸掩盖，以便高下其手，任意苛索”。[3]对于落地税银，“非正项钱粮有一定之数者可比。侵蚀隐匿者固当加以处分，而争多斗胜者不但不当议叙，亦当与以处分”。[4]

雍正还根据川陕地区农作物成熟的情况，将两省地丁征收的期限予以宽缓。雍正八年十月壬子日上谕户部称，“陕西四川地方民风淳朴，历年逋赋甚少。查每年征收钱粮之期，四月完半十

1 《清世宗实录》卷四三。

2 《清世宗实录》卷一七，雍正二年三月壬寅日上谕。

3 《清世宗实录》卷二六。

4 《清世宗实录》卷一〇〇，雍正八年十一月乙亥上谕。

月全完，此定例也。朕思四月十月既届纳课之期，小民必须预先经营。是麦谷未收之时，即为输将之计。或因称贷而受剥于富豪，或因预粜而大亏其价值。且如甘肃地方有征收本色者，若在粮谷未获之前，更为竭蹶。历来川陕钱粮既无拖欠之陋习，著将四月完半者，宽至六月；十月全完者宽至十一月。俟夏麦秋禾筑场纳稼之后，从容完课，俾民力舒徐，以副朕爱养黎元之至意”。[1]

对于地丁钱粮的征收，雍正主张不得额外苛派。雍正九年十二月甲辰日，奉天府府尹杨超曾奏称：奉天各属，从前一切公务皆取给里下，总计一岁的科派多于正项钱粮，已严饬各属勒碑永禁，并令嗣后彻底澄清，不许丝毫派累。雍正就此上谕户部，内称，“著将杨超曾所奏宣示于外，令奉天官吏人等，永远遵行以除积弊以惠闾阎”。[2] 为了减少官吏向百姓苛索，雍正认为查核钱粮也不可过于苛刻。他说，“查核钱粮固不可听其浮销，而过于苛刻，必致剥民。督抚等大员严紧一分，则州县官必于百姓加紧一倍。如能宽容一分，则小民必得一分之惠”。[3]

雍正年间，对西南少数民族地区实行了改土归流的措施。对于这些地区，雍正认为在赋税征收上也不得苛索重派。雍正五年十二月己亥上谕兵部称：“……此朕念边地穷民皆吾赤子，欲令永除困苦，咸乐安全，并非以烟瘴荒陋之区尚有土地人民之可利，因之开拓疆宇增益版图而为此举也。……但地方辽阔，文官武弁需员甚多，其间未必尽属贤良之辈。且恐官弁等之意，以为土民昔在水火，今既内附，已脱从前之暴虐，即略有需索，亦属无伤。此等意见则万万不可。”[4]

雍正和康熙一样，认为苛派除扰民以外，对于赋税正额的完

1 《清世宗实录》卷九九。

2 《清世宗实录》卷一一三，雍正九年十二月甲辰日上谕。

3 《清世宗实录》卷一〇三，雍正九年二月乙卯日上谕大学士等。

4 《清世宗实录》卷六四。

纳也十分不利。雍正六年三月己未日，吏部带领无锡县知县江日容、昆山县知县朱铉引见，上谕称，“至于州县征收钱粮，人人皆知寓抚字于催科，然皆逐末不知其本。夫正供之项，小民无不乐输，缘不肖有司每于额外浮派以求赢余，或朘民脂膏希图肥己，或上司勒索借为逢迎以致吏胥乘间中饱。百弊丛生，小民不胜苦累。遂有奸猾之徒，得持官府之短长，抗粮包揽，任意拖欠。醇良者亦输纳不前矣。若州县洁己爱民，毫无浮派，则民间正供乃义当完纳之项，何惮而不早完乎？惟当于肯完正供者，实意抚恤；于实在抗欠之顽户，严其催比，毫不瞻顾。此乃寓抚字于催科之道也”。[1]

雍正年间是清代财政赋税制度趋于完善的时期。就其各项改革措施的宗旨来说，是保证国家赋税收入如数完纳，以期国库充裕。摊丁入地是如此，提解耗羡也是如此。提解耗羡以解决地方经费的措施，事实上是一种加赋的行为，使耗羡成为地方政府自行支配的重要财力，所以后世史家把它视为田赋附加税，并列为财政收入的重要项目之一。此外，雍正时期厉行垦荒的政策，在雍正严猛治国的政治形势下，造成了捏报垦荒，追求垦荒成绩的现象。一些地区“以虚粮累民”，[2]一些地区按现有耕田加赋，以多征之税，虚报垦田。[3]正如雍正死后乾隆指责河东总督王士俊时所称：“并未开垦，不过将升科钱粮飞洒于见在地亩之中，名为开荒，实则加赋。”[4]这也是雍正时期事实上存在的加赋行为。但从政策思想上看，提解耗羡是雍正在事实上承认长期业已存在的火耗征收，并通过加强管理减少火耗征收的成数。而且，在这一改革过程一再强调，一旦经费有自，提解耗羡的措施就应当取消。

1 《清世宗实录》卷六七。

2 乾隆《光州志》卷四九《顾心楷传》。

3 谢济世：《谢梅庄先生遗集》卷一《遵旨陈言疏》。

4 《清高宗实录》卷四，雍正十三年十月乙亥。

至于虚报垦荒形成加赋，在雍正晚年已意识到这个弊端，并主张应予处分。[1] 这是垦荒政策在执行中衍生出来的消极现象。

从赋税征收的目标来看，雍正一依康熙满足经常性军国之需的主旨。这个时期通过财政赋税制度的完善和严厉的财政整顿措施使得这一宗旨的实现有了更有力的保证。在此基础之上，雍正反对苛索加派，并不主张无根据地加赋。

（四）地丁稳定与收入格局

雍正年间的赋税财政制度改革，使得清代赋税征收行为有了制度保证，这一制度的基本特征正如我们在后面将要加以说明的，是一种定额化的征收体制。丁银总额摊入地亩，所依据的是康熙五十年的原额，地亩的变化相对稳定，又使得以地亩的增加寻求加赋的可能性较小，这就使得摊丁入亩后赋税总额（地丁）基本稳定下来。但这不等于不能加赋，如前所述，雍正年间就因虚报垦荒形成加赋。所以，定额化赋税征收体制在政府政策的作用下会有不同的结果。乾隆时期，乾隆及其政府通过对垦荒政策的调整和新增土地摊征丁银的处理，使得清代的赋税征收额度真正稳定下来，形成较彻底的不加赋政策措施，一直制约嘉道甚至以后清朝政府的赋税收入格局。这一政策自然也体现出乾隆政府满足经常性军国之需的赋税政策目标。

1. 不加赋赋税征收格局的形成

雍正推行摊丁入地措施之后，要取得赋税征收额度的增加，在不改变赋税科则的情况下，惟有赖于土地亩数的增加。雍正年间在雍正厉行垦荒政策下，地方官为了追求垦荒成绩虚报田亩，使田土数加大，进而导致赋税的增加。但这种做法必然加重百姓的负担，最终导致社会的不安，影响统治的稳定。雍正刚驾崩不

1 《清朝文献通考》卷三《田赋》。

久，乾隆皇帝的藩邸老师、大学士朱轼在乾隆登极伊始便“首陈除开垦，省刑罚两疏”。[1] 对赋税征课的系列原则提出了自己的建议。

针对当时赋税征收的情况，朱轼主张“征收关课宜立定制”、“田地之丈量首报宜停止”。关于关课，他论述当时乱征浮收的情况称，“至关役之需索与货物相等，而耗银之浮收较货税加重。更可怪者，行旅往来，被囊衣箧无不翻搜，纸墨巾扇亦供诈具。其为民累尤甚”。这种现象形成的原因，他说：“夫各关税务原有定额，圣朝升平日久，所在商贾辐辏，所收之税实有浮于原额。是以关额以渐而加，乃增额之外，又有报解赢余之说。今年多于去年，后官逾于前官，遂有赢余多于正项者。凡此无非加则苛求，大戥小秤之故。今若酌减赋额不设立定制，势必徒饱溪壑，商民不沾实惠。”有鉴于此，他主张“应请敕下督抚，将各项货物酌定则例，务须轻重得宜，照旧大书木榜竖于关前，晓谕商民。并令各商将纳缎布匹等物分别等第，送关用印存为式样，以凭上税时比对高下。戥秤丈尺俱照部颁定式，不许私自更改。船只量头令本地有司验明刻于船头之上，不许关役喝报。小税不及五分者，概行免纳。一切关役苛求，严行禁止”。“其司榷之员，令各该督抚慎选清廉干练之人，公同保举，令其尽收尽报，责成督抚查核，以一年为准，定为正额。永不许巧借赢余之名，恣意征敛。庶国课自裕而商民交便矣”。对于落地税，他称：“再查州县集市有落地税之名，或差役征收，或责令牙行总缴，凡櫌锄箕帚蔬果鱼虾等微细之物，其值无几，必查明上税，方许交易。且贩自东市，既经纳税，货于西集，又复重征。一介细民谋生之计，往往因此怨苦。而合计在官之数，亦甚有限，请敕一概禁革，实为民便。”对关税及工商税，他主张定立规条，不得苛求。

1 《小仓山房文集》卷二《文华殿大学士太傅朱文端公神道碑》。

对于丈量报垦以增田赋的现象，朱轼力主首报宜停止。他称，“夫所贵乎开垦者，原为人无恒业而地有遗利，督令耕畲为足民计，非从增益赋额起见也”。四川省的清丈，因“逃亡迁徙，事故纷然，究竟田土难于一一清理。闻多于熟田加增钱粮以成清丈之名，所补于国课者有限而米价日昂，远近苦之”。广西的清丈弊窦尤多，河南等省报垦田地也多不实。在朱轼看来，“夫地丁二项，本属一例，从前圣祖仁皇帝念生齿繁盛，特命编审之年，但查人丁户口之数，不必加增丁银，著为定例。则民间田地正赋既有定额，何用苛求？大行皇帝每逢恩免，动以数十万计，而江南等省浮粮数百年著为定额，一旦蠲除百余万。若此区区报垦之粮，于国赋曾仅加于毫末乎？臣愚以为不但丈量不可行，即劝令自首亦可不必。盖凡自首者，谓先经隐匿今据实首出也。若以地瘠之故，田多粮少，并非隐匿，何首之有？今若责之首报，小民惟恐查出治罪，勉强报升，将来完纳不前，势必仍归荒芜，于民生国课，两无裨益”。[1] 朱轼明确主张，不能以土地丈量、首报开垦为加赋手段，赋额应当稳定，否则于民生国课两无裨益。

乾隆完全接受了朱轼的意见，“罢开垦，停捐纳，重农桑，汰僧尼之诏累下，万民欢悦，颂声如雷”。[2] 在赋税征收问题上，杜绝了因提倡开垦谎报地亩形成加赋的现象，从而在政策上以稳定地亩数额为基础，把赋税征收数额稳定下来，初步形成不加赋的赋税征收格局。

罢开垦，在政策上杜绝了虚假赋税增额的现象，但有可能随着实际垦辟的扩大，出现新增地亩，这自然会使得赋税相应增加。这是合理的加增。那么，这新增部分地亩是否加派丁银呢？各地

1 《朱轼奏折》（雍正十三年九月十九日），《宫中档雍正朝奏折》（台北故宫）第 25 辑，第 242～245 页。

2 《啸亭杂录》卷一《纯皇初政》。

在实施摊丁入地措施之始，是以当时各直省或各州县的丁银总数摊入各直省或各州县当时的实在地亩或地粮之中。随着各地推行时间的持续，新增土地的地区如何摊征丁银，各直省自行其是，不得一律，中央也没有统一的政策。乾隆三十八年六月十二日湖北巡抚陈辉祖上奏请示湖北新增地亩的丁银摊派问题，其中称："湖北民赋新垦应派丁银，例系按各州县升粮科则派算，归于编审案内造册具题。……因新垦原非岁有，而按派丁银亦为数未多，是以归于编审汇办。今编审已奉谕旨停止，若将前项丁银仍以五年一次题办，既繁文案，而民屯赋税必待五年一清，亦觉未宜。臣就湖北案册酌核，应请嗣后题报民屯升垦本年内，将丁银即行查办，民赋则按有垦州县科则派算，屯垦亦即依十卫所饷额均摊。应征数目分别造册送部，俱随年入额征收。庶赋无久悬，卫所丁粮亦随时适均，似属简易。行据布政使敦福查详前来，缘关请更旧例，臣谨恭折奏明，伏乞皇上睿鉴敕部议覆施行。"[1]针对这个新出现的问题，乾隆指示户部议奏。户部随即咨行各直省，应否照湖北省一例办理之处，各就本省情形妥议具奏。各直省便陆续上奏指陈本地区的实施情况和处理意见。就现存档案来看，新垦地亩有摊征丁银的，如直隶、广西、江西，有不摊丁银的，如广东、湖南、福建。而摊征丁银的各省摊征办法又各不相同。直隶省，"凡有新垦升科地亩，丁随粮计，即按此数加摊；如遇除粮丁银，亦一体豁免，统于各本案内随时题咨入于本年奏销册分别增除办理，迄今五十余年，遵行已久"。[2]这种摊征办法，在地亩增加的情况下，就会使总赋额中丁银部分相应增加，从而加大总赋额增长的幅度（地粮增加之外又增丁银）。而江西省的摊

1 《湖北巡抚陈辉祖奏请新垦地亩丁银随年摊征折》（乾隆三十八年六月十二日），"朱批奏折财政类"，一史馆档案。

2 《直隶总督周元理奏为查明新垦地亩丁银随地粮摊派折》（乾隆三十八年九月十四日），"朱批奏折财政类"，一史馆档案。

征，是“将旧额丁银摊派”[1]这样，丁银总额仍然维持原状，总赋额增加的幅度只以地粮增长部分为限（有关这一问题讨论的情形参见中篇下）。各直省并未全数奏毕处理意见，乾隆皇帝便作出了处理决定。

乾隆三十八年十二月初四日乾隆皇帝在上谕中决定，“所有各省办理丁粮一事，无论已未覆奏，俱悉仍其旧，毋庸另议更张。其湖北长芦二处已经该部覆准者，亦不必行，仍令照旧办理”。乾隆陈述了不应在全国各直省遍行新增地亩摊征丁银的理由，大要如次。第一，“国家承平休养百有余年，闾阎生齿日繁，岁有增益。向来编审人丁按丁科则，自康熙五十四（原文如此）年我皇祖圣祖仁皇帝特颁恩诏，盛世之民永不加赋，即以是年丁粮之数作为定额。见皇祖惠爱黎元，厚泽深仁法良意美，实我万世子孙臣庶所当遵守不易者”。从保持赋税征收政策的一贯性来看，不应遍行对新增地亩摊征丁粮。第二，“盖民为邦本，庶富相因。但令小民于正供之外留一分盈余，即多一分蓄积。所谓藏富于民，百姓足，君孰与不足者此也。朕御极以来，仰承天祐祖德，际兹累洽重熙，无时不以爱养斯民为念，是以两次谕旨蠲天下钱粮，并轮蠲各省漕米，为数不啻数千百万。而因灾蠲赈及随时恩免者，尚不在内。所冀群黎益庆盈宁，共享升平之福，岂肯于丁粮区区毫末之赋存计较乎？”从频行蠲免和丁银小数“区区毫末”无损于国课来看，新增地亩加摊丁银不宜遍行。第三，“现今海寓户口繁滋，难以数计。如各省粮价有增无减，即可为滋生繁庶之征。况人数既多，自地无遗利，安得复有未辟之旷土广为垦种升科乎？若求可垦之地，则惟新疆乌鲁木齐等处地土沃衍，尚可招徕屯垦。至于内地开垦一说，则断无其事，各省督抚亦断不得以此为言。

1 《江西巡抚海成奏为筹议新垦地亩丁银五年一次摊派折》（乾隆三十八年十月十三），一史档档案。

即或濒河沿海之区，间有东坍西涨，其数甚微，只须地方官查明照例妥办。若以新垦民屯地亩复将丁银随年摊纳，是与小民较及锱铢，尤非惠下恤民之道”。从人口增长和土地有限之间存在的矛盾来看，也不应以新垦民屯地亩复将丁银随年摊纳。乾隆由此指出，“陈辉祖原奏固属琐碎见小，而户部议覆亦复未识大体”。[1]这个决定，主张各省仍循旧例，在原未实行新垦地亩摊征丁银的地区，出现土地增加时，赋税（地丁）总额的增加幅度减少，只增加地粮部分。而且这个上谕指出不得在各直省遍行以新垦地亩摊征丁银，明确了清乾隆政府不加赋的基本方针，为此后清朝的赋额保持在相对固定的水平提供了政策保障。

至此，清朝乾隆政府从地和丁两方面所制定的相应政策，使得清朝不加赋赋税征收格局基本形成，从而使此后清朝赋税收入的水平基本固定下来。

2. 钱粮蠲免与赋税政策目标

乾隆从清朝政策的连续性，藏富于民与人地关系矛盾几方面阐明了实施不加赋政策的理由。实际上，不加赋政策的形成，在一定程度上决定于乾隆政府所确定的赋税收入应实现的目标。这从其钱粮蠲免措施的推行，可以得到充分的说明。

钱粮蠲免是乾隆施政中的一项重要内容，从登基到退位，始终实行。根据今人的统计，仅将乾隆十八年前江南蠲免逋欠数，四次大项灾蠲数（内除苏皖数），差役蠲免数、南巡蠲免数、普免钱粮数，以及粗略计算的蠲逋欠数合计，约达20275万两白银。[2]这是一笔很大的数目。乾隆六十年工部尚书彭元瑞奉敕撰《孚惠全书》，“排辑御制诗章，钦颁谕旨，分类比事，系月编年”，[3]全

1 《乾隆上谕档》第7册，第493～494页。

2 常建华：《乾隆朝蠲免钱粮问题试探》，载《南开史学》1984年第2期。

3 《孚惠全书》，书前彭元瑞表文。

面叙述了乾隆朝钱粮蠲免的情况。该书把这个时期的钱粮蠲免分为六类，即：普蠲钱漕、减除旧额、巡幸蠲免、差役蠲缓、蠲除积逋。从性质上看，普蠲钱糟是乾隆政府积极的主动行为，其他各项除巡幸蠲免属于恩蠲外，都是政府对事实上无法征足的钱粮的豁免。普蠲钱粮集中地体现了乾隆政府在财政收支问题上的政策倾向。

就普免天下钱粮而论，乾隆年间共实行过五次。其具体情况为：乾隆十年，普免天下钱粮 27940400 两；乾隆三十五年及四十二年，各普免天下钱粮 27590000 两有奇；乾隆五十五年，普免天下钱粮 27700000 余两；乾隆六十年，普免天下钱粮 27641900 余两。[1]

在每次实行普免天下钱粮时，乾隆均在上谕中指陈理由。乾隆十年的第一次普免措施实施时，乾隆上谕称，“百年以来，薄海内外，物阜民康，共享升平之福。……今寰宇睦宁，既鲜糜费之端，亦无兵役之耗。所有解部钱粮，原为八旗官兵及京官俸饷之所需。计其所给，较之宋时养兵之费，犹不及十之一二。室于各处工程为利民之举者，亦只取给于存公银两。即朕遇有巡幸赏赉，所颁亦属无几，是以左藏尚有余积。……朕思海宇乂安，民气和乐，持盈保泰莫先于足民。况天下之财，止有此数，不聚于上，即散于下”。[2] 乾隆认为，钱粮征取的目标是满足八旗官兵及京官俸饷之所需。这方面清代较前代已大为减少，而在其他方面的开支也属节俭，所以国库收支相抵尚有结余。而从整个社会财富来看，乾隆以为是有限的，“天下之财，止有此数”，所以从社会稳定的角度着眼，就应当继承康熙蠲免钱粮的做法，“以继志述事之心”，实行普免。可见，乾隆钱粮蠲免的一个前提是军国之需的满足。只要经常性军国之需满足以后，就不应当多事征取，

1　参见吴庆坻:《蕉廊脞录》卷一《康乾普免钱粮》，中华书局，1990 年。

2 《孚惠全书》卷一，乾隆十年六月初六日上谕。

应以足民为先，为持盈保泰提供保证。这一思想在后来几次普免钱粮时也反复加以申述。

乾隆三十五年实施第二次天下钱粮普免时，上谕称:“我国家席全盛之模，内外经费度支有盈无绌，府库所贮，月羡岁增。因思天地止此生财之数，不在上即在下，与其多聚左藏，无宁使茅檐蔀屋自为流通。”在御制诗注中并称，“方今帑藏充盈，户部核计已至七千三百余万，每念天地生财只有此数，自当宏敷渥泽，俾之流通。而国用原有常经，无庸更有樽节，不必若鲁论之连类而及也”。[1]乾隆四十二年正月二十四日又颁布上谕，其中称，“现在部库帑项又积至七千余万，著再加恩自戊戌年始，普蠲天下钱粮，仍分三年轮免”。[2]“七千万两”库存白银成了乾隆实施普免钱粮的一个数量界限，乾隆五十五、六十年的普免钱粮均以超过 7000 万两白银库存为前提。如本篇附表所示，在较完整的乾隆三十九年以前的户部银库存银统计数字中，乾隆三十三年第一次突破 7000 万两，而后稳中有升。而在乾隆四十五年库存银 7800 万两，五十五年竟至 8000 万两。[3]七千万两的白银库存，对清政府的财政收支究竟是一个什么概念呢？我们知道，库存白银 7000 万两，就相当于清朝政府当时一年半的岁入水平。而普免钱粮是在全国各直省内分三年轮免，每次按 2800 万两计算（具体数字如前述），每年约免 930 万两，只相当于库存银的 13.3%。实际上，在实行普免的年份，国家仍能维持财政收支平衡。比如在乾隆五十六年，这是乾隆五十五年实施第四次普免钱粮的第二年，本年岁入银 4359 万两，岁出银 3177 万两，尚余 1182 万两。[4]出入相抵余下的部分减去该年普免钱粮数，仍剩 250 余万两。所以，普

1 《孚惠全书》卷二，乾隆三十五年正月一日上谕并御制诗。

2 《孚惠全书》卷二。

3 法式善：《陶庐杂录》卷一。

4 《清史稿》卷一二五《食货志·会计》。

免钱粮对于当时清朝财政的影响而言，只意味着三年内没有增加或较少增加库存银两，并不影响原有的库存白银。

从乾隆政府的普免钱粮情况，我们明显地看出，其赋税征收的基本目标是满足经常性财政支出的需要。一旦这一目标实现，出现结余库存银或至七千万两，则可实行普免。这从另一个侧面说明了清朝政府不加赋的内涵。

在国库充盈的前提下，乾隆多次阐述了不加赋的主张。乾隆九年二月，监督荆关税务富贵奏报征收数目并严禁地棍把持包揽亏课，上谕称“览，勉力为之，但自不存贪利无耻之心，则可不必过求税银增盛之鄙见也”。[1]他不鼓励一味地追求税银增盛。长芦盐政普福奏芦东众商情愿捐银 30 万两，稍充军营赏需，且援金川之例为请，乾隆不准，并在上谕内阁中阐明了财政收支应当坚持的原则，内称：“向来偶遇军兴灾赈之事，不知轻重之人，多思藉以开例报捐。然果使筹饷救荒，动烦经画，则捐输踊跃，原属臣民忠爱之诚。而此时则殊可不必。况天地生财，贵于流通。库藏所积既多，而临时又复别筹取益，殊非用财大道，朕所不为。”并指责“普福此奏，所见甚小”。[2]在财政收支保持平衡、库藏所积既多的情况下，也不主张在赋税征课之外另辟筹款之道。在地丁方面，由于收入格局已经定型，乾隆中后期的问题主要是赋税的征管，加强对钱粮完欠的稽查。

乾隆时期不加赋赋税征收格局的形成，与乾隆政府的赋税收入实现的目标是直接联系在一起的。以上我们就乾隆时期的赋税蠲免情况作了论述。这种赋税征收格局，以不加赋为中心，把清朝赋税（地丁）收入控制在一个相对稳定的水平，对此后各时期清朝的财政赋税政策产生了深远的影响。乾隆而后，清朝前期的

1 《清高宗圣训》卷一〇四。

2 《清高宗实录》卷四七七，乾隆十九年十一月辛丑上谕内阁。

嘉庆、道光两朝，财政日形困窘，收支不平衡的矛盾日益严重。其财政状况和支出形势较之乾隆变得恶化起来。诚如嘉庆十九年闰二月丁亥嘉庆皇帝对内阁所发上谕称，“朕恭阅皇考高宗纯皇帝实录，乾隆四十六年查办各省武职名粮裁添养廉挑补实额一事，曾据大学士阿桂奏称，国家经费骤加不觉其多，岁支则难为继。此项经费岁增三百万，统计二十余年，即须用七千余万两，请将武职议给养廉，所扣兵饷，除边疆查明增添兵额外，其余腹省均可无庸挑补实额等语。……旋经廷臣议将直省所裁名粮悉行挑补实额，仰惟我皇考深惟财散民聚之义，损上益下，惟愿出帑藏以裕军国……而当日建议之初，阿桂通盘计画，逆料及数十年后，经费难继。其深识远虑，亦不愧老成谋国。计此项经费自乾隆四十六年至今三十余年，所用已逾于所存。且自嘉庆元年以后办理军务河工，以及各省蠲缓赈济，每岁度支经费之外，所出又岂可万亿计。设此时府库充盈，仍与昔年无异，则朕亦惟常守散财之训，岂肯鳃鳃计量。然使乾隆年间库贮情形亦同今日，则量入为出，我皇考当日亦本不以阿桂之言为非”。[1] 并指出将增设名粮额数，酌量汰减，以减少财政支出。国库亏绌的情况也很严重。嘉庆十七年上谕内阁称，“内府岁用所需，不特从不取之部库，历年以来，每将内府余款拨给户部应用，岁不下数十万，有将及百万者。而核计部中正项钱粮积欠竟至一千九百余万两之多，屡经饬催，报解寥寥”。[2] 这个时期，为了实现国库充盈的目标，满足经常性财政经费的需要，形势与乾隆时期已完全不同。额定的赋税也难征足，积欠累累，更无从谈及加赋。道光时期的情况一如嘉庆，政府只能推行一些未见成效的补苴手段来挽救财政的危机。而危机尚未有丝毫的缓解，西方列强的势力已进入中国。

1 《清仁宗实录》卷二八六。

2 《清仁宗实录》卷二六〇，嘉庆十七年八月戊午上谕内阁。

以上我们对清朝前期各个时期的赋税政策目标及有关的政策思想分别进行了论述。在各个具体的历史阶段，清朝政府面临不同的形势，在具体的财政赋税政策措施上也显示出时代的差异。但从政策思想上看，清朝前期清廷在组织赋税收入时恪守着一些共同的指导思想：第一，清朝政府组织赋税收入的基本目标是满足经常性财政的经费需求，主要表现为提供经常性军事和行政费用的经费来源（也包括治河等部分公共工程）。顺治一朝及康熙初期进行统一战争时期，清朝的财政赋税制度正处在建立过程中，其赋税政策也具有战时经济的特点，主要通过加重人民的赋役负担和赋税征收水平来筹措以军费为主的财政经费。这些措施使得清朝的赋税征收水平较之明代承平时期有很大的加重。康熙中期以后，进入承平时期。随着经济的恢复和发展，赋税征收的目标便从满足战时的军费需求转为承平型的经常性财政需求。在此目标实现的前提下，实行以蠲免钱粮为中心的宽赋政策。这一承平型的赋税征收目标，为以后各朝所继承。第二，在满足赋税征收基本目标的基础上，从康熙晚期开始，清朝政府开始将赋税收入水平固定下来，在地丁正赋的征收方面，推行不加赋的政策。这个政策以康熙雍正时期的赋役改革为契机，逐渐制度化，在乾隆时期基本定型，把清朝的赋税收入格局确立下来。从这一政策的指导思想来看，其形成的根源，既有儒家传统经济思想的制约，又是康熙等统治者对现实问题思考的结果（如人口增长，地不加增，物力有限），更受其赋税收入目标的影响。这种不加赋的政策思想对清代赋税制度和赋税调整的方向产生了直接的影响。

这些赋税政策指导思想，我们从统治者的言论和主张方面作了论述。实际上，从清前期财政收支的结构上更能直接地看出清政府赋税政策目标的真实内涵。这方面的论述参见以后各篇的有关内容。

二　赋税征解中的三大关系

清代赋税政策的方向和内容，决定于清朝政府的赋税政策目标。而赋税政策的实施过程和社会效果，同样决定于清廷在实现赋税征收目标时对与赋税征解有关的重要经济关系的处理。在涉及清代赋税征解的重要经济关系中，主要有存留和起运的关系、负税人之间负担轻重的关系、赋税征收与货币币值变动的关系。清朝政府对这三大关系如何处理，直接制约着赋税政策的执行效果。本节将就清政府对这三大关系的处理及其政策思想分别加以论述。

（一）存留和起运的比例关系

康熙二十四年，河北灵寿县知县陆陇其在奏疏中曾指出："自兵兴之际，司农告匮，将存留款项尽行裁减，由是州县掣肘，贪墨无忌，私派公行，不可禁止。"[1]这里明确地指出，正额赋税之外的私派泛滥，其重要根源在于存留款项尽行裁减。私派是赋税政策执行中的重要违法行为，这就不得不使我们对清代存留与起运的关系进行一番考察。

在古代中国，中央和地方的财政划分问题，从未有过完全意义上的体制建设。大致在唐宪宗时（806~820年），形成了"上供"（供给中央）、"送使"（归节度使）和"留州"（留给各州）各占三分之一的局面。这是目前所知最早在中央及地方政府之间划分财力分配数量的事例。这种划分，实际上是起运到中央的三分之一，存留地方的占三分之二。这种中央与地方的财力划分比例，揆诸当时的形势，是与唐代天宝之乱所形成的半分裂局

1　陆陇其：《灵寿陈时务》。

面联系在一起的。这与秦汉以来中央集权在财政上惟以满足中央为首务的情况比较起来，是不正常的。在宋至元这个阶段，虽然未见明确的财力划分，但财政收入首先是满足中央需要则是无疑的。在明清两朝，封建政府的赋税收入都分为两项，其一起运，其一存留。所谓起运，就是运到中央政府或他省的府州县或各边镇等军事区域的部分；存留则是留供本地开销的部分。在清代，中央与地方对国家财政收入的分配数额并不完全反映在“起运”与“存留”的比例关系上。因为正如我们所知道的，清代财政支出首先是军费，其次是官俸。军事支出有一部分是由驻军所在地的地方开支，官俸也有一部分是在地方支出，所以地方必须从岁入中保留相当数额来满足这些经费的需要。就清代各省的财政收支状况而言，有自给的，有不能自给的，有自给并有充裕的，中央政府利用春秋拨制度来调剂各省的财政收入。雍正三年始，清朝政府规定，每春秋二季各省造具实在库存银两数清册送达户部，春季清册务于二月二十日前达部，秋季清册于八月二十日前达部。户部根据这两季清册，掌握各省实存银数的全部情况，具体安排各省饷额的指拨。这样，对于那些不能在财政上自给的省份，地方经费的构成就既包括存留，也包括他省他州县协拨进的款项。这种协拨的支配权力在中央。然而，对一个地方自有田赋收入的支配权而言，起运与存留的比例反映了中央与地方财力的划分情况。所以，中央与地方对赋税收入的分配从存留与起运的比例上去分析无疑是正确的。

清代以重新编纂的《赋役全书》所确立的赋税征解原则是以明万历年间旧册为依据，自然，存留和起运的比例分配也以明代的旧例为准。然而，在实际上，清初为了筹集军费，集聚财力于中央，采取了大量裁减地方存留经费的行动。在此我们先以李之芳《赋役详稿》所提供的资料为依据，考察一下顺治初年浙江省存留款项的裁减情况，以见一斑。

李之芳于顺治六年授浙江金华府推官，掌理刑狱。在此任上的顺治九年十一月他参与并主持了浙江省《赋役全书》的编纂。在纂修过程中，对有关条款和内容，他提出自己的意见，申详院司，以指导全书的具体编纂。这些向院司申详的文稿被编成《赋役详稿》，刊刻传世，成为我们了解清初赋税征解原则的重要资料。李之芳《赋役详稿》论及的首要问题，便是地方存留经费大量裁减造成地方财政拮据。

清初浙江存留款项的裁减，最大一项是军储。军储裁减的数额，“前部院以岁额五十万三千三百有奇之内，除拨补缺额兵饷六万两，其支给粮道打造漕船贡具、漕运官军廪工以及本色项下半给孤铎祭祀等银十八万八千七百有奇外，将二十五万四千五百七十五两余，尽皆具题为充饷之用矣”。[1] 军储一项“搜括殆尽，抵补多缺”，使得许多应当列支的项目经费虚悬。李之芳具文“专言军储之内急济于需者，不可不议留也”，并主张“列款说明其应用应留者，所当照数存给勒于成书，以垂远大之规”。[2] 根据他的意见，应当从军储内开销的至少有下列各项：

（1）孤铎祭祀银 1247.485 两；

（2）军三军器银 10782.3614 两；

（3）新城县粮长漕粮搬舵脚价银 484.1161 两；

（4）督抚二院健步工食银 158.4 两；

（5）仁和县收恤孤老柴布银 66 两，米 396 石；

（6）杭州前右二卫武举、修城、盐广二捕工食共银 618 两，内盐捕支屯余银 324 两，武举修城广捕支军储银 294 两；

（7）衢州府孤贫口粮银 23.04 两；

（8）嘉所支给屯粮米 2295.2 石内，除支屯米 721.2 石外，实

1 《赋役详稿》，详议纂修条款文。

2 《赋役详稿》，详留军储各款并登答文。

应扣补军储米1574石；

(9) 山会二县支给孤贫米986.8石；

(10) 仁钱二县听给司府县狱囚粮米586石；

(11) 杭州前右二卫支给走差吹鼓手口粮米432石；

(12) 嘉处等十府属量留囚粮1188两。

也就是说，这些项目倘若不从军储内开支，都将无着。这样，地方经费及事务的办理均会受到影响，李之芳论及衙役时称，"衙门各役实效奔走之需，而亦关于体统。自经费录一颁，较之旧全书所载，删去过半矣。何敢一一议留。然在大部亦何心于裁减，顾未悉外省之驰驱有不可已者。如健步之设，奔走必需，万难缺用。在宪台复因本衙门之役欿然不急议增，实于宪体驱策之间大为缺略。况此一役，向者专听抚院衙门差遣，今且与部院分而为二。则每处十六名，犹虑诸事蜂午而不足使令也"。[1] 军储"一旦尽归公府，从此散员将悲于枵腹，穷役难免于啼饥。役有夜嗥之囚，路多茕独之叹矣"。[2] 李之芳是从地方事务的角度出发，提出必须将已裁的存留款项部分归复，其指出的存留裁减也只在顺治九年以前。从全国范围来看，在康熙二十年前的清初相当长的时期，裁减地方存留银两都是清政府扩充中央财力的重要活动。

清初政府对于地方存留的裁减，包括两个方面的内容，一是将明末作为辽饷而裁扣的地方经费临时性加派，于顺治二年开始作为中央财政的永久性收入确定下来。《清世祖实录》称，"户部奏言，故明加派三饷及召买等项，已奉恩诏除免。但三饷之内，原非尽派之民间，有出于裁扣驿站、宾兴及官吏柴马、衙役工食者，宜量留派征。得旨：仍旧派收"。[3] 这部分派收直接解送中央。

---

1 上引俱见《赋役详稿》，详留军储各款并登答文。

2 《赋役详稿》，详议纂修条款文。

3 《清世祖实录》卷一七。

二是接连下达裁扣地方存留经费的命令，采取一系列裁扣行动。清实录的记载粗略而笼统，如顺治九年四月丁未日，“户部以钱粮不敷，遵旨会议……一、江宁、杭州、西安、汉中驻防满洲汉军兵丁，除草料口粮照例支给外，每年多支米石应裁；一、总督巡抚家人口粮应裁；一、州县修理察院铺陈家伙等项银两应裁；各州县修宅家伙银两应裁；一、州县备各上司朔望行香纸烛银两应裁；一、在外各衙门书吏人役每月工食银五钱，余应裁。……议上得旨：这不敷钱粮，既经会议妥确，悉如议行”。[1] 顺治十三年九月辛未日，议政王贝勒大臣等遵旨会议，应裁直省每年存留银两共计 753634.6 两，以济国用。[2] 一些地方志书较全面地记录了存留裁减的时间和项目，更便于我们了解清初存留和起运的比例变化情形。我们以咸丰《平山县志》所提供的资料为据，将该县赋税存留裁扣情况列表如后。

清代平山县节次裁扣存留表

年　份	裁 扣 项 目	裁扣银数（两）
顺治九年	本府巡捕同知心红纸张、经历司门子、照磨皂隶、修宅家伙、民壮、朔望行香、纸烛、吏书、门子、皂隶、马快、灯夫、看监禁卒、轿伞扇夫、库书、仓书、库子、斗级、书办、马夫、修理察院公馆家伙等项	258.6
顺治十二年	迎送上司伞扇	8
顺治十三年	杂支供应过往上司下程中伙坐饭等项、走递马草料、轿夫、接递皂隶	370
顺治十四年	本县知县俸银、心红纸张油烛、迎送上司伞扇、膳夫、门子、廪生、春牛芒神桃符门神酒席、乡饮二次酒礼、杂支供应过往上司下程中伙坐饭等、科举生员宾兴盘费花红酒席	364

1 《清世祖实录》卷六四。

2 《清世祖实录》卷一〇三。

续 表

年 份	裁扣项目	裁扣银数（两）
顺治十七年	井陉道快手	14.4
康熙元年	吏书、库书、仓书，书办、学书	97.2
康熙二年	廪生月粮	64
康熙三年	教谕俸银、斋夫、门斗、教官二员喂马草料	101.12
康熙七年	驿站工料银	3066.95
康熙十三年	学院科考生员试卷花红银	10
康熙十四年	扇夫、门斗、教官喂马草料、学院科考生员花红银、井陉道快手、红历司门子、照磨皂隶、心红纸张油烛、门子，会试举人盘费、皂隶、马快、民快、看监禁卒、灯夫、轿伞扇夫、修理监仓、马夫、斋夫、走递马、接递皂隶、吹鼓手、二年一办贡生盘费花红旗匾、看守察院门子、西乐驿豆、恒山等九驿草、科举生员宾兴盘费酒席、新中举人坊价、新中进士坊价、武闱入廉公宴、新中武举花红旗匾、会试誊录书手工食、顺天乡试供应供给	804.3
康熙十五年	迎抚轿车伞扇夫工食银、井陉道快手工食银、经历司门子、照磨皂隶、本县知县俸银、马夫、斋夫、门子、皂隶、会试举人盘费、马快、民壮、灯夫、修理监仓、轿扇伞夫、库子、斗级、典史俸薪、扇夫、门斗、教官喂马草料、看守察院门子、春牛芒神桃符门神酒席、时宪书、乡饮二次酒礼、走递马草料、科举生员宾兴盘费花红酒席、新中进士每名坊价、二年一办贡生盘费花红、武闱入廉公宴、新中武举花红旗匾、武进士花红旗匾、会试誊录书手工食、顺天乡试供应供给	669.4
康熙十七年	龙亭修理、文庙修理、库子、斗级、文庙祭银、社稷祭银、三小祭无祀鬼神、各铺司兵、孤贫、冬衣布花	168
合 计		6005.97 两

本表资料来源：咸丰《平山县志》卷三《赋役志》。

平山县的情况表明，清初中央政府裁扣存留以充起运，主要集中在顺治九年至康熙十七年间。其中以顺治九年、十三年、十四年，康熙七年、十四年、十五年、十七年这七年裁扣数额最多。各项目具体裁扣的情形，或半裁，或全裁，或酌裁。除了很少部分项目在康熙二十年或以后奉复外，大部分项目均裁而不复，如杂支供应过往上司下程中伙坐饭等银 161.156 两、吏书 72 两、教谕俸 31.52 两、西乐驿豆 49.65 两、心红纸张油烛 20 两等许多项目都全裁。从裁扣存留的数额来看，历年裁扣共银 6005.97 两。本县县志所载，平山县在顺治初年定赋之时，部颁经制存留款项原额共 6796.113689 两，遇闰加银 500.5328 两，节次裁银并驿站留作起运共银 5200.01457 两，遇闰又裁银 403.4883 两，至康熙二十年后，该县仅有存留银 1596.099 两。[1] 裁扣银两占存留银原额的 76.5%。平山县共征银 19222 两，起运总额是 17626 两，[2] 存留银在全县赋税总数中所占比例仅 8%多一点。这种情况，在全国具有普遍性。据《清史稿·食货志》记载，顺治九年全国各省存留总额为 300 余万两，地丁赋税总额 2126 万两，存留只占地丁赋税收入的 15%。

从存留裁扣的时间来看，是清初进行统一战争的期间。这时财政困窘，军需紧急，存留裁扣直接服务于中央筹集军费的主旨。从裁扣的项目看，主要有地方行政经费、地方官吏福利费用及俸银俸额。当然，其中包括部分冗员冗费的裁减。这种在战时筹措军费的存留裁扣，在康熙二十年统一战争结束后，部分得到恢复，存留在赋税总额中所占的比例有所上升。但存留恢复的部分较裁扣数额差距很大，这种情况自此沿袭下来，使得起运与存留的比例在清代进入承平时期以后一直保持严重

1　咸丰《平山县志》卷三《赋役志》。这一数字包括裁而又复的部分银两，故裁扣数与表列合计的也不同。

2　咸丰《平山县志》卷三记为 19763.95 两，恐误。此处据道光三年份《平山县赋役全书》更正。

不平衡的状态。根据陈支平的研究，明代万历年间，全国总存留数，约占全国米麦总收入的42%，而清乾隆年间，全国总存留数仅占全国钱粮总收入的21%左右。[1]可见清朝中央政府在赋税收入的分配方面坚持挹地方以注中央的方针，在财政上实行集权。

雍正二年始实行耗羡归公的财政改革，这是改进清初以来存留起运比例畸轻畸重现象的重要步骤。清初军费浩繁，裁扣地方存留收归中央，地方原来的经费开支因而虚悬。中央政权既然不因事设费顾及地方，地方官又不能因无费而不理事，便另谋筹资的途径。其中最重要的办法，是地方官在征收田赋正额时加收“火耗”。这种火耗由地方官自行支配，填补了存留起解中央后形成的部分经费缺口。这种行为直至雍正元年山西巡抚诺岷奏请耗羡归公后，才纳入中央政府的管理范围（具体情形参见中篇上有关内容）。耗羡归公，对于地方经费而言，是弥补地方公费及官员薄俸的经费缺口。户部由此建立起养廉银制度，使地方官在得到较丰厚的收入及办公经费的前提下不致过分搜刮百姓。这种对耗羡的整顿和养廉银制度的建立，可以说是清政府对存留裁扣行为的一个调整和补救。

然而，随着时间的延续和耗羡征收管理的加强，耗羡分配支用方面，中央政府又伸手了。比如部费、饭银的开支就说明了这一点。清初惯例，各省每年要向中央各部解送一些指定特产以供应用。顺治十年，清廷谕令将这部分实物改折上纳。这样，各省便按户部批准的各地所报实物时价上缴银额。随着时间的延续，物价上涨，而地方仍以当年时值上交各部，便使得原来由正供内开支的部费已不敷用，只得由耗羡下拨补。如道光元年“江苏省办解颜料，原编部价不敷，例动耗羡协贴。……又解部饭食银

1　参见陈支平：《清代赋役制度演变新探》，第90～95页。

1129两零，均于耗羡项下动支给办”。[1]再如安徽省于道光二年办解工部棕毛10万斤，因部价不敷，协贴银5200余两，又解工部饭食银2400两，又支解员水脚银3600余两，共动用耗羡银11200余两；[2]道光十四年办解工部棕毛20万斤，协贴部价不敷银10400余两，又解工部饭食银4800两，支解员水脚银7300余两，共动用耗羡银22500余两。[3]中央政府对于耗羡的支配数额已相当大。

江浙漕粮和耗羡的苛重是人所共知的，对这一地区的耗羡如何支用更能说明中央政府的政策意图。浙江省乾隆五十七年续完地丁正耗银额，其中慈溪、金华等县均为正供的5%，定海、汤溪等县则因正供赋额太少因而耗羡的比例超过5%。[4]我们知道，在该省内，一部分地区（嘉兴、湖州二府属）征课漕粮实物，耗羡是正供的40%，而另一些地区征课地丁钱粮银两，耗羡则为5%。在耗羡的支配方面，高额的漕耗连同正项一同运往京都，而低额的地丁耗羡则存留地方。可见在耗羡方面，中央和地方政府支配能力通过起运与存留表现出来的反差。

起运与存留比例关系的不平衡已如上述，不仅表现在赋税正额上，也表现在耗羡的支配上。这样一种赋税分配关系，造成地方财力的弱小，其消极影响正如一些学者已指出的，首先是影响地方政权的行政主动性，进而影响地方公共事业的兴办和地方经济的发展。在赋税政策的实施上，正如我们将要分析的，这是导致正额赋税征收失控和额外苛派泛滥的因素之一，从而致使赋税政策在执行中扭曲。

---

1 《江苏巡抚魏元煜奏》（道光六年九月八日），经济所抄档《地丁题本——耗羡（二）》。

2 《两江总督孙玉庭奏》（道光二年六月二十五日），同上。

3 《两江总督陶澍奏》（道光十四年十月二十日），同上。

4 《大学士和申题本》（乾隆五十八年十一月二十一日），经济所抄档《地丁题本——耗羡（一）》。

（二）赋税承担者之间负担轻重的关系

赋税承担者之间负担轻重的关系，表现出国家的赋税征收是否公平合理。在阶级社会，封建国家政权如何处理不同经济地位的赋税承担者之间的负担水平问题，反映出政府政策的阶级实质，并成为影响阶级矛盾激化程度的因素之一，直接关乎社会秩序和政权统治的稳定。那么，清政府是如何看待负担均平的，摊丁入地的主旨真是为了均平赋税负担者的赋税额吗？这是一个需要重新审视的问题。下面我们就这个问题在清政府赋税政策中的地位和作用进行探讨。

关于赋役负担不均引起清政府重视的主要原因，在于影响赋税的如数征足。正是以此为前提，清政府进行了有条件的赋役制度改革，在一定程度上解决负担不均的问题。清前期赋税征收制度的变迁充分地说明这一点。那么，均平税负的具体背景如何？它在怎样的条件下能起作用？清初以来，清政权为了争取民心，以“轻徭薄赋”相号召，实行“更名田”等措施，使得自耕农和佃农的境遇有所改善。但在赋税征收问题上，贫富不均贫民负担偏重的情况依然存在。随着康熙二十年统一战争的结束，地主阶级的势力日益壮大，土地兼并日益严重，征丁制度日益失去其基础，这主要表现为负担能力和丁银负担量的不平衡。赋税征收中，出现了更严重的舍富就贫的现象。“有地之家，田连阡陌，所输丁银无几；贫民粮仅升合，所输丁银独多”。[1]本世纪80年代以来，学者对于现存清代获鹿县编审册的研究，提供了有关丁银负担情况更翔实的材料。康熙时期获鹿县十九个甲各等户丁的丁银负担资料表明，拥有全部土地30%的地主只负担2.7%的丁银，根本无地的户丁则负担14.4%的丁银。根据当时的生产水平，占地30亩以下的多为少地户丁，多

1 迈柱：《请丁随粮派疏》，载嘉庆《湖北通志》卷一八《政典一·户口》。

占地不足，如将其与无地户丁合在一起，共负担着77.3%的丁银。[1]丁银负担不均的现象极为严重。这种现象的直接后果，是“官民交受其累”。一方面，政府赋税不能足额征收；另一方面，贫民受追呼之累，迁徙逃亡。这两者对于封建国家政权来说，都是不利的。前者直接影响封建国家的赋税收入，后者影响社会秩序的稳定，最终必将对清廷的统治形成威胁。在此形势下，康熙五十一年实施“滋生人丁永不加赋”的政策。其主要的宗旨在于通过固定丁银总额消除前此因加赋而使贫富负担不均加重的现象。

然而，征丁制度仍然存在，地主富户仍可以在编征丁银过程中作弊，致使丁银负担舍富就贫。而贫苦农户负担能力有限，不能交纳地主富户转嫁来的丁赋，流徙逃亡，最后致使国课虚悬。地方官钱粮征收关系考成，这种局面促使他们寻求新的赋税征收途径，一些地方实行摊丁入地的办法，收到了好的效果。雍正初年，以直隶率先，摊丁入地在全国范围内逐渐推行开来。摊丁入地后，丁银征收的依据由户丁转变为地亩。地亩具有较为稳定的特性，又易于查明，所以这为国课的足额征收提供了保证。

摊丁入地，改变了丁地分征的赋役制度，地丁合而为一，均以地亩的多少而定赋税负担的多少，在赋税承担者负担轻重的关系方面起到了均平赋税的作用。因为在当时以农业为主的生产条件下，人们财富的首要源泉是土地，地亩占有的多少决定人们负担能力的大小。诚如力主在河南推行摊丁入地措施的河南巡抚田文镜所说，“丁粮同属朝廷正供，派之于人与摊之于地均属可行。然与其派在人而多贫民之累，孰若摊在地而使赋役之平？况盛世

1　参见史志宏：《清代前期的小农经济》，第92～93页，中国社会科学出版社，1994年。

人丁永不加赋，则丁银亦有一定之数，按地均输更易为力”。[1]既然对封建国家的赋税收入没有损害，而“按地均输更易为力”，清政府便宁愿牺牲地主富户的部分利益，实行地丁合一；以地亩为征课依据，客观上使得赋税负担相对均平。获鹿县编审册档案所提供的资料表明，摊丁入地使得贫富地区间、富丁与贫丁的丁银负担都趋向均平。首先，在贫富地区间，富裕的地区（田多者）摊增，贫穷的地区（田少者）摊减，越是富裕摊增幅度越大，越是贫穷摊减幅度也越大。其次，就富丁与贫丁平均每丁丁银的增减幅度来看，富丁平均所摊丁银无论在富裕地区抑或贫困地区都有大幅度增加，百亩以上土地占有者丁银负担量为摊丁前的11.82倍、7.38倍、1.66倍（贫富地区有别）。中等户丁的丁银负担量均有不同程度的减少，分别为摊丁前的83%、70%、66%。贫丁平均丁银减小的幅度大，大体都在摊丁前的10%至18%之间。无地户丁完全免除丁银。在摊丁后，各地区贫富两极户丁所负丁银的比例发生完全相反的变化。贫丁负担下降，富丁负担上升。

摊丁入地还促使绅衿优免权取消。清制规定，绅衿只能优免本身丁银，土地不能优免。所以，随着摊丁入地，绅衿优免便被取消，其土地也一律摊征丁银，这便扩大了承担丁银的土地数量，从而使农民的负担得以相对减轻。比如获鹿县龙贵社五甲，以雍正四年与康熙四十五年比较，绅衿地主摊丁前十一名一文不纳，摊丁后十五名绅衿所摊几乎占全甲的60%。

从摊丁入地后摊增户丁与摊减户丁的比例来看，研究表明，获鹿县摊减户丁所占比例竟高达80~90%以上。这在一定程度上说明了摊丁入地后受益面之广。真正增加较多负担的，是占地60~

1 田文镜：《题请豫省丁随地派疏》，《抚豫宣化录》卷二。

100亩的地主，他们只占农村赋税负担者的少数。[1]

摊丁对于均平赋税的作用，当时清人称，“自摊丁之法立，穷民免累”。[2]摊丁之后“贫民得以安枕”[3]、“无田者得以安居乐业”[4]。摊丁“便于穷民不便于富民”，[5]“绅衿巨室多不便之”，[6]这是各地对摊丁的普遍反映，说明无地少地农民无论在何地其赋税负担均因摊丁而有所减轻。而获鹿县的土地分配及摊丁前丁银负担不均的情况在当时具有一定的普遍性，因此上述摊丁后农村不同经济地位的赋税承担者的负担变化也具有广泛的代表性。它说明摊丁入地确实在赋税负担上起到了均平税负作用的事实。

但是均平赋税负担，从清政府的赋税政策来看，并不是它的首要目的。应该说，它只是清朝政府为了实现足额征收赋税政策目标的手段。如前所述，地丁合一的赋税制度改革并不影响封建国家的赋税收入，地丁分征时丁银负担的贫富不均却影响国课的足额完纳，正是在这样的前提和背景之下，清政府才推行摊丁入地措施，变地丁分征制为单一的土地税制。有人把丁银摊入地粮，看成是“清代讨好下层平民最有名之著例”，[7]这种“讨好”是有条件的。就摊丁入地的影响而言，首先是为国课的完纳提供保障，其次才是赋税负担的适度均平。前者是政策的主旨，后者是实现这一主旨的手段。

摊丁入地均平税负的作用是通过对丁银负担不均的调节来体

1　以上关于摊丁前后负担变化情况的描述，据潘喆、唐世儒《获鹿县编审册初步研究》，载《清史研究集》第三辑（四川人民出版社，1984年）。

2　萧奭：《永宪录》卷一，康熙六十一年春正月甲午，户部进编审户口。

3　乾隆《江南通志》卷六八《食货志·田赋二》。

4　乾隆《广信府志》卷六《赋役·户口》。

5　曾王孙：《清风堂文集》卷八《书牍二·上颜淡叟布政》。

6　赵熊诏：《赵恭毅千秋录》，见《赵氏世德录》第2册。

7　钱穆：《国史大纲》下册，第862页，商务印书馆，1994年。

现的。倘若下层农民均是自耕农，有足够的土地满足生活的需要，这种税负均平作用将得到切实的体现，税负的高低直接决定于土地占有的多少。事实上，存在着大量的佃农。在江南，康熙时“小民有田者少，佃户居多”。[1]雍正乾隆以后，土地兼并和集中的程度加强，无锡的豪家巨族，“田连阡陌，盈千累万”。[2]江阴县，乾隆时“农无田而佃于人者，十居五六”，嘉道时“贫民之食于富民者，十室而九”。[3]所以农民“大抵分佃豪户之田”。[4]其他地区，土地集中和佃农增多的趋势一如江南。在这种情况下，摊丁入地的赋税均平作用便必然被减弱甚而消失，我们知道，赋税交纳者地主所交赋税来自于佃农所交的地租，赋税的实际负担者是佃农。纳税人和税负人的不一致，便产生了赋税负担转嫁的问题，地主通过加重佃农的地租来转嫁摊丁入地后所摊增的丁银。在一些地区，封建政府甚至明令提高佃户租额，以分担丁银。浙江杭州府“仁、钱二县，地居省会，丁口繁多，不比各县丁少，匀摊田地为数无多……绅衿里民，公同会议，请将二县乡、市人丁，无论田地山荡屋基，均匀摊纳。……其租户完租者，每亩米加二升，银加二分，以助产主完丁之费”。[5]这样，摊丁入地在赋税负担上的均平作用便被抵消。这类记载虽然不多，但我们有理由推断，税负转嫁绝不是少数现象，因为地主阶级的剥削本性促使其无孔不入，而收租的多少又缺乏国家制度约束，由地主自由确定。

除了税负转嫁影响摊丁入地税负均平作用的实现外，对于自耕农来说，在摊丁入地后的历史时期，由于各种加征苛派的泛滥，

1 《清圣祖实录》卷二三〇，康熙四十六年七月戊寅。
2 李兆洛：《养一斋文集》卷九《蒋氏义庄记》。
3 李兆洛：《养一斋文集》卷一四《祝君赓飏家传》。
4 张海珊：《甲子救荒私议》，《清经世文编》卷四三《户政十八》。
5 雍正《浙江通志》卷七一《户口》。

赋税负担并未因丁银的摊入地亩而减轻，相反，却有增加的现象。揆诸乾嘉以后自耕农减少，佃农增多，社会矛盾日益激化的事实，下层农民实际赋税总负担的加重，更能得到充分的说明。从整个社会来看，下层农业劳动者的实际赋税负担程度，并不直接与名义丁银负担的变动程度（有所减少）相一致。地主经济越是壮大，佃农越是增多，摊丁入地所起的税负均平作用便越是减小。因此，摊丁入地后赋税负担是否均平，我们不能仅以名义丁银负担量的变动为据。如果考虑到土地占有集中、生产关系变动造成的贫富分化和社会矛盾的加重，我们更能清楚地认识到，清政府实施摊丁入地重在完善赋税征收方式，保证国课的完纳，其政策目的并不在均平税负。

清朝政府关于赋税负担的处理，还可以从蠲免政策中有关减免佃户地租的规定及其落实情况得到说明。

康熙九年九月，吏科给事中莽佳上疏，“请嗣后征租者照蠲免分数，亦免佃户之租，则率土沾恩矣”。[1]这则奏疏后来被清廷作为正式典则载入《会典》:“康熙九年，灾伤蠲赋，或有穷民租种官绅、富户田地，其应纳租谷租银，亦令地主照分数免征”。[2]这是蠲免田赋也令减租的较早规定。康熙二十九年，户部等衙门议复“山东巡抚佛伦疏言……嗣后直隶各省遇有恩旨蠲免钱粮之处，七分蠲免业户，以三分蠲免佃种之民，俾得均沾恩泽。从之”。[3]康熙四十九年十一月又定，“嗣后凡遇蠲免钱粮，合计分数，业主蠲免七分，佃户蠲免三分，永著为例”。[4]不论是灾蠲还是恩蠲，至此凡属政府蠲免钱粮，业主必须照例免除佃户的地租，而且明确规定业主和佃户的蠲免分数。雍正三年四月，光禄寺卿杭奕禄

1 《清圣祖实录》卷三四，康熙九年九月乙卯。

2 雍正《大清会典》卷三五《户部十三·蠲恤·豁免上》。

3 《清圣祖实录》卷一四七，康熙二十九年七月丁巳。

4 《清圣祖实录》卷二四四，康熙四十九年十一月辛卯。

提请对苏、松二府州县，“于恩免额征钱粮内，十分中减免佃户三分”。户部议称，“……租田之人交纳皆系米石，所减三分应以米算，照条折米一斗折银一钱之例。……以此为准，圣恩蠲免二府额征四十五万两，业户得沾三十一万五千两之恩，佃户亦分沾十三万五千石之恩矣”。雍正指示“依议速行”。[1] 雍正八年据广西布政使元展成建议所定条例，首先将各直省分为“赋重粮多”及“赋轻粮少”两类。赋重粮多的省份于蠲免十分时减租 15%，蠲免五分时减租 7.5%。赋轻粮少省份于蠲免十分时减租 5%。“若佃主阳奉阴违，照违制律定拟，追还；地方官失察者同罪”。[2] 乾隆年间，每逢普免钱粮时，也有减免佃户租课的规定。乾隆十一年蠲免钱粮，经清廷诏准，“业六佃四酌给”。[3] 三十五年，普免钱粮，又定：“著各该督抚遇轮蠲之年，遍行劝谕各业户等，照应免粮银十分之四，令佃户准值减租。”[4] 这些诏令都有法令的效果。从康熙到乾隆这些规定来看，凡遇政府蠲免钱粮，都要求业主对佃户减租，这个原则已成为清朝政府蠲免政策的一个重要内容。

然而，蠲赋减租的规定却难以真正落实。因为这个条规缺乏法律的强制性，在《大清律例》和《清会典》等法制典籍中，清朝政府没有对蠲免钱粮业主不按分数减免佃户地租制定相应的惩罚规则。而且，在实施这一规定时，除了官僚机构执行中的种种弊端外，清朝统治者还经常借口佃农抗租而偏袒业主。乾隆即位伊始的雍正十三年十二月壬午日发布的一道有关钱粮蠲免的诏旨称，“朕临御以来……爱民之道诚以减赋蠲租为首务也。惟是输

1 陶煦：《租核·重租申言·稽古》。

2 《大清律例通考》卷九，又见《大清律例按语》卷三八。

3 《福建陆路提督武进升奏及朱批》（乾隆十一年八月二日），见《康雍乾时期城乡人民反抗斗争资料》，第 103 页，中华书局，1979 年。

4 彭元瑞：《孚惠全书》卷二，乾隆三十五年正月初五日上谕。

纳钱粮多由业户，则蠲免之典大概业户邀恩者居多。彼无业贫民终岁勤动，按产输粮，未被国家之恩泽，尚非公溥之义。若欲照所蠲之数，履亩除租，绳以官法，则势有不能，徒滋纷扰。然业户受朕惠者十，苟损其五，以分惠佃户，亦未为不可。……其令所在有司善为劝谕各业户，酌量减彼佃户之租。不必限定分数。……其不愿者听之，亦不得勉强从事。……若彼刁顽佃户借此观望迁延，则仍治以抗租之罪”。[1]政府对于蠲赋时相应免租，只属于劝告性质。这实际上代表了清政府对执行这个规定的基本态度。乾隆四十二年普免天下钱粮，对于蠲赋免租的处理，谕称：“各业户就所蠲之数，准值减租。但此等事不宜明张告示，致刁佃藉口抗租。止须密行札知各该州县，劝谕业户等量减佃租。伊等如感戴朕恩推施亚旅，出于伊等天良。或其中不能分逮者，亦听其便，毋庸官为勉强。盖佃户俱系乡愚，倘出示晓谕，必以为奉旨减租，刁风渐长。”[2]乾隆五十五年普免钱粮时，乾隆又谕称：“应令地方官出示晓谕。各就业主情愿，令其推朕爱民之心，自行酌量将佃户应交地租，量予减收。亦不必定以限制，官为勉强抑勒，务使力作小民共享盈宁之乐。”[3]蠲赋相应免租，执行时全凭业主“出于伊等天良”，“各就业主情愿”。政府并不定以限制。这就自然不能使规定得以真正贯彻。业主从本身的私利出发，经常借故不免或少免，围绕蠲免问题主佃之间产生了一系列的矛盾和斗争，在这种情况下，官府总是站在地主一边。乾隆在十二年五月癸丑日所发谕旨中论及福建山东等地佃民抗租案时称，“夫以普免钱粮而民不以为恩，加赈厚恤而民不生其感，偶或地方有司办理少不如意，辄呼群咆哮，挟制长官。……乃既蠲既赈，而转不安分

1 《清高宗实录》卷九。

2 彭元瑞：《孚惠全书》卷二，乾隆四十二年正月二十五日上谕。

3 《孚惠全书》卷三，乾隆五十五年正月初八日上谕。

奉法，即使有司奉行不善，胥吏夤缘为奸，国有常经，民宜静听。夫父母爱子，亦爱其驯顺者耳。使其子纵欲而不能节之以礼，为非而不能裁之以义，至于干法抵祸，议者必归咎其父母。其父母亦必悔过纵之失”。[1] 地主怎样拒不执行减租的规定，佃农都须服贴顺从，不能稍有异议。诚如经君健先生所说，蠲免中减租政策经过了勒令、官督——劝谕、自愿——不公开劝谕——镇压拒交租额的佃户等四个不同的阶段。顺治康熙年间政府跟汉族缙绅、绅衿之间在粮赋问题上的尖锐矛盾，至雍正以后大为缓和，转化为他们之间的联合跟佃户在地租问题上的尖税矛盾了。这就是清政府在蠲赋免租问题上所奉行的原则。[2]

以上我们从摊丁入地和蠲赋免租两方面对清朝政府赋税征解中如何处理赋税承担者税负均平的问题进行了论述。我们可以看到，清朝政府出于赋税足额征收和稳定封建秩序的需要，曾经在赋税制度的建立和赋税政策的制定上，考虑到税负均平的问题，部分地牺牲地主阶级的利益。但是，税负均平并不是清政府赋税政策的目标，它只是实现征收足额赋税的手段之一。随着土地集中程度的加强，生产关系的变动和贫富两极分化的加大，社会成员在赋税的实际负担方面愈来愈不均平，赋税负担完全落在下层劳动者身上，最后导致社会矛盾的激化。这也成为清朝中后期赋税正额不能征足的因素之一。

---

1 《清高宗实录》卷二九一。

2 经君健先生对此进行了最早最全面的论述，见所著《论清代蠲免政策中减租规定的变化》，载《中国经济史研究》1986 年第 1 期。涉及此问题的还有郭松义、李新达《清代蠲免政策中有关减免佃户地租规定的探讨》，载《清史论丛》第 8 辑，中华书局，1991 年。

（三）赋税征收与货币币值变动的关系

在清代，赋税收入从形式上分为实物和货币两类。在实物部分，只要按照赋税科则所规定的赋额征足，便达到了预期目标。而在货币部分，如果出现币值的变动，那么赋税征收便会出现两种结果：倘若币值升高，物价下降，赋税征收额不变，就会加重赋税承担者的负担，使人民所受的剥削加重；倘若币值下降，物价升高，仍按原额征收赋税，封建国家的赋税征收目标便难以实现，形成虚假性财政收入。清朝政府如何处理货币因素与赋税征收的关系，直接关系到赋税政策目标的实现，并进而对人民生活、社会秩序造成影响。

在明朝时期，田赋除米、麦等基本作物外，有豆类、棉麻，并附有各种农产品，如农桑丝折绢、绢布、花绒、麻布、棉布、红花和马草等。田赋的内容很多，有些征折色，有些征本色，并不划一。明代曾将一部分田赋折银征收，如英宗正统时，明廷将东南各省米麦400余万石折银一百余万两，入内承运库，称作“金花银”。此后各地均有折银纳赋的情况。明一条鞭法改革实施后，赋税结构中货币占的比重更为加大。清代对田赋和农产品实行普遍折银。顺治十年六月，“户、兵、工三部遵谕改折各省本色钱粮，归于一条鞭法，总收分解，请永为例，从之”。[1]顺治时，清廷完成了各直省田赋的改折工作，除漕粮和军米仍征本色外，其余一律折银征收，折色银占有主要地位。我们将顺治十八年的田赋结构列表如下，以见改折和赋税中货币的比重。

1 《清世祖实录》卷七六，顺治十年六月辛丑。

顺治 18 年各直省田赋结构表

地　区	田赋银额（两）	田赋粮额（石）	备　注
直　隶	1693115.9	米 6821.7 豆 583.5	顺天、永平、保定、真定、顺德、广平大名七府，延庆、保安二州。
奉天府	1659	米 2745113 麦 19472 豆 23932	
锦州府	168	米 1361368	
江南布政司	4602735		
浙江布政司	2572592	南粮 238582 漕米 222109	
江西布政司	1726970	米 199661	
湖广布政司	1088597	米 366058 麦 28611 豆 731	
福建布政司	750862	粮 45931	
山东布政司	2380091	粮 237441	
山西布政司	2205545	粮 61851	
河南布政司	1800943	米 928	
陕西布政司	1436033	米 27668	
四川布政司	27094	米 94299	
广东布政司	847961	粮 123917	
广西布政司	199654	粮 76660	
云南布政司	51748		
贵州布政司	53150		

资料来源：康熙《清会典》卷二〇《户部四田土一·正赋》。

从上表可见，各直省都征折色银，其中江西省、奉天和锦州全征折色银，其余各直省折色多于本色。奉天、锦州二府，“雍正五年改为银米各半征收”。[1]江西省，雍正二年后兼征本色粮，乾隆《江西通志》载“实征米 934010 石”，[2]但全省田赋结构中，折色粮银远超过本色粮豆。可见各直省一般都分征银、米二项，

1　乾隆《盛京通志》卷三七《田赋一》。

2　乾隆《江西通志》卷二三。

而且折色大于本色。具体到赋税征收的基本单位州县来说，有些州县全部折色，有些州县本折兼有。其情形示例如下。

全部折银的州县。如四川巴县，乾隆《巴县志》称：自康熙六年奉行清查，至雍正七年征输止。上田每亩载粮 7 合 4 勺；中田每亩载粮 6 合 5 勺；下田每亩载粮 5 合 5 勺；中地每亩载粮 2 合 1 勺；下地每亩载粮 1 合 7 勺。每粮 1 石征粮银 6 钱 7 分 9 厘；每粮 4 石 4 斗 4 勺载丁一丁；每丁征银 2 钱 6 厘 8 毫。原载税粮 8527 石 8 斗，原载人丁 2110 丁 6 分，原载丁条粮银 7996 两 6 分。现征丁条粮银 10733 两 9 钱。[1]

本折兼征的州县。松江府上海县，顺治二年税粮本色 133977 石 5 斗，本色只征 40□93 石 2 斗，税粮折色共额 119930 两 8 钱，本年只征 35999 两 4 钱。[2]山西临汾县，实在民田各则共地 7408 顷，征折色共银 57191 两 8 钱，又征本色粟米并粳米改征粟米 2285 石 8 斗；屯田，上中下各色共地 205 顷，额征折色银 414 两，共征屯米改折黑豆 506 石 1 斗。[3]甘肃河州，康熙时，实熟地 2504 顷 74 亩，共征粮 14226 石 8 斗，起运粮 10805 石，驿仓粮 235 石，官学粮 503 石，折色粮 2191 石 7 斗，地亩折色银 90039 两 2 钱。[4]这些地区都是本折兼征。

从州县田赋本折征收情况看，清朝对于本色粮的征收是完全按照漕粮和各地驻军所需军米来作具体规定的。如上述兼征本色的山西临汾，甘肃河州等地均负有供给军需的任务，而上海则为漕粮地区。但不管怎样，清朝赋税结构中是以征银为主，本色钱粮只占较小的比例。所以如何处理货币币值变动与赋税征收的关系当成为赋税政策调整的重要内容。

1　乾隆《巴县志》卷三《赋役志·现额》。
2　康熙《上海县志》卷三《田亩二》。
3　康熙《平阳府志》卷一二《田赋》。
4　康熙《河州志》卷二《田赋》。

清初改折征银促使田赋货币化之时，是以时价作为改折的依据。我们知道，清初经济衰敝，物价高昂，以当时的物价作为改折定赋的依据，如果物价下落，赋额不作调整，将无形中加重人民的负担。比如浙江牛角并本色料价尽银办解，便因物价变动造成负担加重（详见中篇上）。这种不能根据物价变动相应调整赋额所造成的消极影响很快就显现出来。康熙年间，社会经济逐渐得到恢复和发展，物价趋于平减，但赋税征收方面，却不能根据物价的变动相应降低，其结果是农民需要用更多的收获物完纳赋税。如浙江，“近年江浙米价，不过五、六钱上下耳”。江浙二省运送白粮共正耗米 383620 石零，暂为改折，而仍然照顺治间贵米之价，每石征银 1 两 5 钱。“是使小民以三四石之本色，完一石之折征”。[1] 湖广地区，清初“纳谷者则改本色为折银，其初原止每石二钱，厥后增至四钱六分六厘，自是民不堪命。然定鼎之初谷价犹贵，竭终岁之勤动犹可勉完公家之赋。迩年以来，谷价日平一日，殚数年之产而不能供一年之赋，势必至于易子折骸而不能终其事”。[2] 任源祥论及江南江西顺康漕折因物价变化对赋税负担的影响时称：“顺治中《赋役全书》准一条鞭正折与漕粮相配，顷年或漕白改折。顺治十八年江西米石四钱，而折漕一两二钱，三不完一。康熙三年江南米石五钱，而白粮石折二两，四不完一。改折所以便民，此岂轻重之本义乎？”[3] 由于时价的变动，农民的赋税负担成倍加重，从而致使田赋正额不能足数完纳，形成逋欠。清朝政府在赋税政策调整上，虽然实行蠲免措施，但从未将货币币值升高物价下跌列入赋税政策制定的考虑范围之内。这是货币币值变动对赋税征收行为影响的一个方面。

另一方面，当物价上涨，货币贬值时，如果不相应地调高赋税

1 蒋伊：《条奏疏稿》，康熙十五年二月初四日奏疏。

2 樊司铎：《详藩租疾苦文》，光绪《应城县志》卷三《经政·田赋》引。

3 任源祥：《食货策》，载《清经世文编》卷二九。

征收额度，那么，名义赋税收入就在价值上低于赋税原额所体现的价值，从而对政府的财政收支平衡造成压力。关于清前期物价变动的趋势，学者已有专门的研究。大致说来，在顺治初年物价高昂，在顺治后期到康熙中期以前，物价回落，康熙中后期起物价逐渐上升，在18世纪下半叶的乾隆时期物价出现激剧上升的局面。我们将全汉升所列清中叶以前苏州上米价格指数表转录示例如下：[1]

清中叶以前苏州上米价格指数（基期：康熙五十二年，1713年）

年　代	每石上米价格（两）	指数	年　代	每石上米价格（两）	指数
康熙四年	0.85	86	康熙五十三年	1.05	106
康熙三十二年	0.98	99	康熙五十四年	1.17	118
康熙三十七年	1.00	101	康熙五十五年	1.10	111
康熙四十五年	1.39	140	康熙五十六年	1.05	106
康熙四十六年	1.25	126	康熙五十七年	0.96	97
康熙四十七年	1.65	167.	康熙五十八年	0.86	87
康熙四十八年	1.35	136	乾隆十三年	2.00	202
康熙五十一年	0.80	81	乾隆三十五年	4.46	451
康熙五十二年	0.99	100	乾隆五十一年	4.30(+)	434

附表：

康熙六年至乾隆三十九年户部银库每年实存银数

年　份	存银数（两）	年　份	存银数（两）
康熙六年	2488492	康熙三十年	31849719
十一年	18096850	三十一年	34255285
十二年	21358006	三十二年	37600663
十六年	5307216	三十三年	41007790
十七年	3329920	三十四年	42263516
二十五年	26052735	三十五年	42628989
二十六年	28964499	三十六年	40639920

1　引自全汉升：《美洲白银与十八世纪中国物价革命的关系》，载全汉升著《中国经济史论丛》第二册，第483～484页，香港新亚研究所，1972年。

续 表

年　份	存银数（两）	年　份	存银数（两）
康熙三十七年	40542966	乾隆八年	29121104
四十二年	38368105	九年	31902518
四十三年	39985306	十年	33170655
四十七年	47184788	十一年	34633177
四十八年	43767094	十二年	32363404
四十九年	45881072	十三年	27463645
五十二年	43094239	十四年	28073043
五十三年	40734825	十五年	30796177
五十七年	44319033	十六年	32493786
五十八年	47368645	十七年	38630287
五十九年	39317103	十八年	39870394
六十年	32622421	十九年	37605422
雍正元年	23711920	二十年	42997048
二年	31627608	二十一年	43222030
三年	40434744	二十二年	40152254
四年	47409780	二十三年	36380809
五年	55252933	二十四年	36732865
六年	58235780	二十五年	35496902
七年	60248747	二十六年	36638572
八年	62183349	二十七年	41927924
九年	50375953	二十八年	47063610
十年	44392848	二十九年	54273814
十一年	37933743	三十年	60336375
十二年	32503428	三十一年	66613127
十三年	34530485	三十二年	66501052
乾隆元年	33959624	三十三年	71823888
二年	34385138	三十四年	76222877
三年	34858478	三十五年	77299736
四年	32582976	三十六年	78940001
五年	30485876	三十七年	78740262
六年	31463539	三十八年	69677071
七年	32746752	三十九年	73905610

资料来源：《乾隆朝上谕档》第七册，档案出版社，1991 年 6 月。

根据全汉升等人的研究，[1]清前期物价总水平变动的趋势基本与苏州米价变动趋势一致，在嘉道时期还在上涨。可见，从康熙中期起，物价便出现上涨现象，乾隆时期便出现激剧上涨的趋势。在这种情况之下，如不及时调整作为岁入主要来源的田赋正额，将对清朝政府的赋税收入造成严重的冲击。但事实上，我们看到清朝政府并未正视货币因素对赋税收入的影响，其解决财政平衡的途径除了加收工商税盈余外，便是谋求捐纳等赋税外临时性收入。清朝政府从来没有把货币币值变动这个因素列入赋税政策调整的范围之内。

综上所述，清朝政府在赋税征收问题上，在白银货币占赋税额绝大比重的情况下，从未对货币币值的变动进行过妥善的处理，制定出相应的政策。这就给清朝赋税征收的目标和赋税政策的执行带来极为不利的影响。它既成为加重人民负担的因素，又给清朝政府的财政平衡带来威胁。

1　全汉升的研究除前揭文外，有《清中叶以前江浙米价的变动趋势》、《清雍正年间（1723 ~ 1735）的米价》、《乾隆十三年的米贵问题》等，同载上引书。

中篇（上）　定额化赋税制度及其缺陷

清代赋税政策的内容，主要由两个方面组成。一是清朝政府所制定的赋税征收制度。这种制度可以看成是程序化的政策，具有相对稳定性，并有长期政策导向的作用，它规定着赋税政策的基本方向。另一方面，由于具体历史条件的变化，在处理具体赋税征课问题时，清朝统治者又相应颁布有关谕令，推行一些具体的临时性的赋税调整措施，这些措施也是清朝政策的体现。我们在研究赋税政策思想后转向赋税政策内容的研究时，首先就必须弄清赋税制度的有关情况，这也就是本篇所研究的内容。

清代赋税征收不外表现在两个方面，一是赋税征额的确定问题，一是赋税征收的方式问题。清朝前期在这两个方面都有重要的变化。下面我们将首先研究清代赋税制度建立的基础，也就是清初应征赋额形成和赋役合一的过程；然后研究清代康熙雍正年间所推行的赋役制度改革在清代赋税征收问题上的内涵；最后，结合清代财政收支制度分析这种赋税制度所存在的弊端。

一　清初赋税征收原则的确立

清初封建政府对于赋税征收制度的整顿，主要表现在两个方面，一是确立以明朝万历年间则例为定赋的基础，一是实行赋役合一，简化赋役条款和程序，继续实施一条鞭法。通过对这两个方面的整顿，确立起应征赋额和征收程序的原则规定，进而为康熙雍正年间赋税制度的完善准备条件。本节即通过对清初应征赋额的形成过程和影响因素以及赋役合一征收方式的演进分别加以考察，以说明清朝赋税制度建立在怎样的基础之上。

（一）《赋役全书》的编纂与赋税应征额的形成

清初赋税征收制度的整顿是通过重新编纂《赋役全书》来进行的。关于赋税征额确定的原则，顺治十四年王宏祚主持编纂的全国性《赋役全书》告竣颁行时，顺治帝上谕称，“钱粮则例，俱照明万历年间”。[1]钱粮征收以明代万历年间则例为依据，其实际的含义究竟是什么呢？是指纳税单位的应税额度与明万历年间保持相同的水平，抑或赋税总额与明万历年间不变，难以直观地得到说明。而万历年间前后 48 年，其间赋额多有变动，前期赋额较低，后期加派叠兴，赋额大幅度增长，清初赋额又以万历年间的哪个具体年份为据，也很模糊。清初应征赋额究竟如何形成和确立的呢？我们认为，了解《赋役全书》的编纂情况是回答这一问题的有效途径。清朝中央政府编纂《赋役全书》总的精神，也体现在各直省《赋役全书》的编纂中，而直省的《赋役全书》是指导各州县赋税实际征解的直接依据，所以我们从了解直省《赋役全书》的编纂情况入手，探究清初赋税应征额的形成过程。

上篇我们曾经提到，李之芳在顺治九年十一月参与并主持了浙江省《赋役全书》的编纂工作。在总结他所主持编纂成的《浙江省赋役全书》时，李之芳称，此编于加减抵算之外，比照旧刻，共实增银 56 万 4003 两 6 钱 8 分 3 厘 2 毫 9 丝 3 忽 6 微 3 尘

1 《清世祖实录》卷一一二。

1渺。[1]所谓旧刻，系指明万历年间未加派辽饷前的赋役册籍。他并说明了在旧录之外，新增赋额的项目和缘由，其主要内容如下表。[2]

项　目	加增银额（两）	加增缘由
九厘银一项原加田地山亩并详加水脚共该银	423217+	此系明季万历四十六、七、八年则例，奉部文查明原数加编
加增箭弦胖袄民七军器等项	35920+	此系顺治三年户部题定酌价便民折解加编者
茶叶农桑绡折黄白生绢丝绵折银乌梅棓子生漆历日黄白榜纸等项	11714+	此系各部会议苏民开明逐款题准改折奉文加编者
南米额载每石 7 钱，今以 1 两 5 钱加增至	93498+	此系部院陈以本色输运累民题准改折奉文加编

浙江省清初的赋额总水平较明代万历年间未加派辽饷前增加 56 万余两，这新增部分的构成如表所示，从形成的缘由看，主要是三类：第一，对明万历末年辽饷加派的沿袭；第二，清初加征实物的改折；第三，对明代征实的改折及因折价变动形成赋额加增。下面我们就浙江《赋役全书》编纂的情况，对这几个方面分别加以说明。

1. 辽饷加派的沿袭

关于辽饷加派在浙江实行的情况，李之芳称，辽饷一项，明季原照万历四十六、七、八年则例加派，田每亩 9 厘 7 毫 8 丝，地每亩 9 厘，山每亩 7 厘 2 毫 2 丝 5 忽，通省共计银 419500 两有奇。又每两加水脚 7 厘，以资解官路费，至今率由旧章。“但查山之原征额税，初不过于三四厘，而辽饷又加至七厘有零，不几指大于臂，子过于母乎？况田则一岁数稔，山必积数年之毛而后

1　李之芳：《赋役详稿》，“总详纂修款项文”。

2　同上。

获其微息。且其中岂无山多田少之家。一概计亩求征，甚非法之平也”。他进而指出，山阴县曾经得到宪台批示，“相应悉按正粮数目均摊派征，既无损于原额，且不病于偏枯，其法甚善。第此项之加，不独金属山阴为然，事关通省，合无一例奉行”。[1]可见，浙江省在清初辽饷加派方面，首先沿袭明季辽饷原额和征派则例，其次辽饷的加派不仅限于田和地，而且对于山也予以加派，使山之负税额新摊辽饷部分远多于原征额税，形成“指大于臂，子过于母”的局面。关于辽饷加派的性质和实行背景，李之芳称，“辽饷系明季增派，原非正供。今军兴孔棘，即不敢议裁。应注明九厘伫俟底定，再请蠲豁”。[2]那么后来是否蠲豁呢？

我们知道，清初封建国家对于明季三饷加派曾一度下令“尽行蠲免”。[3]但自顺治三年后，清朝政府关于蠲免明末三饷加派的诏令所规定的蠲免范围，便仅限于天启、崇祯年间所新增的加派，未及万历朝。而辽饷恰恰是在明朝万历末年所开征的加派，这便自然排除在蠲免范围之外。留存至今的档案表明，辽饷加派在清初仍实施着。如江西巡按王志佐顺治六年奏报江西的情况称，“案查明季万历四十八年间，江西布政司奉文每田一亩加派辽饷九厘，共该银三十六万一千零三十六两四钱四分四厘。……至顺治三年归附之后，据布政司通行造册奏报，谓此三饷俱在蠲免之列矣。后奉部文通行省道内开，派征钱粮照万历年间则例，其天启、崇祯年加增尽行蠲免。盖以前项辽饷在万历年间加派，故复照旧派征耳”。[4]湖广总督祖泽远在顺治十一年奏报湖广征派情形时称，辽饷自九年起征。又奉部开，通省九厘饷银，旧额 74 万 2476 两 1

1 《赋役详稿》，详议纂修条款文。

2 《赋役详稿》，总详纂修款项文。

3 《清世祖实录》卷六。

4 《清代档案史料丛编》第一辑，第 152 页。

钱 6 分 3 厘，“以九厘原按亩加派，应照田地山塘等项科算，逐一厘正册报”。[1] 清初各地的赋役征派，是随着清军占领区的推进而得以实施的，在时间上各直省就存在着先后的差别。比如，顺治四年二月，以浙东福建平定，颁诏天下：“今浙东八府，并福建全省，俱自顺治四年正月初一日起，俱照前朝万历四十八年则例征收，天启崇祯时加派，尽行蠲免。……新定地方征收各项钱粮，自顺治四年正月初一日以前，已征在官者，起解充饷，拖欠在民者，悉行蠲免。”[2] 由此得知，浙江从顺治四年始就继续开征辽饷。同年以广东新定，清朝政府又下令，“广东人丁地亩本折钱粮，俱自顺治四年正月初一日起，通照前朝万历四十八年则例征收”。[3] 就是这样，清朝政府随着占领区的扩大，一步步地在各地建立起赋税征收体制。但对辽饷的征派而言，顺治十四年颁行全国性《赋役全书》时，改称九厘银，“至若九厘银，旧书未载者，今已增入”，[4] 成为各级《赋役全书》的固定征赋内容，从而构成清初应征赋额形成的重要因素。

辽饷加派沿袭的缘由，诚如李之芳称，实因“军兴孔棘，即不敢议裁”。但清朝康熙年间趋于承平后，也未丝毫减除辽饷的征派。这就使得清代应征赋额总水平较明万历中前期上升到一个新高度。

2. 清初新增实物项目的改折

如前列表所示，箭弦胖袄民七军器等项，都是明代所无而为清代所加增的，这些实物都由农民负担，奉部文改折后形成固定的赋税项目，数额 35920 余两。比如民七军器一项，按清初的惯

1 《清代档案史料丛编》第一辑，第 154 页。

2 《清世祖实录》卷三〇。

3 《清世祖实录》卷三三。

4 《清世祖实录》卷一一二。

例，浙江省军器由民众负责七分，由军办三分。军办三分军器银1万782两3钱6分1厘4毫，李之芳编纂《赋役全书》时请求于裁扣军储内留用，而民七部分三万余两，则“向派田亩”。[1]这也是浙江新增赋额的重要形成途径。

就全国而言，清初修纂《赋役全书》列入清代新增赋税征收款项虽然不具普遍性，但许多地方的赋额构成，都包括这个明代所无清代加增的内容。如福建宁化县，清初县志编纂者述及该县田赋时称，“合明与本朝观之，所损益可知矣。其损之而善者，革膳田、均粮、溢地、典铺、房号、练饷之类是也。其益之而疑于重复者，颜料、蜡、茶、弦箭、胖袄之类是也。……若夫蜡茶弦箭与颜料所列之朱漆铜锡等，其异时已以八分折料附征于秋粮，今没其折料之名，而再征本色之料，细民得无惑欤”。在杂税项目下，花布税原额12两，清初加增28两；猪牙税原额7两5钱，清初加增12两5钱；茶税原额10两，加增5两；当税原额5两，加增5两。[2]河北灵寿县，顺治年间每亩加增花绒4毫、裤鞋银2厘6毫。[3]成安县，顺治十四年奉旨除正供外，“每亩征停免银一分五厘五毫”。[4]所以，对一些地区而言，新增赋税额也是构成清初应征税额的内容之一。这对全国赋税总水平的影响也具有提升作用。

3. 改折及折价变动使赋额增长

表列第三项实物征收项目，在清初通过改折征收，使赋税征银额增大。如果清初物价较之明代不变，那么改折的影响只是使赋税结构变动，实物减少，货币增多。而实际上，清初经过明末以来的长期战乱，经济凋蔽，物资匮乏，物价上涨处于高峰时期，

1 《赋役详稿》，详留军储各款登答文。

2 康熙《宁化县志》卷五《赋役志》，转引自陈支平《清代赋役制度演变新探》，第14页。

3 康熙《灵寿县志》卷四《赋役志》。

4 《职方典·真定府部·赋役考》，《古今图书集成》。

其以时价折征的赋额必然高于明代实征赋额的价值银额。以此定立应征赋额，便使其较明的水平有所抬升。而第四项，明确显示南米额载每石 7 钱，今以 1 两 5 钱，加增至 93498 两，折价提高一倍多，该项目的应征赋额也相应增加一倍多。这是货币因素对赋额产生的影响。

关于浙江南粮一项折价和赋额变动的情形，李之芳提供的材料表明，浙江省南粮，共额 29 万 1003 石 7 斗 8 升 5 合 2 勺 5 抄，内除杭嘉湖三府全书额载本色外，如绍金衢三府水兑正米 2488 石 2 斗 3 升 6 勺 1 抄，每石加耗 2 斗 5 升，其正耗米 3110 石 2 斗 8 升 8 合 2 勺 6 抄 2 撮 5 圭，连耗每石折银 7 钱，共该银 1741 两 7 钱 6 分 1 厘 4 毫 2 丝 7 忽。此处所说的折价 7 钱，是将耗米 2 斗 5 升归并于一石之内而共得 7 钱。又折色米 17 万 3265 石 8 斗 7 升，无耗，每石亦折银 7 钱。通共正耗米 17 万 6376 石 1 斗 5 升 8 勺 6 抄 2 撮 5 圭，载在全书，此系明季节年征解的旧例。自清朝建立以来，以上本折二项俱解本色，民称苦累。随经部院陈题明改折。内除扣留三府给驻防镇兵月粮及解省征给本色米共 3 万 6289 石 8 斗 8 合 9 勺 3 抄，又绍郡山会二县秋米抵会南粮解省留镇米 1 万 9304 石 5 升 1 合 1 勺 6 抄 2 撮 5 圭，实应改折米 12 万 782 石 2 斗 9 升 8 合 1 勺 7 抄。每石题定折银 1 两 5 钱，解充饷用。并前每石内加 2 斗 5 升耗米，亦计石折银。“是耗米亦与正粮同科，而正粮之外，复加增一项耗米之数矣。夫折色每石价只七钱，今以一两五钱计之，则逾额已加八钱。而水兑本色原载每石连耗米二斗五升，共折银七钱，若除去耗米扣算，每石止得银五钱六分矣。今以五钱六分之原额，加至一两五钱，每石不几逾额加至九钱四分乎？若再将耗米亦并计石折银，则耗米不几类于正额之追呼乎？”[1] 金衢李巡道曾备将两属原数请详减价豁耗，业奉抚院批准，

1 《赋役详稿》，详议纂修条款文。

而藩司“以军兴孔棘，遽难减除，请乞题减遵行等因。详蒙按院杜批：南粮水兑耗米，原系题定每石一两五钱，刻下似应照征以济军需”。李之芳认为，“但编纂全书，将新旧之额注明以凭会议具题，非今日即应裁减致亏饷额也”。至于耗米一项，“论本色数虽加米，论折额原未增银。苟亦如正额计石以取盈焉，则绍金衢三郡额外又增水兑耗米六百二十二石五升七合六勺五抄二撮五圭之数矣。无艺之征，不行于圣世”。[1] 李之芳请求减除耗米折价，得到允准。但南米折价从每石 7 钱提高到 1 两 5 钱，却仍被沿袭下来，形成赋税增额的重要部分。

折价提高促使应征赋额增大、负担加重表现在上供物料方面的情形，李之芳感触犹深。他在编纂《赋役全书》过程中称，“顾犹有鳃然虑之而未安者，厥有二事，角价折数太浮，物料临时估值是也”。[2] 关于浙江省牛角征解及改折情形，李之芳称，牛角一项，自顺治三年间，以弓张改换。每岁共该 2 万 2 千副，每副额价 2 钱 9 分，共载额银 6380 两。而牛角并非浙江所产，费累繁多，“有司苦于仰屋，民办病于巧炊。一经佥解，如蹈汤火”。承蒙按院杜以牛角采办维艰，具题改折，他上疏称：“见民间造弓贸易，每张时价不过四两，请照六年分改折之例，每副折银四两，按年均派田亩，永为折银起解，听部差买，以应军需。五年以前民欠钱粮屡经恩宥，其四五两年未解牛角应将已征在官及给发在解银两，照依原征给每副二钱九分价值尽行解部以清积欠。”遂接准工部咨开：“议将六七八年拖欠牛角照依该按臣所请，每副折银四两解部，其九年以后牛角仍照原额征本色起解以备兵需，俟各省全解积多之时，再行酌议可也。”所有四五两年牛角一项征解属户部管理，又户部咨开：“四五两年拖欠未完原奉恩诏蠲

1 《赋役详稿》，详议纂修条款文。

2 《赋役详稿》，详议牛角并本色料价尽银办解文。

免，但已征在官给发在解者，岂容干没，当如该按臣所议，每副牛角俱照四两尽数折银解部可也。”[1]可见中央工部、户部等部门，通过牛角折价的提高，使得赋税征银额加大，人民负担成倍加重。对此李之芳称："自八年以前折价四两，在承解者虽免于采买驳换之劳、独力转输之累，而较于二钱九分之原额，取诸民间已十有余倍矣。如是按亩加编，每岁应于原额六千三百八十两之外，通省加至八万一千六百二十两有奇。若四五六七八年一时并加，将至四十余万。民脂有限，何以堪此种种增派乎？”有鉴于此，加上顺治九年仍征本色，李之芳指出，“全书之内必须详定不易之式，方为经久。即其初议折四两者，不过因一时物价腾踊，倘将来百货辏聚，市价齐平，则此四两岂堪示后？”所以在编纂全书时，一个可取的办法是，“为今之计，合无比照旧额量增数倍，咨达大部，勒入成书，用示画一以便科征。即或数岁之间，贵贱不齐，尽银办解，亦为至便”。[2]李之芳请求将牛角折价略予降低，“比照旧额量增数倍”（而不是十有余倍），但并未得到落实，后来浙江牛角一项折价仍为四两一副。[3]这便使得浙江应征赋额相应增加。

牛角折价太浮，远远超出了人民的承受能力。从其执行情况看，也未曾征足。“自奉文将六七八数年并折以来，司府州县迫于考成，催呼督责不遗余力，曾见慨然完纳者几何家、欣然掣销者几何批乎？职是以深知折价悬额徒多，终无裨于军需，莫能完解也”。折价问题没有妥善解决是征额莫能完解的根源。具体而言，其不能如数完解的原因有三："缘其先全书旧额每副仅得二钱九分征给，非有四两输之有司而给之解户。一旦改折，骤增至十

1 《赋役详稿》，条议牛角物料减定价值并尽银办解揭贴。

2 《赋役详稿》，详议牛角并本色料价尽银办解文。

3 参见秦世桢：《抚浙檄草》，“驳改全书”、“驳全书摘款”条，载《清史资料》第2辑，中华书局，1981年。

有余倍，责其悉索以从，将何措应？况其苦于完纳者，政坐额价之少。若有四两则早已输解，何至今犹瞻延乎？”这是第一；“若按亩加编，每岁应于原额六千三百八十两之外，通省加至八万一千六百二十两有奇。……今欲会计取盈，何难免竭民脂以副功令。但疆不加辟，而赋税日加。百姓岁入几何，堪此种种叠派乎？”这是第二；“迨至九年，复征本色，前之积累未清，而后之追呼复至，膏血有限，催督相仍。虽拮据于卖谷贸丝，终无补于医疮剜肉，惟有悠悠岁月而已。其不能完者三也”。[1]这种牛角浮价形成的高赋额将对人民造成长期的困扰。

牛角之外，本色钱粮蜡茶药材颜料诸项款目，“今昔之价不相若。真有或相倍蓰、或相什佰者。如银朱一项，当日原价每斤止四钱六分，今且腾至六两，较之畴昔，何啻天渊？”[2]再如黄蜡一项，“全书额价二钱，明季尚以价浮内扣银三分充饷，颜料各款额载价银九千一百九十两二钱三分九厘零，亦以价浮内扣余银四百九十七两二钱一分三厘。今较之旧额，黄蜡价倍于三而银朱等项又价倍于十，以致解办维艰。昔以价浮而扣减于民，今以价昂则请增于官”。[3]物价上涨，地方官只有向人民加增征收赋额。编纂《赋役全书》时，如何解决这个问题，还是和处理牛角折价一样，李之芳主张“请行咨明比照旧额各请量加数倍编入成书以为程式，即物价间有低昂，亦可尽银办置，斯亦永久良法，官民均赖者”。[4]

我们知道，物价是会变动的，如果按某一时期的物价以确定赋额，自然会影响人民的负担。但李之芳认为，“今不编载成规以俟临时估价，其流弊必至不可胜言者”，主要表现是，“赋役上

1 《赋役详稿》，条议牛角物料减定价值并尽银办解揭贴。

2 《赋役详稿》，条议牛角物料减定价值并尽银办解揭贴。

3 《赋役详稿》，详议纂修条款文。

4 《赋役详稿》，详议纂修条款文。

关国计，下切民生，而究无定制，非善法也。异日者，必致经承藉口于采办之艰难，而妄行多派；有司失权于物价之虚实，而听彼奸欺；百姓则又贸无所稽查，而任其颠倒。一粒寸缣，皆民肪血，乃付之莫可凭据之吏胥，茫无一定之经制，度亦朝政所未安者”。[1] 为了堵塞经承吏胥借临时估值任意颠倒、上下其手的漏洞，便须将改折赋额固定下来，形成定制，以便遵守。这种固定下来的折价额自然不能反映物价的实际变动，缺乏随物价涨落相应升降的弹性，对人民的实际负担量造成影响。李之芳固定折价的办法是“比照旧额各请量加数倍编入成书”，这就使清初赋额进一步增加。以此为定制，便使浙江在清代整个时期应征赋额较明代承平时期上升到一个新水平。

就全国而言，如上篇所述，清廷在顺治年间完成了各直省的改折工作，除漕粮和军米等仍征本色外，其余一律折银征收，折色银占有主要地位。征之于农的各种农产品大多普遍折银，而折色的标准是依顺治时价。当时各地物价的情况一如上述浙江省，处于大幅上涨的状态。改折遂使各地应征赋额相应上升。如河北柏乡县，该县折色马28匹，顺治二年每匹折价加增8两，共增银228两；芝麻、花绒改折，共加折银29两余。[2] 山西阳曲县，明末每石粮改折白银9钱，顺治年间每石折价最高达1两9钱余。[3] 山东夏津县，万历末每石折价4钱至9钱不等，清初每石折价则为8钱至1两2钱不等。[4] 这种因折价提高而形成的高赋额，在清初定赋之后形成定制，成为其后各个时期赋税征派所一贯遵循的“原额”，从而使清代各地乃至全国的赋税应征额较之明代普遍上升。

1 《赋役详稿》，详议纂修条款文。

2 《职方典·真定府部·赋役考》，《古今图书集成》。

3 道光《阳曲县志》卷七。

4 乾隆《夏津县志新编》卷四《食货志·田赋》。

上面我们以浙江省《赋役全书》的编纂情况为中心，论述了清初新增赋额形成的途径。至此，我们可以知道，清代赋税应征额主要由两大部分组成，一是万历年间未加派辽饷前的原额，一是清初新增赋额。清初新增赋额部分，主要是对辽饷加派的沿袭、部分新增加派和因折价提高导致的赋额加增。这样，就使得清代的赋税应征额不仅比万历年间未加派辽饷前的赋税额为高，而且也高于万历末年的赋税应征额。下列来自于县志的统计数字也清楚地显示出这一点。[1]

县　名	明万历条鞭额	清初顺治年间额
灵寿县	征银 17521 两	征银 18631 两
宁化县	征银 19184 两	征银 23804 两
	本色粮 1430 石	本色粮 1435 石
保德州	征银 4293 两	征银 4597 两
	本色粮 615 石	
郃阳县	征银 32874 两	征银 50451 两

从清顺治年间全国田赋的实征情况与明万历年间比较来看，也可见赋税征额变动的趋势。万历三十年（1602 年）田赋征收情况是：（1）夏税米 133403 石、麦 4534043 石；（2）秋粮米 23701801 石；（3）丝绵 314644 斤；（4）丝 224 斤；（5）绵布 362411 匹；（6）绵花绒 374878 斤；（7）绢 148129 匹；（8）阔梭布 33000 匹；（9）土苎 47774 匹。[2] 而顺治年间有统计数字的年份地丁钱粮征收情况如下表：[3]

1　据陈支平：《清代赋役制度演变新探》第 7～12 页所引资料制表。

2　据梁方仲：《中国历代户口、田地、田赋统计》，第 198～199 页，上海人民出版社，1980 年。

3　此表转自陈振汉等编《清实录经济史资料》农业编，第三分册（上），资料来源：《清世祖实录》。

顺治朝历年地丁钱粮统计表

年份		征银（两）	米、麦、豆（石）	草（束）	中茶（篦）
八	1651	21100142.00	5739424.40	4743101	35453
九	1652	21261383.50	5628711.10	5216840	37178
十	1653	21287288.40	5672299.90	2909118	37350
十一	1654	21685534.90	5775189.00	5164651	—
十二	1655	22005954.00	5768713.80	4629316	86778
十三	1656	22089696.30	5312060.20	4674555	82585
十四	1657	24366365.70	5835940.60	2232947	85510
十五	1658	24584526.40	6018132.80	2242619	86360
十六	1659	25585823.00	6201720.10	2263422	87150
十七	1660	25664223.00	6017679.50	2266655	87515
十八	1661	25724124.00	6107558.00	2264640	157823

万历三十年夏税秋粮米共 23835204 石，如一石折银按一两计，则为 23835204 两；麦 4534043 石。如以这两项与顺治朝地丁钱粮统计中的征银与米麦豆两栏数字相较，自有统计的顺治八年始，麦石数就超过万历数额，而自顺治十四年始，无论征银额（与万历夏税秋粮米折银数相比）抑或麦石数均超过万历三十年的水平。这一年正是全国性《赋役全书》编纂告竣颁行全国的年份，这年实征额的升高从一个侧面反映了清初确立的赋税应征额大大超过万历旧额的事实（实际上，实征额低于应征额，因为有逋欠和政府临时性蠲免的存在）。由此可见，清朝初年定赋之时所确立的赋税征收目标由于明季部分加派的沿袭和折价的升高等，在明代万历年间的基础上达到一个新高度。

清初确立的高赋额，造成两方面的后果。一方面，大大加重了民众的赋税负担。首先，以万历旧额为定赋依据，在清初人丁和地亩都大量减少的情况下，[1]出现包荒包课的现象，各地将赋税原额摊派在现存人丁和地亩之上，使得纳税单位的负担更趋沉重。其次，辽饷加派的沿袭和新增加派以及因折价提高所加大的应征赋额，使得清代民众的赋税负担重上加重。另一方面，这种升高了的应征赋额为清朝政府提供了充足的财力保证。正是以此为基础，清朝政府才在康熙雍正年间得以建立起以定额化为中心内容的赋税制度。

（二）赋役合一运动与赋税征收项目的简化

清初赋役征解秩序化的第二个重要内容，就是简化赋役项目和程序，继续推行一条鞭法，实行赋役合一。关于实行一条鞭法的情况，顺治十年四月甲寅谕户部，“前代一条鞭法总收分解，责成有司，小民便于输纳，不受扰害，国家亦归实课，不致缺用，立法良善。见行条鞭地方，著官收官解，不得仍派小民。其点解地方，尔户部等衙门，著即详议具奏，以便永远通行”。[2]同年六月辛亥，“户、兵、工三部遵谕改折各直省本色钱粮，归于一条鞭法，总收分解，请永为例，从之”。[3]据清代官书记载，赋税征收项目在康熙初年已称地丁。康熙二年五月，工科给事中吴国龙疏称：“直隶各省解京各项钱粮，自顺治元年起，总归户部，至七年，复令各部寺分管催收，以致款项繁多，易滋奸弊。请自康熙三年为始，一应杂项俱称地丁钱粮，作十分考成，除每年正月扣拨兵饷外，其余通解户部，每省各造简明赋役册送部查核，其易

1 明清垦田变动情况，万历六年全国总额 7013976 顷，顺治十八年 5493576 顷，康熙二十四年 6078430 顷，雍正二年 7236327 顷，直到康熙年间仍未达到万历水平。万历六年口数 60692856（见《大明万历会典》），顺治十八年人丁数 19137652，康熙二十四年人丁 20341738，雍正二年 25510115。参见孙毓棠、张寄谦：《清代的垦田与丁口的记录》，载《清史论丛》第一辑，中华书局，1979 年。

2 《清世祖实录》卷七四。

3 《清世祖实录》卷七六。

知由单颁给民间者，尽除别项名色。至各部寺衙门应用钱粮，年前具题数目，次年于户部支给，仍于年终核报。”[1]户部议覆应如所请，从之。由此看来，似乎在顺治康熙初年，明代后期以来十分繁杂的赋役项目，在全国范围内都已归并为地赋和丁银两大项。事实上，在一个较长时期内各地的赋役征解项目除了田赋和丁银以外，还包括四差、力役、商役及土贡物料等类。关于各种差役与土贡物料征派项目的存在，清代官书记载很多，下面拣取几例简略予以说明。

治河差派。治河夫役的差派，在河南等省长期是民众的赋役负担项目。康熙十二年，河南巡抚佟凤彩明确提出雇夫或雇工的主张，并得到清廷的同意。河道总督王光裕看到清廷对河南巡抚佟凤彩的批示，于是“又专疏请停佥派，其岁修夫役，动帑雇募，皆如河南之例”。[2]这说明在康熙十二年，治河夫役项目才在河南部分地区赋税项目中因雇佣夫役而取消。

各种差役的存在。《清史稿》记载福建漳浦县的情况称，“康熙三十年，（陈汝咸）会试第一……散馆授福建漳浦知县。县中赋役故责户长主办，版籍混淆，吏缘为奸。汝咸躬自编审人丁，各归现籍。粮户自封投纳，用滚单法轮催，以三百户为一保，第其人口多寡供役。五年一编丁，而役法平”。[3]康熙三十年以后，陈汝咸仍在着手役法的均平处理工作，说明在该县田赋与丁银之外，仍然存在着各种差役的征派项目。

土贡物料的征纳。雍正十三年六月，雍正谕内阁：“自古地方官有进献方物之礼。盖以地土所产，贡之于君，所以将其诚意……似此食用微物，朕发价市买，何所不得，岂肯丝毫累及地方？

1 《清圣祖实录》卷九，吴国龙疏（康熙二年五月丙戌）。
2 《清朝文献通考》卷二《职役考二》。
3 《清史稿》卷四七六《陈汝咸传》。

可通行晓谕督抚等，自接奉此旨为始，着将从前贡物之数，再减一半。倘仍蹈旧辙，朕必将各省进献之例，全行禁止。”[1] 此次只令减去一半食用贡物。土贡物料在赋税项目中将长期存在。

那么，田赋和丁银之外各种差役的归并和消失是在什么时期完成的呢？就全国总的情况而言，在雍正年间推行摊丁入亩之时基本上完成赋役归并，在此之前各地均在开展赋役合一运动。虽然我们没有遍阅全国州县的赋税资料，但从丁银的性质和摊丁入地措施的推行可以推断这一点。

丁银起源于明初，就其来源来看，或出自丁米，或出自计口算绵，或出自户口食盐钞，而以户口食盐钞较为普遍。如明福建福州府永福县的丁银征派，据县志称，“土田之赋曰秋粮，曰夏税；丁口之征曰盐钞，籍丁田而贡之曰料。……盐钞本五代时以官鬻盐，既而不为市，但分五等之户抑配之，而征其钞。久之盐不给而征其钞如故，至今因焉。罔论男女，但计口输银一分五厘有奇以上供，闰月加一厘三毫，邑所征六十五两二钱有奇。丁米料者亦上供之数，洪武间有杂色皮、翎毛、角、弓弦、箭及荒丝之贡，其后又有红白糖、药味、黄白糖、细茶、牲口诸物料”。[2] 在按丁口征银之外，还按丁田分征物料，而以计口输银为主，故称丁银，这是一种纯粹的赋税。明中期后，差徭日益繁重，在此影响之下，丁银又开始具有差役的性质。《天下郡国利病书》记载浙江海盐县的情况称，“(天顺时) 籍县民分为十等，而统于坊里之长，每一坊一里长率一人，令民按丁若田，五年率钱与长，为吏办公私费”。[3] 作为吏胥办公私费而由坊里民所出的钱，为里甲钱，折为银则称里甲银。而同时官府又令民出均徭银。两者合称徭里银。这种按丁征收

1 《清世宗实录》卷一五七，雍正十三年六月辛卯日。

2 万历《永福县志》卷二《经政·赋役》。

3 《浙江下·海盐县》，《天下郡国利病书》卷八四，第12册。

的徭里银，使得丁银的差役性质日趋加重，到了明后期，丁银不仅兼具赋税和差役两种性质，而且差役所占比重比赋税为大。由于“徭役出于丁”，故有了徭银的称呼。到了清代仍予沿袭，康熙《清会典》称丁银为：丁徭、徭里银、徭里，并称丁银兼具赋税的性质。顺治十三年清廷议准，“江西、福建、广东三省全书内有妇女盐钞银，按口征派不等，余省无妇女名色，其盐钞均派地丁内，仍照旧行，不必更张”。[1]一些地区还将颜料等物料按丁田分派，比如湖南茶陵州，“每丁征银一钱二分二厘，新加颜料每丁派银二厘九毫”。[2]所以，从丁银演变的历史来看，在清代它包含了差役折银、盐钞和物料三种成分，兼具赋税和差役两种性质，并且差役占主要部分。清朝政府在康熙五十一年宣布以康熙五十年丁额为准，此后滋生人丁永不加赋，不加赋在这里即指不加丁银，丁银称为丁赋。这种称呼的变化是明万历实行一条鞭法以后将丁徭银摊入地亩以来，丁徭征解方式的变化（丁从地起和地丁合一）引起人们认识变化的结果。[3]正是由于丁银具有差役的性质，所以在摊丁入地时，除丁银之外其他差役必先行归并，在赋税征收项目中消失，否则，摊丁入地之后又会因为其他差役的存在以致按丁征派又滋生出新的丁银来。从雍正年间全国各直省绝大多数地区普遍较顺制地实行了摊丁入地来看，在此之前，各地大多实现了赋役合一。

赋役合一和赋税征收项目简化的过程，各地实行的时间先后不一。我们从清代不同时期部分地区的县志资料比较中，可以了解赋役合一和赋税项目的简化线索。下面略举数例以见一斑。

---

1 康熙《清会典》卷二三《户部·户口》。

2 嘉庆《茶陵州志》卷八《食货·田赋》。

3 王庆云:《石渠余记》卷三《纪丁随地起》称:“丁口之输赋也，其来旧矣。至我朝雍正年间，因各疆吏奏请，以次摊入地亩，于是输纳征解，通谓之地丁。……我朝丁徭素薄，自康熙五十年定丁额之后，滋生者皆无赋之丁。”历代丁口之赋多为纯粹的赋税，与差役没有关系，与明清丁银不同。只是清代赋役合一，摊入田亩，丁银固定之后，把丁银看成丁赋才成为普遍的认识，以致与历史上丁口之赋相联系。

1. 山西汾阳县赋税项目的变化

在康熙时期，田赋和丁徭银、地差银还是俨然有别的赋税项目，到乾隆时期便全部实现了役归于赋，差役折银的项目消失了(见下表)。

康熙年间	乾隆年间
①原额民地共10071顷72亩共征夏秋粮48617石1斗，每石折银8钱7分，共派银42529两3钱，又地亩加征九厘银共9064两5钱	民地10235顷，征租课银56060两9钱通共实在当差人丁48413丁，征均徭并办买本色颜料加增银8758两5钱，于乾隆十年奉文摊入地粮，征收地差银3263两4钱，旧系按粮派征
②顺治五年编审实在当差43030丁，该均徭并地差银13568两1钱，又加征胖袄银97两，共银13665两2钱	额外匠价银252两4钱，于乾隆三年奉文摊入地粮征收 酒课银300两 商税银1178两4钱
③康熙元年编审实在当差人丁33157丁，该均徭银7003两8钱，办买本色颜料加增银136两5钱，地差银3168两2钱	通计地粮丁徭及额外课税共征银70099两3钱

资料来源：康熙《汾阳县志》卷七《丁徭、田赋》；民国《汾阳县志》卷三《赋税》。

2. 安徽天长县赋税项目的变化

明	清
明代官民田地794顷 ①额征新旧地亩银2117两4钱，每亩派银7钱3分	原额官民田地794顷27亩，每亩科银2钱2分，共征银18359两2钱
②额征四差条鞭银8799两8钱 除人丁银1106两6钱 庄粮升银1561两9钱 余银6121两2钱，每石该派银2两1钱1分	原额审定一则户口人丁11243丁，内除优免人丁649丁，实在当差人丁10594丁，每丁编徭银2钱1分4厘，共征银2274两 丁田二项，共征银20633两2钱，顺治十四年停止优免1266两2钱

资料来源：康熙《天长县志》卷三《田赋》。

天长县的赋税项目，在顺治康熙时期即已实行赋役合一。在明代赋税总额中，差役银占绝大比例，而到清代，田赋之外，只剩丁银一项，而且比重很小。

3. 广东澄海县赋税项目的变化

乾隆四十二年以前	乾隆四十二年以后
A.万历二十年、二十八年额征夏税麦、秋粮米 9823 石 6 斗，共派粮料均徭银 8728 两 9 钱	乾隆四十二年至嘉庆十八年悉照旧额，计开实征银数： 上则田应征地丁银 1193 两 1 钱
B.顺治十四年，全书开载额征①官民增灶虚耗米 9100 石 8 斗；②夏税农桑米 722 石 8 斗；③渔课米 399 石 9 斗，共米 13814 石 6 斗，内民增夏税农桑、虚粮米派粮料、均徭银 8728 两 9 钱，渔课米每石派银 3 钱 4 分，共派银 1396 两 2 钱。原编地亩税饷、官民增灶、田地山塘、河埔坪埭等税，照万历四十八年例，每亩派银 7 厘，该银 1861 两 8 钱，每两带征水脚银 1 分 5 厘，该银 27 两 9 钱，总共原额田地山塘等税共银 12014 两 9 钱	中则田应征地丁银 4112 两 2 钱 下则田应征地丁银 4121 两 2 钱 地应征地丁银 626 两 山应征地丁银 16 两 3 钱 通共总计钱粮银 11670 两
C.乾隆二十九年至三十六年悉照旧额①原额共官民增灶夏税农桑及虚粮米 13844 两 1 钱，共派粮、派均徭丁口连渔课银 12677 两 3 钱②又澄海所屯丁银 8 两 3 钱，共实征银 12685 两 6 钱	

资料来源：嘉庆《澄海县志》卷一四《赋税》。

从上表中可以看出，广东澄海县直到乾隆四十二年至嘉庆十八年期间，才按田征收各则地丁银，夏税农桑、物料、均徭等名目也相应消失，这说明差役折银也已彻底摊入地亩。

从上述情况来看，在清代前期，全国范围内经历着一场赋役合一运动。而对大多数地区来说，大致在雍正年间以前，丁银以外的各种差役均经过折银归入地亩，田赋有了新的内容。同时，赋役合一在大多数地区的实行，也为摊丁入地赋役改革的成功准备了条件。正是在赋役合一和赋税项目简化为地与丁两项的基础之上，摊丁入地才得以真正实现。

当然，就全国而言，摊丁入地之后，地丁田赋之外仍有差役负担的存在，如直隶，“力役之征，有按牛驴派者，有按村庄派者，有按牌甲户口科者，间亦有按地亩者。然富者地多可以隐匿，贫者分厘必科，杂乱无章，偏枯不公。其尤甚者，莫如绅民两歧，有绅办三而民办七者，有绅不办而民独办者，小民困苦流离，无可告诉。时有议仿摊丁于地之例，减差均徭，每亩一分，无论绅民，按地均摊。直隶总督颜俭力言其不可，并谓‘如议者所言，每地一亩，摊征差银一分，其意在藉赋以收减差之实效，不知适藉差而添加赋之虚名，累官病民，弊仍不免’。疏入，议遂寝”。[1]

不仅差役存在，而且偏枯不均。但较之赋税主体地丁来，在全国范围内毕竟是末流了。

二 定额化赋税制度的建立

清代初年近80年的赋役秩序化整顿，清朝政府在赋税应征额以及赋税项目的简化方面都确立起一系列原则，这便为清代赋税制度的进一步完善准备了条件。在康熙后期至雍正年间，清朝政府通过从“滋生人丁永不加赋”到“摊丁入地”的赋役改革，使赋税征解行为制度化、完善化。而这一时期确立的完善化了的赋税制度，对于清代封建国家的赋税收入和赋税征解来说，是以定额化为中心的。下面我们便从“滋生人丁永不加赋”和“摊丁入地”两次重大的赋役改革措施实际内涵的分析，说明清代赋税制

1 《清史稿》卷一二一《食货二·赋役》。

度的定额化特点。

（一）“永不加赋”及其内涵

清代赋税制度的完善，是从康熙五十一年颁行“滋生人丁永不加赋”谕令开始的。关于这一政策的内容及背景，《清圣祖实录》记载康熙谕大学士、九卿等称：“朕览各省督抚编审人丁数目，并未将加增之数，尽行开报。今海宇承平已久，户口日繁，若按见在人丁加征钱粮，实有不可。人丁虽增，地亩并未加广，应令直省督抚将见今钱粮册内有名丁数，勿增勿减，永为定额，其自后所生人丁，不必征收钱粮，编审时止将增出实数察明，另造清册题报。朕凡巡幸地方所至，询问一户或有五六丁，止一人交纳钱粮，或有九丁、十丁，亦止二、三人交纳钱粮，诘以余丁何事？咸云蒙皇上弘恩，并无差徭，共享安乐，优游闲居而已，此朕之访闻甚晰者。前云南、贵州、广西、四川等省，遭叛逆之变，地方残坏，田亩抛荒，不堪见闻。自平定以来，人民渐增，开垦无遗，或沙石堆积，难于耕种者，亦间有之，而山谷崎岖之地，已无弃土，尽皆耕种矣。由此观之，民之生齿实繁，朕故欲知人丁之实数，不在加征钱粮也。今国帑充裕，屡岁蠲免，辄至千万，而国用所需，并无遗误不足之虞，故将直隶各省见今征收钱粮册内有名人丁，永为定数，嗣后所生人丁，免其加增钱粮，但将实数另造清册具报，岂特有益于民，亦一盛事也。直隶各省督抚及有司官编审人丁时，不将所生实数开明具报者，特恐加增钱粮，是以隐匿不据实奏闻。岂知朕并不为加赋，止欲知其实数耳。嗣后督抚等倘不奏明实数，朕于就近直隶地方，遣人逐户挨查，即可得实，此时伊等亦复何词耶？此事毋庸速议，俟典试诸臣出闱后，尔等会同详加确议具奏。”[1]

1 《清圣祖实录》卷二四九，康熙五十一年二月壬午谕旨。

现存台湾的《康熙起居注册》记载此谕稍微简略，并录于此，以见不加赋的基本精神。康熙五十一年二月二十九日，清圣祖玄烨御畅春园内澹宁居听政，召九卿詹事科道近前，面谕称，“我朝七十年来，承平日久，生齿日繁，人多地少。从前四川、河南等省，尚有荒地，今皆开垦，无尺寸旷土。口外地肥，山东等省百姓往彼处耕种者甚多，朕去年差官去查，共有六万余人，纳钱粮者止二万余人，查出者虽有六万，其未经查出者更不知几万矣。欲将伊等搬入口内，念伊等穷民，以何为生？故仍令在口外居住。朕昔巡幸访问百姓，据称一家有四五丁纳银一丁者，有七八丁纳银二丁者等语。各省巡抚编审时，只奏报纳银丁数，而不奏报不纳银丁数，故实在丁数不得而知。今国用充足，凡给俸饷等项，绰绰有余，将各省今番编审丁银数目，永远著为定额，嗣后不准增减，仍令将纳银不纳银民之数目查明具奏，查此特欲知各省人民之实数，并非视丁加赋之意。此事自古以来无有知之者，即有知者，亦不敢行。朕特为生民有益计耳。实于千万年后之百姓大有裨益，想闻此有不欢欣者矣，俟典试诸臣出场，尔等会同查明定议具奏”。[1]两段记载文字稍有出入，但基本精神一致，康熙帝在谕旨中全面阐明了不加丁赋政策的内容和实施的缘由。

作为一项影响清朝封建政府赋税收入的重要政策，清朝政府及其统治者是经过审慎考虑后才颁行的。就谕旨所述内容来看，不加丁赋政策实施的背景主要体现在三个方面。第一，“人丁虽增，地亩并未加广”，荒地开垦已尽，增加丁赋失去了新增税源的依据，从赋税征课的合理性来看，不宜在地亩不增加的情况下扩大丁赋征课额度。这一点体现了康熙皇帝对于人口和财富相互关系的认识。财富来源于地亩，地亩难以增加，而人口自康熙中后

1 《康熙起居注册》（台北故宫），转引自庄吉发《清世宗与赋役制度的改革》，第69～70页，台湾学生书局，1985年。

期以后却以较快的速度增长，两者失去均衡，如以人丁增长数加增丁赋，必然加重民众的负担，赋税征收便偏离了以民众负担能力为基础的原则。第二，从不加丁赋政策颁行前丁赋的实际征收情况来看，并未按实际丁数编征丁银，“一户或有五六丁只一人交纳钱粮，或有九丁十丁，亦止二三人交纳钱粮”，究其原因，康熙调查所得是“蒙皇上弘恩”，实际上有更深刻的根源。在这样一种情况下，丁银加增已失去可能性。第三，从清朝政府赋税征收所满足的目标来看，“今国帑充裕，屡岁蠲免辄至千万，而国用所需并无遗误不足之虞”，所以已无加征丁赋的必要。正是从自身对丁银加征的合理性、可能性和必要性三方面的认识出发，清朝政府制定出不加丁赋的政策。这是就谕旨的内容所作的分析。那么，当时的实际情形究竟是不是这样？下面我们结合有关史料予以说明。

我们知道，清代的丁银是沿袭明代的丁银而来的，但丁银编征作为中央政府赋税征解的内容，则是清代的事情。在明代，丁银与里甲、均徭等四差银一起，都由地方官员征用，并不上缴明中央政府，实际上这项收入多落入官吏的私囊。在明朝中央政府那里，也没有全国丁银的统计数字，只有户丁的总数，在行政及政策制定方圆，中央政府也未涉及丁银的处理以及如何支配的问题。清朝定鼎北京后，以加强中央集权和筹集军饷为中心，同时强化对于地方财务的管理。大致说来，自顺治二年始，清朝中央政府命令地方官将丁银随同田赋一起上缴，同时对于人丁的编审也逐渐制度化，以保证丁银的征解。清初原定三年一编审，顺治十三年改为五年一次编审人丁[1]。顺治十五年，清廷命令各直省将编审人丁造册送部。十七年覆准，“直省每岁终，各将丁徭赋籍

1 《石渠余记》卷三《纪停编审》。

汇报总数，观户口消长，以定州县考成”[1]。通过这些措施，在剥夺地方官任意支配和使用丁银权力的基础上，清朝中央政府直接征用丁银。及至顺治十八年，清朝中央政府首次公布了全国丁银的统计数字，“直省徭里银 3008900 两 9 钱，米 12570 石 1 斗”[2]。丁银成了清朝中央政府赋税征收的重要内容。

但是丁银的编征自始就存在着弊端。康熙初年曾任直隶灵寿县知县的陆陇其对此曾分析说，“查旧例，人丁五年一审，分为九则，上上则征银九钱，递减至下下则征银一钱，以家之贫富为丁银之多寡，新生者添入，死亡者开除，此成法也。无如有司未必能留心稽查……且又相沿旧习，每遇编审，有司务博户口加增之名，不顾民之疾痛，必求溢于前额，故应删者不删，不应增者而增，甚则人已亡而不肯开除，子初生而责其登籍，沟中之瘠犹是册上之丁，黄口之儿已是追呼之檄，始而包赔，既而逃亡，势所必然”。[3]这种户丁编审中的虚报和浮夸之风在很多地区都存在。如山西交城县在明崇祯四年有户 6400 零，口 18600 零，康熙六年编审，则有户达 15900 零，口 18600 零，口不减于明而户且倍于明，而当时交城的实际情形是“并里并甲，凋蔽不支”，原来清朝政府“计丁口征税，减一丁则一丁之税无出，故但可增而必不可减”。[4]这样做的结果，是“户口加而民困日甚”。[5]

虚报和浮夸形成的丁银溢额最后落在谁的头上呢？清朝政府规定，“其在仕籍者及举贡监生员与身隶营伍者，皆例得优免，

1 康熙《清会典》卷二三《户部七·户口》。

2 康熙《清会典》卷二三《户部七·户口》。《清朝文献通考》卷一九《户口一》记载丁银数为直省徭里银 3008905 两有奇，米 21570 石有奇。

3 陆陇其：《三鱼堂外集》卷一《编审人丁议》。

4 赵吉士：《万青阁自订文集》卷二《重修交城县志序》、《志里甲小序》。

5 陆陇其：《三鱼堂外集》卷一《编审人丁议》。

而佣保奴隶又皆不列于丁”[1]。又规定，编审户丁只限于土著，客籍户口并不计入。这便为隐漏诡挂提供了可钻的空子。按清制，官员绅衿的优免“止免本身丁徭”[2]。但事实上并非如此。比如丁役偏重的北方各省，贫苦农民为逃避丁役多投奔于缙绅门下，这样，“其本户之丁，即系绅衿供丁”。通常情况下，一个乡绅的供丁多至数十名，“每有差徭，里递不敢派及。每遇编审，供丁名下即有应增新丁，户长总书亦不敢开报”。[3]官员绅衿就这样相互勾结，多免滥免丁役。此种情况各地多有。假冒客籍而规避丁役的，也在在多有。比如山东济宁五方杂处，大半居民均系外地人，他们在济宁州置产立户，“丁在原籍，不应两处当差”，这样，某些“奸猾之徒，因而托名影射”，冒充客籍，使得该地区穷丁、虚丁越来越多。[4]官员绅衿利用优免特权隐漏人丁，奸猾之徒又托为客籍以为规避，而丁银项目依然存在，结果便落在贫苦农民的身上。其中在实行户等编审制的地区，出现了利用户等进行放富差贫的现象。如山东曹县，“豪强尽行花诡，得逃上则；下户穷民置数十亩之地，从实开报，反蒙升户”，结果“其间家无寸土，糊口不足，叫号吁天者，皆册中所载中等户则也。”[5]这样一来，一方面，封建官府为追求溢额在编审时多行虚夸，另一方面，舍富就贫，丁银溢额增多的结果便是使中下层民众承担起更多的丁银来，饱受“代纳”和“包赔”之苦。

这样一种丁银编征，使得阶级矛盾更趋激化。对于丁赋的征收来说，其结果是“在民有苦乐不均之叹，在官有征收不力之参，

1 张玉书：《张文贞公集》卷七《纪顺治间户口数目》。
2 《清朝文献通考》卷二五《职役考》。
3 黄六鸿：《论编审》，《清经世文编》卷三〇《户政五》。
4 吴桎：《牧济尝试录·编审议》。
5 光绪《曹县志》卷三《赋役志》。

官民交累。”[1]在民的一方面，由于受丁银重累，贫苦无力负担，便只有逃亡一途。山东巡抚黄炳在“敬陈穷民苦累请照按地摊丁以苏积困事”奏折中指出，山东各州县丁地各不相涉，往往有田连阡陌而不输纳一丁的，家无寸土反需输纳数丁。无地贫民即使在丰收之年也输纳维艰，设遇歉收之年，势必卖男鬻女，乞食他方，逃亡流散，遗累亲族，这便是山东百姓易去其乡而不顾的原因。[2]这种现象自康熙初年以来，在许多地方就很严重。比如山东黄县，素称富庶，却因丁累逃亡过半，其中一些村社“逃者十之九”，其余的“逃者十之六七”、“十之五”，最少的也是“逃者十之二三”。[3]人民逃亡增多，官府对于农户的管理也更为困难，从而对封建秩序的稳定带来威胁。

丁银偏累在官的一方面，其影响是征收难度加大，征收官员受参罚之苦，国家的赋税征收不足。贫苦农民的负担能力有限，主要丁银负担均集中在他们身上，他们终究不能完纳，在忍受不了追呼之苦时一旦逃亡，丁赋更至虚悬。各级经征官员由于完不成征收任务，受参罚的压力越来越大。这对丁银编征的影响，便使丁银长期处在同一水平上，各地编审的户丁数目远远低于按人口自然增长规律应增加的数目。[4]地方官员再也不热衷于追求溢额了，来源于溢额的报偿，往往抵补不了由于户丁不堪赔累引起逃亡所受的处分与申斥。除此之外，清廷的丁银要全部上缴中央，地方官再不能像明代那样把丁银装入私囊，他们更愿意以较低的

1 《宫中档雍正朝奏折》第3辑（台北故宫），第190页，雍正二年九月十四日高成龄奏折。

2 《宫中档雍正朝奏折》第3辑（台北故宫），第327页，雍正元年六月初八日，黄炳奏折。

3 李蕃：《雪鸿堂文集》卷一《编审均徭序》。

4 具体表现参见郭松义：《论“摊丁入地”》，载《清史论丛》第3辑，中华书局，1982年。

人丁数和丁银数上报。原来他们以此既能使上缴赋额易于完成，又能获得额外勒索的机会。因为民力一定，取于此便失于彼，正是基于国家赋税收入与私人利益存在矛盾的认识，官员们对于丁银的编征便报以消极的态度。这些情况，使得清朝封建政府的丁赋收入得不到大的突破。顺治十八年，著籍人丁 2106 万余丁，丁银 3008900 两[1]，经过多次编审，到康熙五十年为 2462 万余丁，丁银 3350000 余两。所增十分有限。

以上所述丁银编征中存在的矛盾，已经使得丁银的加增在事实上不可能了。另外，从清代前期的财政收入来看，主要的项目是田赋，其次是差役银、盐税与关税，丁银的数额所占比例很小，这从上节部分州县赋税征课项目的变动示例中也可看出。单就全国丁银增长与户部存银变动的比较来看，丁银在岁入中的分额也是很小的。清朝官方统计表明，顺治十八年，"直省徭里银 3008905 两有奇，米 21570 石有奇"；康熙二十四年，"银 3136932 两有奇，米 12715 石有奇"；雍正二年，银 3291229 两，米 12794 石，豆 26150 石。从顺治到雍正的这六十余年内，丁银总数才增加 28 万 2 千余两，米豆 1 万 6 千余石，每年增加的平均数额只 4000 余两，米豆 250 余石。而清朝财政自康熙二十年始即已好转，如上篇附表所示，户部库银存储数额自康熙四十七年始便超过 4000 万两，康熙六十年为最低年份，亦至 3200 多万两。两相比较，丁银的比重显而易见。所以，在丁银加增实已不能，而清廷国帑充裕，"国用所需，并无不足之虞"，其赋税征收的目标已实现的情况下，便将丁银数目固定下来，以康熙五十年全国著籍人丁 2462 万余丁为准，额征丁银 335 万余两。康熙将前述谕令交九

1 康熙《清会典》卷二三《户部七户口·徭银》。《清史稿》卷一二〇《食货志一》记为是年著籍人口 19203233 口。《清圣祖实录》卷五顺治十八年二月条：是岁人丁户口 19137652。

卿详加确议，不久九卿议上，“嗣后编审人丁，据康熙五十年征粮丁册定为常额，其新增者，谓之盛世滋生人丁，永不加赋”。[1]335万余两，便成了清前期丁银征收的定额。

（二）摊丁入地与赋税的定额化

“滋生人丁永不加赋”，其意义在于以政策法令的形式肯定了不增丁赋的有效性，杜绝了因追求丁银溢额在编征中虚报浮夸而形成的负担加重和贫富偏累。那么，如何保持康熙五十年这个丁银定额呢？著籍人丁有逃亡老故，缺额的添补必须妥善的解决，才能维持丁银常额。清政府针对这个问题在康熙五十五年作出解决办法，是年“覆准：新增人丁，钦奉皇恩，永不加赋，今以新增人丁补充旧缺额数，除向系照地派丁外，其按人派丁者，如一户之内开除一丁，新增一丁即以所增抵补所除。倘开除二三丁，本户抵补不足，即以亲族之丁多者抵补，又不足即以同里同图之粮多者顶补，其余人丁归入滋生册内造报。”[2]这样，户丁编审就必须继续进行，否则缺额人丁就不能用新增人丁来补足。只有在实际新增人丁顶补完了缺额丁数之后，其余人丁才能作为滋生人丁免征丁银。因此，对于实际新增的人丁而言并不是全不加赋，应当顶补的仍然要征派丁银，只有不需顶补的才不予征派丁银。这又为绅衿富户提供了作弊的机会。只要丁银编征继续存在，即使丁银总额固定，他们仍然可以用“滋生人丁永不加赋”颁行之前的惯技，规避丁赋，使丁银的征派仍然贫富偏累、舍富就贫。在摊丁入地前夕，许多大臣在奏折中对依然存在的丁银负担不均的现象及其危害进行了深刻的揭示。

雍正元年二月初十日，掌浙江道事云南道监察御史秦国龙在

1 《清朝文献通考》卷一九《户口考一》。

2 嘉庆《大清会典事例》卷二四三《户部·田赋》。

奏折中指出，“丁粮关系国计，而各省之丁制不同，即一省而各州县之丁制亦不同。臣籍隶山东，东省丁徭俱从人起，凡遇五年编审之期，富户巨族多贿嘱里长吏胥，隐漏不报，而贫民小户按口入册。一切力役，照丁起派，以致穷民输将无力，逃亡不免，一致逃亡，则累及亲族里社，追呼日扰，而国课多至虚悬矣。”[1] 富户巨族隐漏户丁不报，丁银负担全落在贫民小户身上，穷苦农民负担能力有限，不能完纳便至逃亡，最后造成国家赋税收入不能按数征足。曾任江南正考官的吴隆元，往返在途两月，回京后于雍正二年闰四月初九日具折称，“臣行至山东、江南，又访问丁银俱不派入地亩，民之无田而有丁者，艰于完纳。臣愚以为国家承平日久，生齿日繁，州县于编审之年，遵圣祖仁皇帝谕旨，不复增加丁数。虽有司不敢多征，而吏胥难免需索，有钱使用者隐漏，无钱使用者开报，此弊之所必有也。”[2] 只要编审存在，丁银总额方面地方官员不能多征，而吏胥为了满足自身的私欲，以给予使费的多少确定户丁的编征，也造成贫富偏累。

丁银抵补和编征方面的舍富就贫，一方面影响国家赋税的足额征收，另一方面又影响官员的考成问题。山西布政使高成龄对此深有体察，他在雍正二年九月十四日所上奏折中称，“晋省连遭歉岁，赝屋流移，我皇上继统登极，眷兹西土，捐帑以保民生，缓征以纾民力，招徕流移，豁免宿逋，是以感召天和，雨旸时若，嘉禾叠见，大有频书，固宜人知慕义，争先急公矣！而旧粮犹有逋欠，新粮亦有未完者，则穷丁之为累也。盖往日之饿殍不能复生，他乡之流民未尽复业，即现在穷黎多无恒产，或以执鞭为业，或以烧罐营生。富室田连阡陌，竟少丁差，贫民地无立锥，反多徭役，以致丁倒累户，户倒累甲，甲倒累里。晋省俗例，相沿已

1 《宫中档雍正朝奏折》（台北故宫），第 1 辑，第 81 页。

2 《宫中档雍正朝奏折》第 2 辑，第 552 页。

久。在民有苦乐不均之叹，在官有征收不力之参，官民交累，法宜变通。”[1] 实际上，这种情况在各地早就存在。雍正即位后面对康熙后期以来各省库项亏空累累的局面，加紧对钱粮的征收和管理，这就促使地方官员寻求更为可行的丁赋征收办法。那么，如何变通丁银的征收方式，以便百姓无苦乐不均、国课得以征足，而官员又免受惩罚？大臣们普遍主张摊丁入地。

前揭秦国龙雍正元年所上奏折，秦国龙根据自己在湖广任县令时的经验和在浙江等省访查的结果，认为湖广、浙江地区丁从地起的州县，以地的亩数为丁的多寡，以地的有无为丁的去留，可免穷民逃亡之累，也可免丁地分征之烦。由此，他奏请嗣后各省丁银均照湖广、江浙等省为例，俱摊入地。其办法为“通计人丁若干，地亩若干，按亩均派，其有转相买卖者，地去而丁亦随之，总使丁不离地，地即有丁，既免贫富不均之叹，亦免逃亡转赔之苦，更免吏胥贿嘱之弊，有裨国计，有便民生”。[2] 雍正元年六月初八日，山东巡抚黄炳在“敬陈穷民苦累请照按地摊丁以苏积困事”奏折中指出，浙江省丁银俱随地办纳，有田地者则有丁银，无田地者则无丁银，所以苦乐均平。而山东各州县地丁不相涉，以致穷丁逃亡，丁银虚悬。他称，“查各州县钱粮，地银十居七八，丁银十居二三。自康熙五十二年以后，盛世滋生人丁永不加赋，是丁银已有定数，即摊丁地内，所加无几。况有地之家坐拥膏腴，收取租利，虽少增不至费力，而无地之民，资生乏术，措办艰难，得豁除而苦累可免。今请将东省丁银援照浙省之例，摊入地亩输纳，其中裒多益寡，按亩分派，自当因地制宜，务期斟酌尽善。”[3] 那时雍正帝还未决心更张旧制。摊丁入地，为钱粮大事，不可轻举妄动，于是密令黄炳暗加探访。

1 《宫中档雍正朝奏折》第 3 辑，第 190 页。

2 《宫中档雍正朝奏折》第 1 辑，第 81 页。

3 《宫中档雍正朝奏折》第 1 辑，第 327 页。

雍正初年在全国范围内推行摊丁入地，是从雍正元年九月批准直隶于次年实施开始的。直隶所属各州县丁银偏累穷民的现象，与山东等地同样严重。直隶巡抚李维钧在任县令知州时已深悉其弊。在较黄炳六月八日上奏稍晚的元年七月，李维钧疏称顺天、保定、河间、永平、宣化五府，地多旗圈，丁银留为民累，请从雍正二年始摊入通省地粮内按地输丁。[1]只是因为富户巨室，皆非所乐，必有阻止其事的，而摊丁于地，事关更定赋役旧制，部中只知成例，恐不肯变通而议不准，本月十二日，李维钧便上奏折，请旨乾断，以使丁银摊入田粮内征收，使无地贫民不致苦累，而州县征收也更为容易。雍正在折中朱批称，“此略早了些，更张之事在丰年举行好，候部议来再定”。[2]八月初六日，李维钧奉旨进京陛见，雍正面谕称，“摊丁千古更张之事，你才做巡抚，不要轻举”。雍正元年九月初八日，李维钧请将丁银摊入田粮一疏，经户部议覆应如所请，自雍正二年为始，将丁银均摊于地粮之内，造册征收。又经九卿遵旨议覆，降旨仍照户部议行。[3]李维钧请求摊丁入地的出发点，据他称，“臣止因直隶无地穷丁起见，而北五府丁浮于地，尤为苦累，故条奏摊丁，未尝议请通行各省”[4]，是为着解决直隶的实际问题起见。然而，各直省丁银征派存在着相同的矛盾，自直隶雍正二年实施摊丁入地始，这一措施便相继在全国各直省推行开来，成为一项全国范围的重大赋役改革，从而建立起新的赋税征收制度。

摊丁入地在全国各直省实行的具体情况，学者已有深入的研究，此不赘言。这项重大的赋役改革措施对于清朝封建国家赋税收入的影响，是使康熙五十一年确立的丁赋定额得以真正落实。

---

1 《清史列传》卷一三。

2 《宫中档雍正朝奏折》第1辑，第477页。

3 《清世宗实录》卷一一，雍正元年九月戊戌。

4 《宫中档雍正朝奏折》第1辑，第861页，雍正元年十月十六日李维均奏折。

摊丁入地通过合并课税依据，地丁赋税均出于田亩，消除丁银编征环节，进而也免除了丁银编征可能滋生的弊端，使封建官府的赋税催征更为容易，同时为清政府的赋税收入提供了保证。从对赋税收入长期变化趋势的影响而言，摊丁入地利用地亩变化稳定的特点，把康熙不加丁赋的基本政策贯彻到田赋征收的所有方面，使得此后清政府的赋税征收体制呈现出鲜明的定额化特点。要理解这一点，就得从地亩本身的特点及其承担的赋税状况加以说明。

摊丁入地以解决丁银征收的办法，实际上在明代实行一条鞭法改革时便出现了，只是当时还处在个别州县自行推行的阶段。在清初，除一些州县仍然沿袭在明代已实行的摊丁入地办法外，一些未曾实行过摊丁入地的州县也采取以田补丁的办法，解决缺额丁银的征收问题。按照常理，丁银编征当以实际丁数为准，但在事实上，清初是把万历原额摊派在现有人丁身上，实行包课的办法。我们知道，清初人丁和地亩较明万历原额都有大幅度的降低，这样一来，一部分丁银便失去了征收依据。地方官为了向朝廷缴足丁银，只好加重现有人丁的负担，将逃亡故绝的人丁额银摊增在现存人丁身上。由于百姓承受能力有限，其结果是“现丁亦变为逃丁，而逃丁永不能复为现丁”[1]，丁银的征收难以保证。为解决这种以原额为基准虚拟编征带来的矛盾，一种新的办法诞生了，一些地方官仍然保留丁银，又不增加额丁负担，只将一部分无着丁银摊派到田粮内进行征收。山西沁州，安徽灵璧、泗州，浙江青田，福建漳州府属龙溪、漳浦、海澄、诏安等，都曾实行过这种以田补丁的办法。[2]这种办法的可行性表现在哪里呢？原来它决定于当时人们对丁粮关系的认识，“粮有一定而易辨，丁无

1 许瑶：《延民疾苦五条》，嘉庆《延安府志》卷七四《文征三条议》。

2 参见前引郭松义：《论“摊丁入地”》一文。

一定而难稽。有粮者为富民，虽丁过实数而不过虐取；无粮者为贫民，虽丁有隐漏而不失宽仁”。[1]这种看法，一是从税源的稳定性着眼，“粮有一定”既指地粮的征税依据地亩为不动产，固定而不移异，也指征税粮额相对稳定，增减不大；二是从负担能力取决于地亩占有的多少着眼，具有一定的合理性，所以能在一定程度上行之有效。不过，这种办法在清初也有不良影响的一面，因为“丁既不足，不得不派征于田，于是有田者益累”[2]，这就影响了垦荒的进行。所以也有异议。

及至康熙年间人丁地亩均因经济的恢复有所增加，丁银征派主要依赖正常的人丁编审来进行，丁银编征中舍富就贫的弊端又日益严重，以致影响国课的完纳。这时人们又把目光转到土地田亩上，从丁地的比较中，寻求解决丁银征收的办法。我们以曾王孙、盛枫的意见为代表，来看一下主张按地亩多少征收丁银的理由。

曾王孙在《勘明沔县丁银宜随粮行状》中，分析了沔县（今勉县）附近一些州县自明末以来丁随粮行的情况，又针对当时沔县丁粮的严重不均，竭力主张丁随粮行。他提出了三条主要的理由。第一，“舍粮编丁，可以意为增减，若一概从粮起丁，则买田者粮增而丁亦增，卖田者粮去而丁亦去，永绝包赔之苦”。第二，“就丁论丁，弊端百出，若照粮编丁，则岁有定额，富者无所庸其力，贫者适得其常，一清吏胥之弊”。第三，“丁与粮分，则无粮之丁无所恋而轻去其乡。丁随粮行，则丁皆有土，有所籍而不致流亡。里甲不累，考成不碍”。[3]三条理由归结为一点，都是从地亩的不动产特性和地粮赋额的定额性出发，以解决丁银编征中的弊端及其对丁银征收的不良影响。

1 魏世杰：《魏兴士文集》卷二《与邑令宋公疏》。

2 赵吉士：《万青阁自订文集》卷二《重修交城县志序》、《志丁赋小序》。

3 曾王孙：《清风堂文集》卷一三《汉中录·勘明沔县丁银宜随粮行状》。

丁银的征收以丁为准，则弊端尤多。盛枫说，“丁之害，莫甚于江以北、淮以南。何者？区方百里以为县，户不下万余，丁不下三万。其间农夫十之五；庶人在官与士夫之无田及逐末者十之四；其十之一则坐拥一县之田，役农夫，尽地利，而安其食租衣税者也。今田税而外，举一县之丁课，征什一于富民，宽然而有余。其十之九，非在官则士夫也，否则逐末者也，其最下则农夫之无田者也。彼既以身役于官，焉能复办一丁，士夫既委身朝廷，亦当不附此例。逐末者贸迁无定，且骫于法外以求幸免。势必以十九之丁，尽征之无田之贫民而止。贫民方寄食于富民之田，值丰岁规其赢羡以给妻子。日给之外，已无余粒。设一遭旱潦，尽所有以供富民之租犹不能足。既无立锥以自存，又鬻妻子为乞丐以偿丁负。为吏者上格于国课，下迫于考成，且为剜肉补疮之计，鞭垂囚系，忍见其转死流亡。故逋赋愈多，而贫民愈困。”这种丁课征收的缺陷对于国家财政和贫苦百姓都不利。所以盛枫进一步主张，“善变法者，不若并丁之名而去之，条目归于一，人既易知而事不繁，何用巧立催科以滋文案乎？且仍立丁名，则富民意中若代贫民偿丁，故去之善”。[1]

基于类似的看法，河南太康县，四川芦山，湖南衡山、衡阳、安化县，湖北沔阳州，直隶乐亭县等在康熙五十一年以前都实行或筹议实行摊丁入地。只是由于各地田亩虽有定额，而丁数有增减，所以摊丁入地在执行上有困难。康熙五十一年颁行“滋生人丁永不加赋”后，由于丁银编征矛盾依然存在，一些中央官员便力主在全国范围内实行摊丁入地。其中以康熙五十五年御史董之燧最早上疏提请，他申述实行此法的理由称，“续生人丁永不加赋，皇上轸念民生高厚之恩，真有加无已。但现在人丁尚多偏苦，各省丁制亦有不同，有丁从地起者，丁从丁起者。丁从地起者其

1 盛枫：《江北均丁说》，《清经世文编》上册，第735～736页。

法最善，而无知愚民每每急求售地，竟地卖而丁存。至于从丁起者，凡遇编审之年，富豪大户有嘱里书隐匿不报，而小户贫民尽入版册，无地纳税，亦属不堪，一切差役，俱照丁起派。田连阡陌坐享其逸，贫无立锥身任其劳。既役其身，复征其税，逃亡者有所不免，一遇逃亡，非亲族赔累，则国课虚悬，现在人丁之累也。嗣后既不增额，则有定数可稽，臣请敕部行文直隶各省地方官，确查各县地亩若干，统计地丁、人丁之银数若干，按亩均派，在有地者所加无多不为苦，无地者得免赔累实幸”。[1] 五十一年丁银额固定了，却难以真正落实，由于丁银的具体征课对象人丁并不能固定，遂有借编审在贫富之间转移，舍富就贫，所以仍有实行摊丁入地、稳定征课对象的必要。清廷并未采纳他在全国范围内按亩均派丁银的建议，但就在这年，户部议准“广东所属丁银，就各州县地亩分摊”。[2] 全省规模的摊丁入地自此开始。在此前后，四川也实行了“丁随地起”。[3]

前述雍正初年主张实行摊丁入地的大臣奏折中，地亩的稳定性也是所申述的理由之一。因此，从“不加丁赋”令前后来看，地亩自身的稳定性特点，都是主张实施摊丁入地的重要理由。在康熙五十一年“滋生人丁永不加赋”令颁行前，因地粮岁有定额，摊丁入地也可，使丁赋不致随意加征；在此之后，丁赋虽有定额，但不能在征收过程中顺利征足，国库虚悬，利用地亩不易变动的特点，把定额丁赋摊入地亩，使得“永不加赋”政策得以真正落实。

摊丁入地改革，使清政府从此建立起定额化赋税制度。固定了的丁银总额摊入地亩之中，使丁银的征收得到保证，而地亩又具有稳定性的特点，其数量变动长期起伏不大，这就使得清政府

1 乾隆《江南通志》卷六八《食货志·田赋》。

2 《清朝文献通考》卷一九《户口考一》；《石渠余记》卷二《纪丁额》。

3 《清世宗实录》卷三，雍正元年正月辛巳条。

的赋税收入长期处于相对稳定的水平，呈现出鲜明的定额化特点。不过，地亩也可因人为的原因有增长的现象，比如开荒的增加和虚报垦荒（如雍正时期出现的那样），但就雍正以后的垦荒情况来看[1]，只要政府实行较合理的政策，土地溢额出现的可能性不大。政府要扩大收入来源，地丁方面已失去可能，这就是摊丁入地在赋税收入方面的定额化制度约束。

从以上赋税制度建立和完善的具体情况的分析，我们知道，康熙的不加丁赋令，首先使丁银总额固定下来。雍正年间的摊丁入地，利用地亩稳定性的特点，使得康熙年间固定下来的丁银总额更易于征足，为财政收入的充实提供保证。同时，由于地亩增长变动不大，地丁合一实际上是使得清代赋税正项的总额长期处于相对稳定的水平。所以，从清代封建国家的赋税收入角度来看，它的赋税制度表现出鲜明的定额化特点。

三 不完全财政与定额化赋税制度

清政府在顺治、康熙年间所确立的高赋额及赋税项目简化的基础上，于康熙后期始逐渐确立起定额化赋税征收制度。我们知道，赋税收入是财政支出的源泉，财政支出的范围和量度又会对政府确立赋税征收目标的高低产生影响，两者存在着相互联系、相互制约的密切关联。清朝的定额化赋税征收是为什么样的财政支出范围服务，而财政支出政策又对这种定额化的赋税征收产生怎样的影响，这都是探明赋税政策不可忽略的问题。我们在讨论了清初所确立的赋税征收原则及赋税制度的定额化特点后，便试图从清代财政政策着眼，通过对清代财政收支关系的分析，进而对清代定额化赋税征收作出评价，说明其存在的制度缺陷。

1 乾隆帝在统治的各个时期多次反复声称荒田地垦辟已尽。

（一）不完全财政及其表现

清政府在财政支出方面所确立的范围是由财政经制来体现的。“国家出入有经，用度有制”，[1]所谓“经制”，是指国家每年正常的财政收支都有相对固定的额度，并由《会典》、《则例》等法典式文献予以规定。无论社会经济情况发生怎样的变化，均不得突破经制所规定的支出范围和额度。这种经制所限定的财政支出范围和额度，并未完全为中央和地方各项事务的经常性用度提供充足的财力保证。事实上，中央和地方许多行政事务的经常性开支都被排除在经制所规定的支出范围之外。这些未列入财政支出的部分在实际开支中，只能谋求财政外的其他途径来解决。这种不能因事设费在制度上即存在支出缺口的财政，我们称之为不完全财政。

不完全财政在清代支出制度方面的主要表现，是官吏薪俸的低微、地方公费的缺乏和军费开支的不足。

清代官俸之薄，人称“亘古未有”。[2]清初定立官员薪俸时，沿袭的是明代的低俸禄制度。顺治初年，规定在京文武官俸柴直，比照故明旧例，折色支给。就文职而论，正一品米 1044 石，折支俸银 215 两 5 钱 1 分 2 厘；从一品 888 石，折支俸银 183 两 8 钱 4 分 4 厘。正二品 732 石，折支俸银 152 两 2 钱 7 分 6 厘；从二品 576 石，折支俸银 120 两 5 钱 8 厘。正三品 420 石，折支俸银 88 两 8 钱 4 分；从三品 312 石，折支俸银 66 两 9 钱 1 分 6 厘。正四品 288 石，折支俸银 62 两 9 钱 1 分 6 厘；从四品 252 石，折支俸银 54 两 7 钱 3 分 6 厘。正五品 192 石，折支俸银 42 两 5 钱 5 分 6 厘；从五品 168 石，折支俸银 37 两 6 钱 8 分 4 厘。正六品 120 石，折支俸银 35 两 4 钱 5 分；从六品 96 石，折支俸银 29 两 8 分

1　程含章：《岭南集》，《论理财书》，《清经世文编》上册，第 650 页。

2　何刚德：《客座偶谈》卷一。何刚德并言其原因称：“或曰洪承畴有意为之，以激怒汉人。而不尽然也。一因满人占额太多，不敷支配；一因人心厌乱，容易服从也。”

4厘。正七品90石，折支俸银27两7钱9分；从七品84石，折支俸银25两8钱9分6厘。正八品78石，折支俸银24两3钱2厘；从八品72石，折支俸银22两7钱8厘。正九品66石，折支俸银21两1钱1分4厘；从九品60石，折支俸银19两5钱2分。[1]在折支俸银外，自正一品至从九品俱支本色禄米12石。同时，从直堂笔帖式到尚书、内阁大学士每人给予10~144两不等的柴直银。京外文官俸银与京官一例按品级给发，而不支禄米与恩俸。这种折俸所依据的折银率并不一致，从九品至正六品，一石米约折白银0.3~0.33两；从五品至正四品，一石米折白银在0.22两左右，从三品到正一品，一石米折白银则为0.21两左右。根据当时的时价来看，这种折银率实际上是使得职官的俸禄较之明代降低了数倍[2]。即使加上不分品级给发的12石禄米和按品级高低所给的柴直津贴，较之明代也相差很大，而无柴直禄米的外官就所得更少。

顺治四年，清政府建立起新的职官俸禄制度。在京文武官员的额定俸禄支给情形有如下表：

品　级	俸银（两）	禄米（斛）
正从一品	180	180
正从二品	155	155
正从三品	130	130
正从四品	105	105
正从五品	80	80
正从六品	60	60
正从七品	45	45
正从八品	40	40
正九品	33	33斛1斗1升4合
从九品	31.51	31斛5斗2升

1 《清世祖实录》卷十，顺治元年八月。

2 据《钦定大清会典事例》卷二四九，台湾新文丰本第10册，第8382页。

在外文职，除比照在京文职各按品级支给俸禄外，还给各级职官支给特设项目公费银两，其情形有如下表：

职　官	项　目	银（两）
1. 总督	岁支薪银	120
	蔬菜烛炭银	180
	心红纸张银	288
	案衣什物银	60
2. 巡抚	岁支薪银	120（兼副都御史衔） 72（兼佥都御史衔）
	蔬菜炭烛银	144
	心红纸张银	216
	案衣什物银	60
3. 学政及巡按、巡盐巡茶、巡仓各御史	岁支薪银	36
	蔬菜烛炭银	180
	心红纸张银	360
4. 左布政使	岁支薪银	144
	蔬菜烛炭银	80
	心红纸张银	120
	修宅什物银	48
	案衣银	52
5. 右布政使	岁支薪银	144
	蔬菜炭烛银	40
	心红纸张银	40
	什物案衣银	40
6. 按察使	岁支薪银	120
	蔬菜烛炭银	80
	心红纸张银	120
	什物银	48
	案衣银	52
7. 知府	岁支薪银	72
	心红纸张银	50
	修宅什物银	50
	案衣银	20
8. 知县	岁支薪银	36
	心红纸张银	30
	修宅什物银	20
	迎送上司伞扇银	10

顺治九年，裁州县修宅什物银。十三年又规定，“直省文职各官岁俸，并心红纸张银仍照例支给外，裁柴薪蔬菜烛炭银”。[1]康熙八年再裁心红纸张等余项公费银，只按官员品级支给俸禄，遂为定例。这样，官员的用度便更为拮据。

清代职官俸禄之低，在顺治元年初定官员俸禄仍照明朝旧例折色支给时，便引起了异议。任源祥在《制禄议》中称，“有明官制，上仿成周，而俸给则大远于古。额数既少，又折支焉，甚非养廉之道也。三代以上姑无论，即如汉太守号二千石，实食一千二百石，中二千石，实食一千石。今正一品岁禄一千四十四石，是三公之俸，已不及汉太守实食之数矣。内本色俸三折色俸二，除支米十二石外，支银二百一十五两零，是三公实食之俸，不及汉三公属僚实食之数也。等而下之，至从九品，除支米十二石外，岁该银十九两零。计八口之家，谓足以代其耕否乎？且一品至九品皆支米十二石，是无等杀也。折色俸徒有其名，而以无用之钞关支，是导欺也”。[2]额数与汉代比较已大为悬殊，又以无用之钞支发，实际上是将官俸问题置于不顾的境地。及至康熙八年六月廷议进一步裁减心红纸张等项银两时，御史赵璟上疏指出，“查顺治四年所定官员经费银内，各官俸薪、心红等项，比今俸银数倍之多，尤为不足。一旦裁减，至总督每年支俸155两，巡抚130两，知州80两，知县45两。若以知县论之，计每月支俸3两零，一家一日，粗食安饱，兼喂马匹，亦得费银五六钱，一月俸不足五六日之费，尚有二十余日将忍饥不食乎？”[3]官员所获得的薪俸，实不足以维持最基本的日常用度。雍正年间，工部左侍郎郝林在奏折中也说：“窃维人臣事君，敬其事而后其食，岂宜计及于禄糈。

1 《钦定大清会典事例》卷二五一，新文丰本第10册，第8401～8403页。

2 任源祥：《制禄议》，载《清经世文编》上册，第435页，中华书局。

3 蒋良骐：《东华录》卷九。

但常人之情，公私兼顾，倘食用不敷，亦足为身心之累。查例年旧例，在京汉官，自一二品以至八九品，每年俸米俱关十二石，人口少者，或足四个月之用，人口多者，仅足两个月之用，其余月份俱费拮据。自皇上御极以来，大小臣工无不谨凛奉法，兼之内外隔绝，无复馈遗之事，饔飧之计，实有不能自给者。"[1]清政府在财政支出方面没有给官员薪俸予以合理的安排，存在很大的缺口。

在地方公费方面，同样缺乏相应的财政支出安排。我们知道，在明代，地方政府除了田赋的存留部分可以自行支配外，各种差役折银也不上交中央，地方政府有较充足的财源以办理地方事务。而在清朝初年，如上篇所述顺治康熙年间为取得统一战争的胜利，采取了集聚财力于中央的严厉措施，一方面大量裁扣地方存留银两上解中央以充军费，一方面在赋役合一运动中各种差役折银也纳入起运的范围。这种中央和地方在经费使用方面所形成的格局，并没有随着战争的结束而有所改变，中央政府反而将其作为经制沿袭下去，影响到此后各个时期。这就使得地方政府除了中央财政所支发的微薄薪俸外，没有其他行政经费。地方官员有各种行政事务和中央各部所差派的事项，必须办理，均缺乏相应的财政经费安排，形成很大的缺口。康熙帝时已意识到这一问题的严重。康熙二十五年二月二十九日，大学士觉罗勒德洪、明珠、王熙等以折本请旨："九卿会议布政使张仲举条奏，请裁无益之费等事，应准行。"康熙对大学士等说，"解运钱粮官员路费与青衣皂隶工食可以裁否？"王熙奏道："解官路费不过七八省，所费者少，可以姑留。青衣皂隶直省十一处皆设，所费颇多，似应裁革"。康熙接着说道，"直隶各省存留钱粮，原系预备本处地方各项支发，遇有缓急需用，便于通融接济，以纾民力。今若再行裁减，恐支应不敷，致借端科派，重

1　转引自庄吉发：《清世宗与赋役制度的改革》，第188页。

累小民。尔等可再问九卿。”[1]对裁减存留款项极为关心。三月初二日，对此事又进行廷议。明珠等覆奏称，“臣等遵谕传问九卿等，皆云我等以张仲举身系经管钱粮之官，既称当裁，必有确见，故议准行。我皇上睿照深远，洞悉民隐，特谕臣等云，若将存留各项尽行裁革，恐不肖官员复行私派，百姓反致受累。且经费短少，虽有廉吏，亦无补苴之策，睿见极是”。康熙又道："朕节省钱粮，原为百姓留余之意。若将存留经费通行裁革，恐复致私派，苦累小民。督抚身任地方，其应裁应留，知之必悉。着将此意票出，令其详议具奏。”[2]康熙二十六年九月初六日，户部题闲散衙门公费应行裁革，康熙帝指示称，“户部议节省钱粮固是，但微员皆赖此用度，仍着照现行例行。”[3]他注意到公费设立的必要。

但在存留的裁与不裁的执行上，中央主管部门从自身的职守出发多置地方的利益于不顾，诚如在钱粮蠲免上所持的态度那样。康熙十八年八月二十六日，山东巡抚施维翰陛辞时奏言："在外条奏，如请蠲免等事，部议多不允行，未免掣肘。”康熙说，“总督、巡抚从一省事起见，部臣从天下事起见。目前军兴之际，需用钱粮，全赖山东、江南等省协济。朕非惜蠲，但部臣恐国用不敷，故多不议允耳”。[4]所以，即使康熙注意到存留不可随意裁减，但实际上仍实行大量裁减以壮大中央的财力。及至康熙五十六年五月初七日在对大学士马齐等的谈话中，康熙也说，“现今库银积聚甚多。从前各省俱有存留钱粮，有此项钱粮公事费用，于地方百姓大有裨益。不知何年入于应解项下解交矣。今每省地方存留钱粮数目若干，着查明具奏”。[5]地方经费

1 《康熙起居注》第 2 册，第 1442 页。
2 《康熙起居注》第 2 册，第 1445 页。
3 《康熙起居注》第 2 册，第 1667 页。
4 《康熙起居注》第 1 册，第 426 页。
5 《康熙起居注》第 3 册，第 2391 页。

因此长期虚悬。

不完全财政的第三个主要的表现是军费开支的不足。清代前期的常额军费，只有主要部分兵饷马乾由国家财政支销。事实上，在官兵俸饷、马乾、米折等的支销之外，尚有许多经常的不可或缺的支销，按其性质也应当归入常额军费的范围。这部分费用主要包括兵器制造之费、火药制造之费、军事工程与修造营房之费、驿站工食与转输之费、武职养廉与红白事例之费，等等。这些项目的绝大部分经费，都未列入财政支出的范围，而是由清朝地方政府筹措。以船舰、火炮等大型兵器的制造修缮之费为例，由于需用金额巨大，其经费来源便包括五个途径：（1）在汇入地丁项下的兵器加征银内动支。如顺治十六年福建制造各种战船所需银两，即分别从“胖袄裤脚银”、“牛角弦箭银”、“军器盔刀甲银”内动支。（2）在地方耗羡存公银内动支。如乾隆四十一年，台湾修造战船用银 6251 两，便在乾隆三十九年地丁存公并台属耗羡银内分别动支。（3）在地方藩库银内动支。如雍正七年广东拆造外海船用过工料银 2763 两，照例在地方司库银内动支。（4）在地方官员的捐俸以及官商士民的捐助等银内动支。比如乾隆二年，山东巡抚法敏奏称，“自康熙四十四年议定小修部价每一百两津贴银八十两，大修部价每一百两津贴银七十两，拆造部价每一百两津贴银六十两，皆取给于通省捐存俸工之内”。[1]（5）在兵饷朋扣银内动支。如乾隆二年，两广总督鄂弥达称，广东内河船只从前原系地方文武捐造。凡遇修造，俱于朋扣银两动支。[2]除了（1）（3）两项可以算是从税收款项中支出外，其他各项均在财政范围外谋求经费来源（地方耗羡存公银，从其渊源来看属于正额赋税外的私自加征，不属于财政税收的范围）。此外，如武职养廉的经

1 《明清档案》第 71 册，第 39 件。

2 参见陈锋：《清代军费研究》，第 209 ~ 210 页，武汉大学出版社，1992 年。

费来源，[1]乾隆四十六年设定绿营武职养廉之时即明确规定，武职养廉银两，在耗羡盈余及一切闲散银内尽数动支。如有不敷，或须动用正项，奏明请旨。[2]也就是说，武职养廉的经费来源主要出自耗羡等银，基本上不从正项地丁钱粮内动支。这从清政府财政的经制范围来看，也在初定的财政之外。这几项费用的年支出额不低于 500 万两。[3]雍正中期之前全国饷额总数约 1900 万两，雍正末年以后全国饷额的总数约为 2600 万两。由此可见，清代常额军费开支在财政上所存在的缺口。

战时军费的支出方面，也存在财政供给不足的现象。关于战时军费的报销，清朝规定有所谓正销与外销的区别。“正销”，是指按照军需则例或报销成案而奏销的款项；而“外销”，是指费用超过例案所规定的限额，又没有特旨恩准的款项，所谓“实用有据，核于成例不符，归入外销”。凡列入外销的款项，除非蒙特旨豁免，一般情况下不得在国家财政内报销，而由承办军需官员或用兵地方官员分摊，或称“摊捐”，或称“摊扣”、“分赔”，等等。每次战争的军费不能在国家财政内报销之款，一般数额都很大，占报销之款的 10%甚至更多，道光十二年镇压湘粤瑶民起义之役的外销款额，竟占实用军费的 1/2。[4]外销之款的归款方式，除有关官员摊捐外，还有绅商报效归款和加征“帮贴银”两个途径。加征帮贴银是更直接地把战争经费放在百姓头上，如乾隆六十年上谕称，“孙士毅奏廓尔喀军需各款案内，有民间帮贴一项，……所有此次办理廓尔喀军需项下民欠银 89 万余两，即著该部行

1　地方文官之养廉，乃因耗羡归公而设，其来源是地方地丁耗羡，而其时清政府视耗羡为财政范围外的地方收入。武职养廉的解决理应为中央之事，而最终仍由耗羡而非地丁正项收入支出，耗羡的性质也在变化。

2　嘉庆《大清会典事例》卷二一〇《户部·俸饷》。

3　上引陈锋书，第 222 页。

4　前揭陈锋书，第 277 页。

文孙士毅，于承办之督抚司道及局员名下摊赔，如果不能，朕加恩酌免，未尝不可，毋得再向里民征收”。[1]可见，在战时军费的支出方面，也存在很大的财政缺口，而所缺经费均属实用有据，当支而不予在财政内安排。

薪俸的低微、地方公费的缺乏和军费支出的不足构成清前期不完全财政的主要内容。这些经费不可缺少，不能在财政支出中获得来源，便必然谋求其他弥补的途径，并进而对正额赋税征收产生影响。

（二）不完全财政与定额化赋税征收

清代财政支出方面的不完全特性，是由什么决定的呢？按照清政府所恪守的量入为出原则，它实际是由财政收入所决定的。所以，要了解不完全财政制度的根源，就应当从分析财政收入结构及其特征入手。

清代财政的基本收入，一般说来，主要包括四大项，即：田赋（地丁）、盐课、关税和杂赋。它们在清代前期的比重变化有如下表：[2]

单位：万两

时　间	地丁银		盐课银		关税银		杂项收入		总　额
	岁入	比例	岁入	比例	岁入	比例	岁入	比例	
顺治九年	2126	87%	212	9%	100	4%			2428
康熙二十四年	2727	88%	276	9%	120	4%			3123
雍正三年	3007	86%	443	13%	135	4%			3585
乾隆十八年	2398	72%	701	17%	430	11%			4069
乾隆三十一年	2991	61%	574	12%	540	11%	749		4854
嘉庆十七年	2953	74%	579	14%	481	12%			4013
道光二十一年	2943	71%	747	18%	435	11%			4125

1 《清高宗实录》卷一四八七，乾隆六十年九月乙丑。

2 据何本方:《清代户部诸关初探》，《南开学报》1983 年 3 期。

清代的田赋征额是固定的，因受“永不加赋”的限制，不能随意增加，所以表中的地丁银项目的绝对岁入数额变化的幅度不大。而就其在总岁入中所占比例来看，虽有下降的趋势，但仍然是全部收入项目的大宗。盐课银和关税银以及杂赋起初均有定数，但由于其课税的方法与地丁银以地亩面积大小而定（而不是以产量）不同，它们是以产量和流通量的多少来征税的。这样，随着生产的发展，盐产量和商品流通量扩大，盐课银和关税银收入也因而升高，在总收入中所占的比例相应加大。但就清前期而论，它们增加有限，而且有时还有减少。田赋、盐课、杂赋收入，嘉庆十七年共银4004.4万两，同乾隆十八年相比，前后六十年间只增加6.3%，分别计算，田赋增加10.9%，杂赋增加6.5%，盐课减少13.3%。[1] 所以，这些项目仍非财政支出的主要来源，财政支出的经费仍主要来自于田赋地丁项收入。田赋地丁银的征收体制便决定着清政府的支出格局。在清朝统治者的观念里，由于主要收入来源田赋地丁稳定不变不能增加，以此为基础在战时经济时期（顺康年间）形成的不完全财政支出格局也便保持下来。

这种财政收支的相互关联，我们也可从个别年份的财政收支结构分析中得到说明。以下是乾隆三十一年的收支结构（见下表）。

1 参见彭泽益：《清代财政管理体制与收支结构》，《中国社会科学院研究生院学报》1990年第2期。

乾隆三十一年岁入岁出明细表（单位：两）

岁入		岁出	
项目	银数	项目	银数
地丁	29917761	满汉兵饷	17037000
屯赋银	784902	王公百官俸银	938700
盐课	5745000	外藩王公俸银	128000
关税	5415000	文职养廉	3473000
		武职养廉	800000
芦课	122500	京师各衙门公费饭银	143000
鱼课	24500	内务府、工部、太常寺、理藩院祭祀，宾客备用银	560000
茶课	73100	采办颜料、木、铜、银	21000
落地杂税	358000	织造	140000
田房契税	190000	宝泉、宝源局工料银	107700
牙、当等税	160000	满汉兵赏恤	300000
矿课（有定额部分）	81000	八旗添设养育兵	422000
耗羡	3000000	恩赏旗兵钱粮	380000
常例捐输	3000000	京师各衙门胥吏工食银	83300
		京师官牧马牛羊象刍秣	83600
		河工岁修银	3800000
		驿站钱粮	2000000
		科场学校廪膳等银	140000
		更定漕船料银	120000
共计：岁入银 田赋征粮	48871763 8017700 石	共计	30677300

资料来源：《清史稿·食货志》，并参考《清朝文献通考》及魏源《圣武记》。

从表中可以看出，收入项中，田赋地丁银占整个岁入的大宗。支出项中，职官俸禄及养廉、常额军费占整个支出的主要部分。该年岁入岁出银数相抵，结余近 200 万两。表中所有的各项支出，均为常例支出，也就是经常性的财政支出数额。而收入项的常例捐输，从其经费的性质和形成的渊源来看，是财政范围外的收入。清朝财政的盈亏就是以这种定额化地丁银为中心的岁入与常例支出数额相比而来的。这是一种正常时期的收支状况，从中可见，这种常例支出的额度主要决定于地丁银收入。地丁银固定化了，常例支出也随之固定化，其他税项即使有增加，由于在清朝岁入体系中的非主导地位，也不能作为财政完全化的条件。从此我们也可以看出，清政府的赋税征收目标是满足经常性财政支出的需要，只要在常例收支相较犹有结余，便实行蠲免。

我们知道，清代中央政府所掌握的实际岁入，除了定额化的赋税收入外，还有以下途径：

（1）盐商捐输。根据薛宗正和叶显恩的统计，乾隆朝共捐银36865708两。[1]赵翼《檐曝杂记》和《清史稿》所记材料表明，这些捐银中“十全武功”的战时捐银达18250000两，占军费总支出123520000两的14.77%。这种战时捐银占乾隆朝总捐银数的49.5%。[2]可见其为满足军需的主要筹资途径。

（2）捐纳。暂行捐纳银数各时期不同，常例捐输银岁入额是300万两。[3]关于捐纳的产生及其用途，许大龄先生称：“考康雍乾三朝之军需捐纳，多供侵略之用。故时国家鼎盛，财力尚足自给，唯不欲以兵费牵动政费，故另外筹款，势不得不恃捐纳为唯一之弥补。且以为是尚不致扰民。”到了嘉道咸三朝，“内乱频仍，捐纳不止济军需，且以之资国用矣”。[4]比如河工事例的出现，在康熙以前，遇有河工，一般都是让沿河州县，拨派民夫修理。乾隆年间，才全由财政负责岁修经费，一年不过百余万。到嘉庆中加

1　据薛宗正：《清代前期的盐商》（载《清史论丛》第4辑）一文统计，捐银数为27205519两，叶显恩《明清时代徽州农村社会与佃仆制》第131～135页“康熙至嘉庆年间款额统计表”中薛文未载的尚有“备公”等项数额9660189两，两者相加即得此数。

2　据赵翼：《檐曝杂记》卷二《军需各数》；《清史稿》卷一二五《食货志·会计》计算出军需银数。

3　参见许大龄：《清代捐纳制度》，第110～111页。

4　许大龄：《清代捐纳制度》，第110～111页。

价南河，遂至 300 万，又加上东河 200 万，河工岁修支出迅猛增长，清政府又以捐纳为之弥补。举凡赈灾、营田等也以捐纳为筹措经费的途径。

（3）追逐关税盈余。乾隆朝实行盈余溢额议叙例及盈余考核比较法。“各关征税，国初定有正额，后货盛商多，遂有盈余。而司榷者竟货取以求胜，于赢余一项，更有比较上三届最多年分之例，见好者因日渐加增，缺数者亦时多赔累”。[1]乾隆十八年关税 433 万两，“当时天下最为富饶，商贾通利。其后司事者觊觎久留其任，每岁以增盈余，至于乾隆六十年加至 846 万有奇”。[2]直至嘉庆己未三月，才“分别减核，著为定额。其三年比较之例永停”。[3]

（4）盐斤加价，有加数文者，有加一文或半文的，最初为例外，后演为经常之举。如雍正元年湖广总督杨宗仁奏称，“再查两湖地方，百姓素无积蓄，奚堪盐价逐渐增长，穷民每兴咨嗟。揆厥所由，总因各官多贪盐规，商人借长盐价，均在百姓身上盘剥。即如总督衙门盐规，渐次加至四万，所以从前一钱一包之盐价，今则公然要卖至一钱五六分一包也”。[4]

（5）摊征。主要有两项，一是公摊养廉，“凡河工军需等项，例不能销，及弥补亏空赔累者，皆取之于此，甚至州县一缺，所摊之数有浮于养廉者”。[5]二是因河工等摊征民间。

（6）报效银、议罪银及其他赋税外收入。清代每当皇帝或皇太后整旬寿辰，便向各省商民、中央以及地方官员摊派和勒索，

1 姚元之：《竹叶亭杂记》。

2 昭梿：《啸亭杂录》卷四《关税》。

3 姚元之：《竹叶亭杂记》。

4《湖广总督杨宗仁奏禁革节礼盐规折》（雍正元年四月二十日），《雍正朝汉文朱批奏折汇编》第 1 册，第 262 页。

5 萧一山：《清代通史》（中），第 332～333 页。

这就是所谓“报效银”。乾隆时，此风最盛。如乾隆五十五年举行庆典，预估支出银 1144200 两，而实际收到报效银竟达 996205 两，为庆典支出提供了绝大部分财源。在乾隆时期，还有让官员交纳“议罪银”来免除惩罚或减等发落的规定。在这些项目之外，每次巡幸及年节之时，官员和商人都要大量进献金银财物。

以上这些收入都为中央政府所掌握，从其来源来看，不是正常的税收在财政收入的范围之外。而从其支用的性质来看，也非为满足经常性财政支出的需要，它用为战时军费、皇帝巡幸挥霍。所以这笔数目可观的银两的收支在清代财政收支外另成一个相对独立的系统。比如有人论及捐纳对于清代财政的意义称，捐纳是平衡收支的第一道防线，而积储才是第二道防线。[1] 也就是说，有了捐纳这第一道防线，才使第二道防线不致轻易被突破。实际上，清朝财政支出的安排从未为非常的用度（战时军费等）作过制度上的筹画，上列非财政范围内的收入也不能作为财政支出完全化的经费来源，它们是非常情况的经费筹措，其用途早在经费筹措之前就已确定。经常性财政支出的经费来源，惟有依赖于以地丁田赋为主的财政收入。[2]

正是由于清代财政收支的上述格局，定额化的赋税征收体制便不能使不完全财政的面貌有根本的改善。

---

1 周伯棣：《中国财政史》，第 415～416 页。

2 嘉庆、道光以后清廷的岁出岁入统计表明仍有结余，如嘉庆十七年，岁入 4113 万，岁出 3510 万，尚有盈余。道光二十一至三十年，户部奏每岁入数 3800 万至 4200 余万不等，出数三千七八百万不等，岁计仍略有盈余（参见萧一山：《清代通史》（二），第 359～360 页，中华书局本）。但实际上财政支出的缺口甚大，赋税实征额日益减少。这说明岁入的形成与赋税外收入加大有关，而岁出仍固定在以地丁为主的财政收入为基础的水平上。只有在此意义上才有结余。这种结余的计算口径不是以财政实际应该满足的经费额为准，而是以经制数额为准。

（三）不完全财政的危害与养廉银制度

不完全财政的特点是在财政支出上当支而不支，形成财政支出缺口。那么要按照清政府的命令完成各项缺乏经费安排的事务，便必须谋求其他的筹措经费途径。正是这种情况衍生出一系列的弊端。

首先，官员俸禄低微，促使官员在施政过程中贪污行贿、额外苛索。由于官吏俸薪菲薄，“不取之百姓，势必饥寒。若督抚势必取之下属，所以禁贪而愈贪也。夫初任不得已略贪赃，赖赃以足日用，及日久赃多，自知罪已莫赎，反恣大贪。下官贿以塞上司之口，上司受赃以庇下官之贪，上下相蒙，打成一片”。[1]这种由俸禄低微造成的必贪之势，顾炎武从历史的比较中进行了深刻的论述，他说：“昔者……汉宣帝神爵三年（前 59 年）诏曰：‘吏不廉平则治道衰，今小吏皆勤事而俸禄薄，欲其毋侵渔百姓难矣，其益吏百石已下俸十五。’光武建武二十六年（50 年）诏：‘有司增百官俸，其千石以上减于西京旧制，六百石以下增于旧秩。’晋武帝泰始三年（267 年）诏曰：‘古者以德诏爵，以庸制禄，虽下士犹全上农，外足以奉公忘私，内足以养亲施惠。今在位者禄不代耕，非所以崇化本也，其议增吏俸。’唐时俸钱，上州刺吏八万，中下州七万，赤县令四万五千，畿县上县四万，赤县丞三万五千，上县丞三万，赤县簿尉三万，畿县簿尉二万。而白居易为周至尉，诗云‘吏禄三百石，岁晏有余粮’，其江州司马厅记曰‘唐兴，上州司马秩五品，岁廪数百石，月俸六七万，官足以庇身，食足以给家’。”而且，“前代吏皆有职田，故其禄重，禄重则吏勉而廉”。与此相反，“今之制禄不过唐之什之二三。彼无以自赡，得而不取诸民乎”。由此，顾炎武得出这样的论点：“今日贪取风所以胶固于人心而不可去者，以俸给之薄而无

1 蒋良骐：《东华录》卷九。

以赡其家也。”[1]关于这种因俸禄低微引起的贪取行径之性质，或称“官俸既薄，而庶人之在官者，薪工亦随之亦薄。禄不足以代其耕无论矣，而纸张之给价，几于有名无实。论者所以有以弊养人之说。而不知弊之徇于私者，谓之弊。逼于势者，不得谓之弊”。[2]由于这种贪取行径有“逼于势”的借口，其危害便严重而难以消除。诚如任源祥所说，“以律言之，职官自俸给外，但有所取，分毫皆赃。既乏衣食之资，又乘得为之势，而一介不取，非中人以上不能。吾恐三百年来，完人可屈指数耳。其初文具相取，上下相蒙，其究贪墨成风，虽严加诛戮不能止，则制禄使然。所节者小，所亏者大也”。[3]俸禄低微是贪风不止的重要根源。

其次，地方公费的缺乏和军费供给的不足，必须由地方官员及有关军务官员设法解决。如何设法？张玉书在《请杜设法名色疏》中称，“方今民穷财尽，多因有司私派。在廷诸臣，人人能言之。而有司敢行私派，无所顾忌者，每借口督抚之宪檄与内部之咨文。盖每年正供赋额，各有抵销，遇有别项费用，部臣辄请敕该督抚酌量设法，不得动用正项钱粮。在部臣之意，原以各省事难遥度，须本地方官从长商榷，庶无贻累小民，法非不善。但百姓除正供粮税外，别无余物可以设法。名为设法，实则加派而已。夫额外因事量增，原应一时不得已之用。独是部文一下，贪婪官吏借端侵渔，本应设处者十之一，而私派者已十之五。百姓但见奉部文转行，不敢复向有司问多寡之数”。[4]其筹款办法，就是向百姓直接加征。地方公费的另一个筹款办法是由地方官吏捐助俸工，比如湖广总督杨宗仁在雍正元年五月十五日所上奏折中

1　顾炎武：《日知录·俸禄》。

2　何刚德：《客座偶谈》卷一，上海书店，1983年。

3《清经世文编》卷一八《吏政四·制禄议》。

4《清经世文编》卷二六《户政一》。

便称，“查湖广州县以上俸工，报捐已经十年，总无分厘给发，责成官役枵腹办事”。[1] 这表面上是出自官员吏胥的薪俸工食，实则仍派于民。诚如雍正所言，“夫官吏俸工，特为赡养伊等家口而设，原不可少”。[2] 官吏衣食无着，便向百姓苛索，与前述“设法”的性质相同。军费供给不足，由有关军务官员摊赔，官员的职守是治兵，其应付摊赔的办法也只有向地方勒索，负担最后仍然落在百姓的身上。财政支出不足，使得官员在筹措地方公务经费和军费时不得不越轨犯禁，败坏官风，同时引起社会矛盾的加剧。

在清初，地方官员都把弥补财政供给不足所形成的缺口之途径，渐渐集中在火耗的征取上。火耗的由来及其病民情形，顾炎武在《钱粮论》文中称，“原夫耗之所生，以一州县之赋繁矣，户户而收之，铢铢而纳之，不可以琐细上诸司府，是不得不资于火，有火则必有耗。所谓耗者，特百之一二而已。有贱大夫焉，以为额外之征不免于吏议，择人而食，未足厌其贪婪，于是藉火耗之名为巧取之术。盖不知起于何年，而此法相传，官重一官，代增一代，以至于今。于是官其赢十二三，而民以十三输国之十；里胥之辈，又取其赢十一二，而民以十五输国之十。……解之藩司，谓之羡余；贡诸节使，谓之常例。责之以不得不为，护之以不可破，而生民之困，未有甚于此时者矣”。[3] 火耗名目，为官员苛索勒取提供了名正言顺的便利途径。

清世祖御极之初，谕令革除明代弊政，凡正额外之一切加派，尽行蠲免。顺治元年七月，天津总督骆养性启请豁免明季加派钱粮，但征正额及火耗，每两加火耗三分。摄政王多尔衮以此为贪

1 《雍正朝汉文朱批奏折汇编》第 1 册，第 401 ~ 402 页。

2 《清世宗圣训》卷五《圣治》，雍正元年九月丁亥上谕户部。

3 《亭林文集》卷一。

婪积弊，严行禁革，如有违禁加耗者，即以犯赃论，审实论斩。[1]同年十月，清世祖颁即位诏，令有司征取钱粮时，但取正额，凡分外侵渔、秤头火耗，俱重科加罚。其巧取民财者，亦严加禁约，违者从重治罪。清廷禁令虽严，但直省州县，仍私征重耗，将禁令抛诸脑后。康熙四年正月，康熙帝因闻守令贪婪，于征收钱粮时暗加火耗，或指公费科派，或向行户强取，藉端肥己，献媚上司，故令科道官察访纠参。[2]实际上，地方官员已把火耗征收作为弥补官俸不足和筹集公务费用的当然途径了。

官俸的低微，“不足以代耕”，使得地方官吏已不把俸银当一回事了。康熙十五年，由于从事平定三藩之乱的缘故，清廷停发府州县官的俸银，府州县官照样办事，并未提出抗议。因为地方官需要的钱太多，足额发俸也不解决问题，不发俸关系也不大，反正他们都是要从各个方面去搜刮银两，征收火耗是捞取银两的主要途径。康熙二十八年九月十二日，新任浙闽总督兴永朝陛见，“上问曰:‘湖南所收火耗何如?’兴永朝奏曰:‘臣严禁裁革，已减七八分矣。臣焉敢欺皇上？若断绝外官火耗，则外任实不能度日。’上曰:‘然。’”[3]康熙帝也直接承认在外职官的日常生计和用度必有赖于火耗。

地方经费缺乏财政来源，又致使地方各级官府侵挪正项钱粮，导致钱粮亏空。康熙四十八年十一月初十日，康熙谕大学士等称，“适科臣郝林条奏各省钱粮亏空。郝林但知州县钱粮有亏空之弊，而所以亏空之根源未之知也。凡言亏空者，或谓官吏侵蚀，或谓馈送上官。此固事所时有，然地方有清正之督抚，而所属官员亏空更多，则又何说？朕听政日久，历事甚多，于各州县亏空根源，

1 《清世祖实录》卷六，顺治元年七月甲午，据骆养性启。
2 《清世祖实录》卷一四，康熙四年正月壬辰谕户部。
3 《康熙起居注》第3册，第1899页。

知之最悉。从前各省钱粮，除地丁正项外，杂项钱粮，不解京者尚多。自三逆变乱以后，军需浩繁，遂将一切存留项款，尽数解部。其留地方者惟俸工等项必不可省之经费，又经节次裁减，为数甚少。此外则一丝一粒，无不陆续解送京师，虽有尾欠，部中亦必令起解。州县有司，无纤毫余剩可以动支，因而有那移正项之事。此乃亏空之大根源也”。[1] 存留大量裁减，地方经费缺乏，成为亏空的主要根源。地方官为了弥补亏空，又把目光转向火耗。康熙六十一年十月，康熙上谕称，“巡抚噶什图密奏，欲加通省火耗以完亏空。此折朕若批发，便谓朕令加征，若不批发，又谓此事已曾奏明，竟自私派。定例，私派之罪甚重。火耗一项，特以州县官供应甚多，故于正项之外，略加些微，以助常俸所不足，原属私事。若公然如其所请，听其加添，则必致与正项一例催征，将肆无忌惮矣，所以将噶什图奏折申饬批发”。[2] 康熙默认加添火耗，只是不愿承担加添之责，把它作为公开的政策。火耗征取是地方官的“私事”，康熙听凭地方官自行办理。

雍正即位，便着手整顿财政。地方官在以耗羡弥补亏空的同时，倡议耗羡归公。首先提出这个倡议的是山西省高级官员。雍正元年五月十二日，山西巡抚诺岷到任后，便将山西通省火耗约 50 万两，酌定数目，分析款项，除应给各官养廉及各项公费计银 30 万两外，将每年扣存耗银 20 万两，留补无着亏空。[3] 提解耗羡由省府支配。耗羡归公的理由和归公后的用途，我们可从雍正二年六月初八日山西布政使高成龄的奏议中知其梗概，他针对内阁允许征收火耗而不允许提解火耗上归藩库的条议指出：“……故正赋以供国用，耗羡以养廉员，治人食人，相维相系，是此耗羡者，

1 《清圣祖实录》卷二四〇。

2 《清圣祖实录》卷二九九，康熙六十一年十月甲寅上谕。

3 《高成龄奏折》（雍正三年二月八日），《宫中档雍正朝奏折》第 3 辑，第 822 页。

百姓之银钱，即朝廷之财赋，乃皇上体恤群臣通院司道府而酌盈剂虚以补其常俸之不足，非专为州县而设也。”如果照内阁条议所称，把耗羡视为州县应得之物，而上司不宜提解，实际上是未考虑耗羡与节礼彼此相因关连这个最基本的事实。“上司不提解耗羡，属官必呈送节礼。自督抚司道府厅，量其权势之重轻，定其规礼之厚薄。端阳、中秋、新年、生旦名为四节；四节之外又加表礼；表礼之外又有土仪；土仪之外又供时鲜。”这样一来，“下既送节礼以媚上，则有所恃而生其挟制，必致肆行而无忌；上既贪节礼以取下，即有所闻，而碍于情面，亦将徇隐而不言。损名节，败官常，朘民膏，亏国帑，实由于此”。如果禁止馈送，一概不许收受，则“不肖上司必将寻隙勒诈，别生事端，恣其无厌之求。即有淡薄自甘者，思欲屏绝馈遗，而上司衙门别无出息，枵腹办事，反不如州县各官安享厚利，谁能堪此？”所以，从全面解决上下官员的薪俸微薄出发，“州县耗羡银两自当提解司库，听凭大吏分拨，以公众之耗羡为公众之养廉。天理人情之至，王法所不禁也”。其次，从全省办公经费而言，“耗羡提解于上，则通省遇有不得已之公费，即可随便支应，而不分派州县。上司既不分派，则州县无由借端科索里甲，是提解火耗亦可禁绝私派，岂非因时制宜安上全下之要务乎？”耗羡解归藩库，全省公务经费有出，支应方便，且把经费来源限制在火耗范围内，不需别行加派。第三，从减轻百姓负担来看，也有益处。“近如山西一省，现将州县火耗逐一详查，逐一酌减，较之昔日，轻其大半。又钦奉上谕，旧欠钱粮分为三年带征，民力宽纾，乐随正项完纳。若不限以一定之数，则小民将无所遵依，而不肖州县反得任意多征。今既固封粮柜，又较定分数，州县不能入己，谁肯多征？是提解耗羡，即禁止滥加，亦抚字之一法”。第四，耗羡提解，对于上级官员执行政令，也提供方便。“又谓公取分拨，非大臣鼓励属员之道。殊不知上司即清慎禔躬，亦必有请幕宾、养家口之费。与其暗收馈遗，常怀贪赃之惧，何如明分养廉，共拜圣主之赐。且既不受馈遗，则亦无所瞻徇，廉洁者荐之，贪污者劾之。正大光明，严威整肃，未必非砥砺廉隅之道也”。[1]

雍正二年七月初六日，雍正帝颁谕在全国范围实行耗羡归公。在谕令中，雍正陈述了火耗存在的理由和耗羡归公的必要。关于火耗的存在，他说，“州县火耗，原非应有之项，因通省公费及各官养廉，有不得不取给于此者。朕非不愿天下州县丝毫不取于民，而其势有所不能”。这个“势”，就是不完全财政在制度上形成的官俸和公费支出缺口。耗羡必须归公上交藩库，在雍正看来，这主要是为了加强管理。第一，历来火耗，皆州县经收，而加派横征，侵蚀国帑，亏空之数，不下数百余万。追溯其原因，州县征收火耗，分送上司，各上司日用之资，皆取给于州县，以致耗羡之外，种种馈送，名色繁多，“故州县有所藉口而肆其贪婪，上司有所瞻徇而曲为容隐。此从来之积弊，所当剔除者也。与其州县存火耗以养上司，何如上司拨火耗以养州县乎？”耗羡支配权转归上司，有利于整顿贪婪积弊。第二，“现今州县征收钱粮，皆百姓自封投柜。其折封起解时，同城官公同验看，耗羡与正项同解，分毫不能入己。州县皆知重耗无益于己，孰肯额外加征乎？是提解耗羡，既给上下养廉之资，而且留补亏空，有益于国计。若将州县应得之数扣存于下，势必额外加增，私行巧取，浮于应得之数，累及小民。况解交督抚，则显然有据；扣存州县，则难保贪廉。此州县羡余之不可扣存者也”。关于提解耗羡的政策性质，雍正说，“今提解火耗，原一时权宜之计，将来亏空消除，府库充裕，有司皆知自好，则提解自不必行，火耗亦可渐减”。而火耗也不应定以分数，“惟火耗不定分数，倘地方遇差多事繁之时，则酌计可以济用，或是年差少事简，则耗羡即可量减矣。又

1 《高成龄奏折》（雍正二年六月八日），《宫中档雍正朝奏折》第 2 辑，第 733 页。

或偶遇不肖有司，一时加增，而遇清廉自好者，自可减除矣。若酌定分数，则将来竟为成额，必致有增无减”。[1]

耗羡归公完补亏空后，便主要用于弥补官俸和公费的不足。雍正二年，山西布政使高成龄等议覆提解耗羡，奉旨准行后，从归公耗羡中支给各官养廉银两便合法化，各直省相继办理，从而建立起养廉银制度。自总督至知县各级官吏，都根据事务的繁简，确定了支给数额不等的养廉银。比正俸多数十上百倍。[2]乾隆年间，京官、武职都给予相应的养廉银。

养廉银制度所起的作用，首先是改变了长期以来各级官府公私费用无所出的不正常情况，使它们有了经常的、合法的经费来源，一定程度上弥补了不完全财政的缺陷。关于此点，或称“地方经费也因而明确化、预算化，这在实施地方行政方面，可说是一大进步”。[3]但它还有一个重要的作用，在耗羡归公改革中，各省普遍降低了耗羡的分数，而在养廉银制度建立的同时，规定各级官吏除俸给与养廉银以外，原则上不得别有所取，对各项陋规进行了查禁和裁革，使长期以来漫无限制的私征加派受到了约束。所以养廉银制度实际上是用公开弥补俸薪不足和公费无出所形成缺口的办法，对官吏的私自征取加以限制和管理。

在雍正眼里，归公耗羡仍是财政范围外的项目，而且其开支的地方公用也是地方官的私事，所以雍正帝在位期间始终强调不能把耗羡与正项混为一谈。雍正五年八月二十六日山东巡抚塞楞额上奏请求用余存耗羡银挑浚徒骇、马颊二河，雍正朱批称：“此

1 《清世宗实录》卷二二，雍正二年七月丁未上谕。

2 养廉银数额各官不同，总督在12000～30000两，知县在600～2000两。乾隆十二年，乾隆对各省督抚的养廉银，进行了一次普遍调整，养廉银数额趋向定形。参见《东华录》。

3 日·佐伯富、郑梁生译：《清代雍正朝养廉银研究》，第137页，台湾商务印书馆，1975年。

项万万用不得耗羡”。并在奏折尾幅批谕：“以公完办，非此等事也。各项亏空补足时，少留有着之项，将来必有归于无着者，或补此尚可。如地方修理道路桥梁，或添补州县买补存仓谷石，疏通沟洫之用。如再有余，此项原系地方官所得中物，当养廉内酌量增加，令州县从容些，极好之事。如果此等之需尽皆丰足有余，则举减耗之事，方万全之事也。总言耗羡一项，公用万万使不得，地方之公用，乃私用之公用，非国家之公用也。详悉朕意，一概如此料理就是了。再无有令各省余出耗羡数百万为国帑之理，是何体也？若如此则提耗羡一极好之善事，成大笑谈矣！”[1]正是基于这种认识，雍正五年河南耗羡征存大增，雍正便在河南巡抚田文镜所上奏折中批称，“耗羡如许之多。要他何用？可想与地方公务应者用，不令存贮太过方是。或加恩与官吏，或施恩与百姓亦可”。[2]在耗羡的管理上，一些地方官员具折奏请咨部以记出纳，雍正也指出这“原系见小之举”。因为“若将耗羡银两，俱比照正项钱粮具题报销，相沿日久，或有不肖官员指耗羡为正项，而于耗羡之外，又事苛求，以致贻累小民”。[3]

随着时间的流逝，雍正不希望看到的情况终于出现了。乾隆五年正月乙丑上谕内阁称，“国家一应赋税，无论正杂羡余，凡征之官府者，均系出之闾阎。究其实乃以天下之物力，供天下官弁兵民之用。雍正十三年六月内曾奉皇考谕旨，将各省耗羡存公银两，敕令清查，原属防微杜渐之至意。朕嗣位之初，念耗羡不同正项，从前原未定有章程。……今看各省情形，渐滋冒滥，若不早加整顿立法防闲，必致挪移出纳，弊窦丛生。……户部可行

1 《宫中档雍正朝奏折》第 8 辑，第 767 页。

2 《田文镜奏折》（雍正六年五月二十八日），《宫中档雍正朝奏折》第 10 辑，第 508 页。

3 《清世宗实录》卷四三，雍正四年己丑上谕内阁。

文各省督抚，将地方必需公费，分晰款项，立定章程，报部核明汇奏存案。嗣后务将一年之内额征公费完欠杂支，同余剩未给各数目，逐一归款。……其收数内有拖欠未完者，分别应否著追。其支数内有透动加增者，分别是否应给，有无挪移亏缺之处，俱于岁底将一切动存完欠确数及扣贮减半平余银两，造册咨送户部核销。”[1]中央财政主管部门户部直接干预耗羡收支，在管理上把耗羡视为正项。乾隆七年在廷试策题中，即以耗羡为主题，要应试文士提出意见。乾隆在策题中并称，“议者犹訾征耗羡为加赋，而不知昔之公项皆出于此而有余，今则日见其不足，且动正帑矣。是以徒被加赋之名，而公与私交受其困而已矣。将天下之事原不可以至清乎？抑为是言者率出于官吏欲复耗羡者之口乎？”[2]经过这年大学士九卿及各省督抚的讨论，也把雍正看做权宜之计的耗羡归公作为永久的定制确立下来。

这种耗羡管理和性质上的变化，使得它的作用也发生变化。归公耗羡原为养廉经费，而现在它起不到养廉的作用了。乾隆十年孙嘉淦论及这一情形时称，“嗣因各省督抚办理有不能谨慎者，于雍正十三年钦奉谕旨，令按年造册，随同正项钱粮送部核销，自是以来，定例日加密矣。每有动支，无论多寡，必先报部，不准则不敢擅动矣。随同正项造册报销，不合例则驳令追赔矣。夫督抚之办地方公事，原有后不可以为例而一时不能不然、报部不准开销而情事必不容已者，赖有此项银两通融接济，则官不赔而其累不及于民。今随同地丁钱粮报销，则与正供不复能有差别，而凡地方公事之不容已而又不准销者，必须赔垫，上司赔则取偿于属员，而馈送之路开；属员赔则取偿于百姓，而重戥征收因公科敛之端起。然则耗成正项，耗外加耗之弊，虽峻防之，其流有

1 《清高宗实录》卷一〇九。

2 罗福颐辑：《国朝史料拾零》，第46～49页。

所不能止也”。[1] 这样一来，官员们将养廉银作为个人收入全数装入私囊，地方公费又至虚悬。雍正让各直省督抚“自行度量”[2] 的耗羡征用，这时在中央部门的严格监管之下，地方失去了任何灵活性，又把目光转向加派，形成耗外之耗。

所以，耗羡归公和养廉银制度只在一定条件下弥补了不完全财政所形成的支出缺口。随着耗羡管理和性质的变化，这个缺口又有增大的趋势（如上篇所述，中央政府也伸手于耗羡以解决有关用度）。

在乾隆中期以后，在赋税定额化的条件下，由于物价上涨，清政府财政不完全的程度更趋严重，支出缺口更形加大。不仅原已存在的俸薪、地方公费和军费供给不足更趋严重，而且原来财政支出充足的部分也因物价上涨、经费有常形成新的缺口。

在上篇我们曾说明从乾隆中期始以米价为中心的全国物价总水平上涨了近四倍。嘉庆十九年桂芳也曾指出：“康熙、雍正及乾隆之初，民间百物之估，按之于今，大率一益而三，是今之币轻已甚矣。而官之俸、兵之饷，所得者币耳。民间如富商巨贾，皆操币以逐利者也。绅士吏胥、僧道役夫奴仆，皆以币为衣食者也。惟百工与农，需币者少，而亦不能以缺。币轻则用繁，天下无三倍于昔之币，而有三倍于昔之用。官吏庶民，俱汲汲以患不足者，直是故耳。而取民之制，如赋税之入，不能以其币轻而益之。至于国帑岁下，虽循常则，而有司竭蹶，则必他有侵冒以为取偿。而如河工料价军需口粮之属，已多溢于例矣。”[3]

这种物价上涨，首先是使养廉银的作用更近于无。早在确定养廉银制度时，“两司以上之养廉，不无稍厚，而州县以下，未

1　孙嘉淦：《办理耗羡疏》，《清经世文编》卷二七《户政二》。

2《清世宗圣训》卷六《圣治》，雍正六年四月壬寅上谕内阁。

3　桂芳：《御制致变之源说恭跋》，《清经世文编》卷九《治体三》。

免犹薄，剧如江浙，瘠如川黔，虽多寡悬殊，其不足于用则一”。[1] 所以清人即尖锐指出，“养廉者，其名；而养不廉者，其实也”。[2] 货币贬值，养廉银所代表的价值减少，更无补于薪俸之薄与地方公费的缺乏。其次，“河工料价军需口粮之属”，在开支方面，所需经费额增大。而财政供给则因“赋税之入，不能以其币轻而益之”，不能相应扩大，赋税金额固定缺乏调高的弹性，便造成新的财政支出缺口。[3] 这些缺口不能由财政经费所填补。诚如《清史稿》所言，“自是（乾隆三十一年）至道光之际，军需、河工、赈务、赔款之用，及历次事例之开、盐商等报效、修河工料之摊征，凡为不时之入供不时之出者，为数均巨，然例定之岁入岁出仍守乾隆之旧”。[4] 又只有谋求别的途径，从赋税外苛派以求获得经费来源。

（四）加派浮收与地丁正项的亏空拖欠

不完全财政对清朝政府的行政来说，造成两方面的后果。一方面，由于薪俸低微，地方公费缺乏和军费供给不足等财政缺口的存在，地方官将为了完成职守应付各方面的支应谋求非法的经费筹措途径，对中央政府的有关法律条规形成冲击。由于有较正当的理由，他们的私自征取对中央政府形成倒逼之势，使清廷在政策执行和管理上被迫放松。比如在地方文官方面，以耗羡为填补私囊的行为，清廷最初是严行禁止，继而是加以

1 陶正靖：《吏治因地制宜三事疏》，《清经世文编》。

2 同上。

3 乾隆中期以后财政缺口的扩大，也与政府扩大支出范围有关。比如乾隆四十六年诏令将亲丁名粮虚额“挑补实兵”6万余名（《石渠余记》卷二《纪列朝各省兵数》），议给绿营武职养廉，相当于每年增饷135万余两（八旗，绿营的武职养廉银岁费共152万两余），此项原定在耗羡盈余及一切闲散款银内尽数动支，但后来“因耗羡无存，遂致动用地丁正项”。（《清朝续文献通考》卷六九《国用七》）

4 《清史稿·食货志》，中华书局标点本（十三），第3703页。

默认，最后是以耗羡归公和养廉银制度的建立加以有条件的限制，并在制度上加以承认。武职俸薪的微薄，最初是自行影占虚冒兵额，以求占食粮饷来补助用度，康熙四十二年始，对绿营将领实行“亲丁名粮”制度，对其影占虚冒兵额加以有条件的限制，这实际上也是使非法变为合法。这种相互作用的机制，便使清朝政府在政策的执行上，法不行，行不果。虽然反复宣称禁止加派，禁止挪用，但加派浮收和挪移之弊，仍行泛滥，且日益恶化。另一方面，由于地方官将自行加派浮收的泛滥，便影响了地丁正额赋税的征足和完纳，造成清廷赋税征收失控。因为百姓的负担能力在一定条件下保持在特定的水平，地方官将勒派浮收，人民的脂膏已尽，便无力完纳正赋。官员挪用地丁钱粮，国赋正课也不能如数完解。两者都形成亏空，对于国家财政造成最直接的威胁。下面我们就加派浮收对地丁正项完纳造成的危害进行分析。

关于多征加派影响正额赋税的完纳，康熙帝早就觉察到了。康熙帝曾经明确指出，钱粮宽征，断不缺额（参见上篇）。雍正帝也认为正项钱粮不能完纳的一个重要原因是浮派加征，他说，“夫正供之项，小民无不乐输。缘不肖有司，每于额外浮派以求赢余，或朘民脂膏希图肥己，或上司勒索借为逢迎以致吏胥乘间中饱。百弊丛生，小民不胜苦累。遂有奸猾之徒，得持官府之短长，抗粮包揽，任意拖欠，醇良者亦输纳不前矣”。[1] 由于地方官及胥吏在赋税征收过程中先行“分配”赋税收入，国家财政便受到损害。田文镜任河东总督时在雍正六年九月初八日也曾上奏指出正项不得完纳的原因在加耗加派，他说：“至于火耗太重，正项不完者，其故何在？臣查东省耗羡，统系加一八，内除解费添平并存县办公银两外，悉行解司。而州县则征加二、加二五、加二七八

1 《清世宗实录》卷六七。

不等，耗重而民力不支，是以艰于输纳……从来大法则小廉，上行则下效，州县之加耗加派，其利全不入州县之手，其罪全不在州县之官。自巡抚布按两司道府直隶知州同知通判，皆不得而辞其责也。山东州县不论大中小，每州县给养廉银一千两，而上司陋规每年却用至三四千两，断不可少。即有上司不得而归公者，亦有上司不收而纵容书役家人索取者。如州县进见一次，必索门包，巡抚衙门必得十六两，布按两司必得八两，粮道衙门必得十二两，驿道衙门必得五两，兖宁道衙门必得八两，巡道衙门必得五两，本府本州衙门必得十六两，同知通判每衙门必得三四两，此各州县谒见上司之难。及解丁地钱粮，则有鞘费、部费、敲平、饭食、验色、红簿、挂牌、草簿、寄鞘、发鞘、劈鞘、大门、二门、内栅、外栅、巡风、付子，实收投批投文茶房等名色，每解银一千两，约需银三十两不等。又解黄蜡、牛角、弓面、轻赍席幕盐钞、临仓使费、河银解费、驿站使费、起解夫马小建、闰月裁减各役小建等银，添搭奏销部费册费、稿房册费、粮佥部费、外房使费册费、本府封筒民壮帮贴、本府更夫炮手听差厨役水火轿伞等夫起解课程、按察司刑名部费，以上各项约得二三千两不等。上司之需索不已，则各属之供应实难，不能不向小民而加耗加派。”[1] 加耗加派便转而影响正项的完纳。

清政府赋税征解亏空拖欠的情况无时不有，自嘉庆时便恶化起来。嘉庆五年正月壬戌上谕各省督抚称，“大抵州县亏空，不畏上司盘查，而畏后任接手。上司不能周知，盘查仍须书吏，临期挪凑，贿嘱签盘，况为期迫促，焉能得其真实？此所以不畏上司盘查也。惟后任接手，自顾责成，无不悉心查核，书吏亦自知趋向新官，不能隐藏册簿。然此皆向来之弊，非近年情形。近年则新旧交相联络，明目张胆，不特任内亏空未能弥补，竟有本无

1 《宫中档雍正朝奏折》第 11 辑，第 285 页，田文镜奏折。

亏空反从库中提出带去，名曰做亏空。竟移交后任，后任若不肯接收，则监交之员两边说合，设立议单。其不肯说合者，又令写具欠券，公同书押，以国家仓库作为交易。实属从来未有之创举”。[1]

赋税征收中，积欠也越来越多。嘉庆五年正月丙寅上谕内阁称，“据户部奏，各省积欠自嘉庆三四年以来，不下二千余万。……外省地方官于应征钱粮往往挪新掩旧，以征作欠。每遇有协拨之项，辄以本省现有急需为辞，其实正项虚悬，是以不得不为挪移掩饰之计”。[2]地方官吏在赋税征解上敢于向中央提出挑战，原在有地方急需的借口。地方征存未解的问题十分严重，嘉庆十九年四月癸亥上谕内阁称，“户部奏请，饬催各省州县征存未解银两开单呈览内：江苏、安徽两省嘉庆十四年奏催案内未解银 300余万两，迄今数年，不特报解无几，而征存者转益加多，现在此两省共未解银 660 余万两；山东省亦增至 50 余万两；其甘肃、云南、直隶、福建、广东等省亦均有未解银两”。地方官究竟在干什么呢？“明知经费未裕，琐琐焉议于常赋之外，设法巧取，而置分应提催之款于不办，岂非本末倒置，公私罔辨乎？”[3]在官吏巧取的同时，地方绅衿也起而对抗赋税征收，造成民欠。嘉庆二十年一月甲辰上谕内阁内称，“粤东额征地丁，现尚有未完银十三万七千余两。此内南雄仁化共有五万余两。潮阳、揭阳劣衿大户，包纳抗拒，甚至差役不敢下乡催征”。[4]清政府的赋税征收和递解在这时已完全失控了。道光时这一情况更加严重。清朝财政已陷入难以自拔的困境。

清政府赋税征收失控有多方面的原因，以上我们从财政收支

---

1 《清仁宗实录》卷五七。

2 同上。

3 《清仁宗实录》卷二八九。

4 《清仁宗实录》卷二九〇。

的角度进行了分析。从中可以看出，定额化赋税征收是不完全财政的基础。财政的不完全特性助长了加派浮收的泛滥，并使清政府在政策上对这种不合法的行为作出让步，人民的实际负担由此一层一层地累积起来，日形加重。另一方面，由于各级官吏向人民私行巧取，耗尽百姓的脂膏，使百姓无力完纳国家正赋。赋税征收失控，国家财政状况一天天恶化起来，陷入困境。在这个因果链中，从赋税制度着眼，症结在于赋税征额的固定化，它不能根据形势的变化作出有弹性的调整，最终导致法定征收外私行巧取的泛滥，官僚豪绅中饱私囊，国家政权与基层百姓交受其困。

必须指出，加派浮收的泛滥，除了财政制度上的原因之外，更重要的原因在于封建制度本身。在封建制度下，各级官僚要尽可能多地掠取财富，这是一种不可阻止的强大趋势。即使在财政支出上给予了充足的经费，也仍然避免不了贪掠巧取的泛滥（其具体情形下篇将作分析）。只是在这一过程中，由定额化赋税决定的不完全财政，助长和加速了封建官僚队伍的腐化程度，并反过来影响正额赋税的如数征收。

中篇（下）　赋税日常调整与赋额变动趋势

本篇研究赋税政策内容的第二个方面赋税的日常调整。康熙雍正年间赋税制度的建立和完善，使清代赋税政策的基本方向确立下来，直至清末迄无制度性的根本变化。然而，赋税制度在付诸实践和赋税政策在执行过程中，不得不根据变化了的社会条件，因时制宜，因地制宜。实际上，清代各时期的统治者都根据自身面临的具体赋税征课问题，发布诏令，采取措施，对赋税征课额度和原则进行适时调整，并将它作为日常行政的重要内容。这种赋额及赋税原则的日常调整，也充分体现出清代赋税政策的内涵和倾向，是我们研究赋税政策时不可忽视的部分。在本篇中，首先，我们以作为政策制定重要依据的朱批奏折为中心，论述清代赋税调整的类型和原则。其次，通过对直隶正定府田赋结构和赋额变迁的个案研究，对赋税日常调整的影响作出数量上的说明。最后，结合部分直省和全国赋额变动的总趋势进一步说明赋税调整对赋额变动的影响程度，并以此对正定府个案研究结论提出佐证。

一　赋税调整的类型及原则

清代赋税的日常调整包括赋额调整和赋则调整两个方面的内

容。下面我们对这两个方面调整的类型和原则分别进行论述，然后以两个重要税种即丁银和更名田赋税的调整为例，进一步说明清政府赋税调整的政策倾向。

（一）赋额调整的类型及原则

赋税征额的调整是整个赋税政策调整的基本方面，它直接关系到纳税人的赋税负担和国家财力的大小，集中地体现出清政权的赋税政策倾向和意图。下面我们将赋税征额调整的不同情形，分别加以考察。

1. 重赋即浮粮的调整

重赋浮粮是赋税科则远高于一般地区而形成的不合理高赋税额。这类重赋的形成一般有较长的历史根源。清朝政府对此类重赋的调整持极为审慎的态度。其具体调整的情形，以江苏苏、松、太三府州，江西南、袁、瑞三府等地为代表。

江苏苏、松、太重赋，尤以苏松为重。苏松重赋是明朝洪武年间朱元璋因该地区为张士诚所据实行惩罚措施及以江南为重心的特定财政政策的结果。清建立后，在该地区仍实行重赋政策。仅苏州一府，9 万余顷土地，只占全国土地的 1%强，每年所交纳的税粮却多达 250 万石，占全国税粮总额近 10%。这种过高的赋税征额远远超过了当地农业生产者的负担能力。江苏布政使慕天颜称，顺治到康熙初年的苏松钱粮，无一官曾经征足，无一县可以全完，无一岁偶能及额。[1]从康熙初年起，江苏地方官因催征钱粮熟悉当地百姓的困苦以及因考成涉及仕途屡屡上疏请求减免苏松重额浮粮。但终康熙一朝，除蠲免部分积欠外，浮粮重额未予调整。雍正帝在雍正三年三月丁巳日，针对管理户部事务的怡亲王奏请酌减苏松浮粮所发谕旨中称，“苏松浮粮，常廑皇考圣怀，

1 慕天颜：《请减苏松钱粮疏》，载《辑瑞陈言》，《抚吴封事》附刊本。

屡颁谕旨，本欲施恩裁减，乃彼时大臣，以旧额相沿已久，国课所关綦重，数以不应裁固执复奏。凡国家大事，因革损益，必君臣计议画一，始可举行，若皇考违众独断，既非询谋佥同之意，且恐一时减免，倘后来国用不足，又开议论之端，是以从众议而中止。然圣慈之轸念苏松，诞敷渥泽，屡蠲旧欠，以纾民力。其数较他处为多。是亦与裁减正额无异也。”[1]这里明确指出了浮粮重额不得减除的原因："旧额相沿已久”和“国课所关綦重”。在这道谕旨中雍正帝下令将苏州府正额银蠲免 30 万两，松江府正额银蠲免 15 万两。但所减数额仍然有限，苏州府、松江府和太仓州赋额偏重的局面仍没有根本解决。雍正十三年九月二十二日漕运总督顾琮奏请将苏松二府钱粮量加蠲免，乾隆帝在朱批中称，“因国家经费须当量入为出，通盘计算，兼之求之不可太速，一时未可轻举”。[2]此项浮粮须留待后日再议。乾隆元年，顾琮署理江苏巡抚，九月十三日他又上奏请求减免苏松浮粮，他说："惟查每年奏销分数，尚未足十分。臣等详加体察，缘苏松额赋不特甲于各省，即较之邻境常州府属，亦复轻重悬殊。现今减赋之后，尚多三倍。有司尽力催征，小民徒受追比，旧欠未完，新粮踵至。是以雍正十二年以前民欠仍多，实由粮额之尚重，非尽属奸顽之抗欠也。……维此浮粮一项，为苏、松、太三府州属之隐困。臣等复念钱粮攸关经费，何敢轻为置议。但赋课偏重，虽加严比，终不能全数通完，于国帑究无实益。查苏、松、太三府州现今地粮科则，每亩纳银一钱二三分，漕米每亩一斗五六八九升不等，共计三百二十余万。臣等悉心筹画，拟请将条折银两，比照邻近常州府属一例征收，计苏、太二府州约请减银二十万两，松江府属

1 《清世宗实录》卷三〇。

2 《漕运总督顾琮奏请核减苏松二府粮额折》（雍正十三年九月二十二日），“朱批奏折财政类”，第一历史档案馆藏（以下未注明者俱同）。

约请减银十万两，则漕粮仍倍于常郡，不使财赋重区过于轻减，而条银与常郡相均，得免编枯之累。”乾隆帝朱批称，“此事久在朕计虑中，须俟一二年后再行酌量降旨。卿等到彼时再行题奏”。[1]直到乾隆二年四月，才颁旨减免苏、松额征银20万两。[2]此后田赋正额再无大的调整。

江西南昌、袁州、瑞州三府浮粮的减免，也经历了曲折的过程。吏科给事中刘堂在雍正元年八月初十日所上奏折中陈述了此项浮粮的形成原因和请免经过，他称："昔陈友谅当元末明初，窃据南昌、袁州、瑞州三府，贼多饷少，于宋元旧额银米外，加倍横征。明洪武定鼎，怒三府抗违，依伪册征收。”由此形成的重赋，清初仍沿袭下来，使当地人民苦累至极。顺治四年，清廷宣布凡明朝仇怨地方钱粮加重等款，准与豁免。御史吴赞元遂将江西所属南、袁、瑞三府浮粮题请豁免，户部批复俟《赋役全书》告成之日，另有颁示。顺治九年，江西布政使江应会入觐，有袁、瑞二府人民具呈苦累，据词具题，奉旨："这浮粮积欠重困一方，应从原额清汰，著该督抚饬该府州县官确遵减免，毋得踵弊苛征，有辜德意。”当时南昌遭金声桓叛乱后，居民逃亡，无人具呈，巡抚蔡士英只据袁、瑞二府呈词题复邀免，独使南昌浮粮仍存。顺治十八年，上谕户部："故明洪武固有仇怨之地，或钱粮征收甚重。此明朝有仇怨于人民，我朝并无仇怨，何得踵行？此等情由该部详加察议具奏。”但此次户部仍未对南昌浮粮提出处理意见。康熙元年江西布政使王庭入觐，将南昌浮粮具题。清廷遂命督臣张朝玺、抚臣董卫国，查明果否与袁、瑞二府相同议复。调查表明，“南昌一府，除武宁县系陈友谅生身之地，未有浮粮，其余一州六县，共浮征银十余万两，共浮征米十余万石。”与袁、瑞两府同事

1 《署理江苏巡抚顾琮等奏为查明苏松太三府州丁粮科则折》（乾隆元年九月十三日）。

2 《清高宗实录》卷四一；乾隆《苏州府志》卷十《田赋三》。

同情，应与袁、瑞同免。合疏题复，奉旨“袁、瑞二府浮粮既免，这南昌府属浮粮也著袁、瑞二府例行”。却因部议“免数太多，洪武征收日久”，遂至中止。康熙六年，有南昌一州六县民人胡献隆等因浮粮匍匐叩阍，康熙帝敕下督臣郎廷佐、抚臣董卫国查覆，果与袁、瑞二府同事同情，应与袁、瑞二府同免。户部又以故明征收年久，仍遵不行减免之旨。康熙二十五年三月又颁恩招，凡直省地方有不便于民者，详切开列具题。康熙二十七年五月，江西抚臣王陟时疏请减南昌浮粮，举旨“该部速议具奏”，又格于部覆。康熙二十九年四月，内阁大学士将各省浮粮偏累启奏请免，奉旨“著九卿开折送览”。内载南昌浮粮业业有据，江西入觐布政使刘健、巡道查继培、御史熊一潇、给事中车万育等先后具题，俱格于部覆。[1]直至雍正元年，才将南昌浮粮予以免除。

清朝政府特别是中央财政主管部门户部对南昌浮粮、苏松重赋减免议不准行的原因，一是免数太多，一是征收日久。在此背后自然是清初严峻的政治军事形势需要大量的财政经费所造成的压力在起作用。同时，江南财赋重区的经济地位，也使得清廷在江、浙等地重赋的减免问题上持十分审慎的态度，只进行很有限度的减免。乾隆初年所谓“国泰民安”，这时，对浙江湖州重赋的处理，即说明此点。[2]

2. 重科的调整

重科是在部分地区的赋税征解演变过程中，由于特定原因形成的一田二赋现象。这种不合理的对同一课税对象的多重课赋，在不影响全国赋税征收大体的情况下，清政府一般均予减除。

这类一田多赋的现象，根据地方官的奏报，不时予以调整。雍正八年对台湾额赋的调整，就属此类。台湾孤悬海外，昔年地

1 以上引文俱见《吏科给事中刘堂奏为请免南昌浮粮折》（雍正元年八月十日）。

2 湖州重赋的议减情况，参见《历史档案》1992 年 4 期所载档案资料。

系荒埔草莱，民居无几，土著居民不知稼穑，就地捕鹿。郑氏政权统治时期，“按社地宽狭，派粮之多寡，名曰社饷”。清朝收复台湾后，“内地民人渐次来台，向土番租地耕种，年贴社饷给番输官，其所垦田地未报升科”。雍正五年颁布上谕，凡各省未报升田园，着令自行首报，统于雍正七年起科。台湾居民便陆续首报，合计台湾四县共报升田园17170甲零，所有征课则例，“现在督臣抚臣会疏核题请旨。而社饷相因，日又未敢议除。但土番既租地于民，而社饷犹存；民已输课于官，而贴饷仍旧。民番同此一地征纳，似属重科”。有鉴于此，福建台湾道刘藩长上奏提请，“若令任土作贡，清查番地未垦者，仍令番输社饷。如地租于民，而民已升科者，民免其贴饷，即将番饷扣除豁免。且近来土番已渐习耕种，果能开垦，俱照民人一例报升，社饷概行豁除”。[1]雍正帝指示酌量减除重科，避免一田二赋的现象。

江苏省江宁府高淳县马场田的重科，是明代所形成而为清朝所沿袭的。乾隆三年，江苏巡抚杨永斌奏称，江宁府属之高淳县地方有马场田一项，共计5669亩零，地处低洼，向系荒弃。“自前明建都金陵，将此拨给居民牧养马匹，名为牧马草场。继令民开垦，岁纳租银二百余两。至隆庆时始行清丈，令与民田一体照则输赋，将前项租银派入通县田亩摊征。迨万历时，革除养马之例，复令马田各户于常赋之外，更岁输租银五百余两。于是民不堪命，争诉不休。经县令刘一炀议令阖邑粮户再为代输其半，并入地丁统征统解，其一半银二百七十二两四钱四分八厘，另分三则仍令马户完纳，名曰马田租银。相沿至今，民困征输匪伊朝夕矣。……何独高淳草场，既办民赋，又办场租。较之通县民田，则额外重纳租银；较之各邑场租，则额内又多民赋。实属偏重苦累。”杨永斌鉴于高淳县马场一田两赋办纳维艰，请求将额外另征

1 《福建台湾道刘藩长奏为查明台湾额赋有重折》（雍正八年三月八日）。

租银 270 余两，准予豁免。[1] 乾隆帝允准了这一提请，高淳重科得以减除。

湖北监利县的额外派征租银，也是一田两赋的现象。湖北巡抚崔纪在乾隆三年所上奏折中叙述了此项重科的原委。他称，“乃湖北更名之中，更有前明藩封派征租饷加入民田完纳，并无地亩者。……荆州府监利县，于明季派供楚藩租银十五两，潞藩租银三千八百六十六两三钱五分三厘六毫九丝。其时并无地亩，乃即于通县民田秋粮内摊派，每亩加征银八厘八毫零……一土竟成两赋。迨至本朝编入更名科则项下，虽历经该县府呈详而干碍更名赋额，未经题豁。臣到任后闻知此项加派情由，细查监利县志并《赋役全书》刊载，更名项下，原有本无田地派征租银共三千八百八十一两三钱五分三厘六毫九丝一款，一土两赋确凿可据”。[2] 此项重科经崔纪的提请得以减免。

此类重科形成的原因各不相同，许多都有较长的历史。其赋额于清廷全国财政虽无关宏旨，但地方官因计考成而固守赋额，重科的减免每至延搁。所以，此类赋额的调整与清朝地方官的行政作风有很大的关系。

3. 地亩增减所引起的赋额调整

土地田亩是清代赋税的基础，能否根据地亩的变化对赋税征额作出调整，直接关系到政策目标的实现和社会的安定。所以此项调整是清朝行政中的经常性内容。

土地田亩的增减实即开垦与荒废的结果，但也有纯粹人为的原因所造成的。贵州遵义府的田赋增额就是因为该地区在由四川省改辖于贵州时进行清丈的结果。遵义府在雍正年间由四川改归

1 《江苏巡抚杨永斌奏请豁免江宁府属地方马场田地额外租银折》（乾隆三年五月二十四日）。

2 《湖北巡抚崔纪奏请豁免监利县明季加派租银折》（乾隆三年十二月一日）。

贵州管辖。改归时，清廷下令丈量地亩安插流民。云南总督鄂尔泰遴委前任贵西道参议王廷琬，前往遵义查丈。查丈的原则是，“令其首报，分别科则，上纳粮银。其或素行顽劣，或因事告发者，即分行摘丈，以杜欺隐”。查丈的结果，“遵义县原额征粮条人丁银一万二千七百八十五两零，今首丈增出丁条粮银四千一百四十六两零。正安州原额征粮条人丁银一千七百八十两零，今首丈增出丁条粮银一千七百七十一两零。绥阳县原额征粮条人丁银三千一百九十四两零，今首丈增出丁条粮银一千零九十九两零。仁怀县额征粮条人丁银一千六百三十七两零，今首丈增出丁条粮银八百一十两零。通共新增银八千九百二十余两，合原额银二万一千一百八十余两，新旧共银三万零一百余两。……今据首丈增出丁条粮银八千九百有奇。且据绥阳县知县唐椿禀称，新旧粮银四千三百零，已据士民上纳，通完批解藩库。是民已相安，而急公遵法之情，即可以消欺隐顽抗之渐矣”。[1]额赋的确定“关系永远”，清丈增额在“民已相安”、“急公遵法”的情况下遂编入赋册。

地亩增减所引起的赋额调整最为频繁的是对土地坍涨的赋额调整，这也是清朝行政中最为经常的内容。总体上看，只要题奏属实，清政府均准许根据土地坍涨的情况予以调整赋额，坍则减赋，涨则增额。但在实际执行过程中，赋额的调整并不能与土地变动的情况完全吻合。这除了与地方各级官员的行政勤惰体察民情相关外，还要受到地方绅士胥吏对坍涨情况调查的干扰等方面的影响。这种调整的合理程度是有限的。乾隆元年山西巡抚石麟奏请，山西临河之地，塌淤无常，纳税人的赋额不应固守，应随时调整，与地亩的变动趋于一致，并“请饬令临河州县，按年稽查，细为体访，除河流未侵额粮地令民输粮外，如有纳粮之地塌入河中者，查清亩

1 《云南总督鄂尔泰奏报遵义田赋办理已竣折》（雍正八年四月二十日）。

数申详，照数题请豁免，俟将来河转地淤之日，仍复粮额”。石麟企图使赋额调整灵敏地反映土地变动的实际状况，乾隆帝认为这不可能，他在朱批中称“言虽近是而实难行”[1]，要求按照旧例数年调整一次。所以此类调整的实际效果也是有限的。

4. 对边远及少数民族地区的赋额调整

边远及少数民族地区，地多贫瘠，自然环境普遍较差，清朝对这些地区的赋税政策也具有特殊性。

湖北省鹤峰州长乐县系由容美土司改土归流后设置，其赋税征额的确立，湖广总督史贻直乾隆元年奏称，“湖北鹤峰州长乐县系容美土司裁改，原征秋粮银九十六两，向由土官派收汇解。并无花户册籍，亦非计亩均输。追归流以后，因粮亩无从稽核，经前督臣迈柱题明，俟新设州县履任后确查成熟田亩，照内地科则，按亩征输，荒芜多方劝垦。准有部覆知照，其原额秋粮暂缓征收在案。兹据湖北布政使安图册报，鹤峰州成熟田地共六百五十四顷零，应科条饷银四百七十九两零。长乐县成熟田地共一百八十三顷零，应科条饷银一百六十七两零”。但这一地区“山田荦确，土瘠水寒，物产凉薄，若照内地科则征输，土民不无拮据”。由此他提请“以容美原征秋粮银九十六两定为赋额，按田肥瘠，分别升科，于乾隆丁巳年为始造册征收”。[2] 这一地区新近归流，又极为贫瘠，清廷从安定出发，允准了史贻直实行轻赋的提请。其紧临的施南府，即今天的土家族苗族聚居区，亦系乾隆初年改土归流所设立，清廷也一并实行了轻赋的政策，故《清会典》称施南府属赋额独轻。[3]

云南新征整欠、孟艮地方，乾隆年间征缅之役结束后，分设

1 《山西巡抚石麟奏请清查临河地亩折》（乾隆元年正月初三日）。

2 《署理湖广总督史贻直奏请减免湖北土民钱粮折》（乾隆元年十一月二十一日）。

3 《清会典》卷一五。

土司管理，其贡赋赋额的确立系非按内地科则论亩定赋，而是由整欠和孟艮两土司量地土之广狭认纳钱粮，比照普洱边外十三土司之例，酌中定赋。结果，“整欠所属地方每年酌征条编火耗粮折等银四百一十七两一钱零，孟艮所属地方每年酌征条编火耗粮折等银五百六十五两九钱零二，共征银九百八十三两零”。[1] 其定赋的原则是由当地土司“情愿认纳”。

直省偏远贫瘠之地，清政府也是赋税从轻，重在安定。甘肃省府厅州县多系卫所改设，从前未经裁并之始，各有一种屯军名色，或系召募应差，或系充发到配，养赡无出，量给荒土使其耕稼，免其承粮以资糊口。后来，当地居民，见其田不输赋，暗将本身地亩以多作少，给予微租，诡寄军户名下，规避正赋，转相效尤。甘肃巡抚黄廷桂在乾隆八年上奏请求清查此项欺隐地亩。乾隆在朱批中提出了处理意见，他说“盖遥省穷壤之地，宁可留有余于小民，不可为钱粮起见，况所加者又不过太仓一粟九牛一毛哉”。[2] 要求慎重办理。这个意见体现了清政权对边远及少数民族地区赋税问题的处理原则。在此类地区，清朝政府多实行轻赋的政策，以服务于稳定统治的目的。

（二）赋则的调整及其原则

与赋额直接相关的是赋则，赋则的高低直接决定赋额的大小。赋则的调整除了坚持赋额调整的基本原则外，在政策推行中，清朝政府还贯彻特定的政策意图。

1.“均赋恤民”

赋则调整的一个主要方面是均平各地方的赋税负担，贯彻统

1 《大学士管云贵总督杨应琚奏为酌定云南新征地方赋额折》（乾隆三十一年七月十二日）。

2 《甘肃巡抚黄廷桂奏为查办兰州军户隐占地粮情节折》（乾隆八年十月二十五日）。

治者“均赋恤民”安定社会以稳定统治的意图。雍正年间在对四川田土丈量完毕之后，便对各州县较重的科则进行了调整。雍正帝在谕令中称，“若有额粮稍重之州县，即比照就近适中之科则，令其核减以纾民力。……若有粮赋稍重之处，即据实奏请核减，毋得固执己见，回护从前，有负朕均赋恤民之至意。”四川布政使高维新在执行此谕令时，首先对“田不敷粮之处”进行了调整。他在雍正八年所上奏折中称，“至郫、灌、温江三县，原系平畴沃壤，从前因按粮派亩，愚民争报下则，故多虚亩。已于丈量时公同核实，郫县除去虚亩四百八十七顷；灌县除去虚亩一百七十六顷；温江县除去虚亩八百一十顷”。[1] 并进而对较重科则进行了调整。高维新在雍正九年所上奏折中称，“川省额粮稍重之州县，如江油县、通江县、雅安县、名山县、荥经县、芦山县、叙永厅、建武厅、屏山县、峨眉县、夹江县、潼川州、遂宁县、绵州、九姓司等处，前经题明，比照就近适中之科则，蒙恩准核减，已经报部征收在案。……臣谨细心确查，尚有潼川州属之中江县，中田下地，其则稍重。泸州属之纳溪县，其上田输赋，亦觉稍重。以上二县，应比照就近适中之处，酌量核减。又成都府属之华阳县，有东山一带，又什邡县有白塔坝一方，其中田中地，皆近山高原，若雨泽略缺，难免歉收。以上二处，应将中则改为下则”。[2] 这些州县都在“均赋恤民”的旗号下，科则得到减轻。实际上，在四川实行轻赋政策与鼓励垦荒及恢复发展生产的政策目的直接相关。[3]

较重科则的调整，在清统治者看来，不仅论其是否合理，而

---

1 《四川布政使高维新奏为奉旨查核四川省各属额粮情形折》（雍正八年十二月十三日）。

2 《四川布政使高维新奏为复核酌减四川省过重额粮折》（雍正九年十月十八日）。

3 参见彭雨新：《四川清初招徕人口和轻赋政策》，载《中国社会经济史研究》，1984 年第 4 期。

且要看是否对赋税征收造成大的影响。云南河阳县独重粮税的调整，就由于可能影响全省赋税体制的稳定未获准行。云南一省上则民田每亩科粮自三四升至五六升不等，上则民地每亩科税自二三合以至三四升不等，中下田地照数递减，条银照米科编。独澄江府属河阳县，每上则民田一亩，科粮八升一合八勺三抄，中则民田一亩科粮七升一合八勺四抄，下则民田一亩科粮六升一合八勺四抄，上则民地一亩科税五升九合二勺一抄，下则民地一亩科税四升九合一勺三撮。以上每税粮一石，编条银六钱三分九厘五毫八丝三忽。河阳县的科则较云南其他州县都高，究其原因，“缘前明时知县张应宿见河阳田地原无额粮，竟以得水迟早定为征输多寡，以致比照通省科则独重”。为了消除这种不合理现象，云南布政使徐嘉宾乾隆五年上奏请求予以调减，请将河阳县田地钱粮减照裁并之阳宗科则征收（按：康熙八年裁汰阳宗一县，其田地钱粮归并河阳附征，上则民田每亩科粮六升，中则民田每亩科粮五升，下则民田每亩科粮三升九合八勺四抄八撮。上则民地每亩科税三升一合五勺二抄，下则民地每亩科税一升一合五勺七抄八撮）。[1] 署理云南总督印务云南巡抚张允随遵旨查奏，提出处理意见。他称：“今河阳定额在前，阳宗归并在后，自不便以附征之科则改原定之正供。况河阳额赋自前明定额，迄今已百有余年，百姓相习已为固然。若遽行议减，滇省各府州县中粮额稍重者，势必援照此例，争相吁请。是因一邑之减征，特启通省效尤呈控之端，非所以权轻重而期经久也。”[2] 他从稳定全省赋税体制的角度出发，主张河阳较重科则不宜调减，以免引起连锁效应。乾隆帝批准了张允随的处理意见，河阳县赋税科则仍照旧例，未获调减。

1 《云南布政使徐嘉宾奏为请减河阳县独重粮税折》（乾隆五年七月二十七日）。
2 《署理云南总督印务张允随奏为遵旨查明河阳县独重之粮税折》（乾隆六年十月十九日）。

2. 与其他政策措施相配合

赋则的调整亦并非全属就赋论赋，在一定的时期和地方，清朝政府也把赋则的调整作为推行某种经济政策或特定政策措施的手段，使其起到实现特定政策目标的杠杆作用。

乾隆四十五年，清政府决定将盛京等处地方查出私垦地亩，仿照内地赋则议定钱粮，其目的便在使流民私往之弊渐就减少。盛京将军索诺木策凌根据部咨，按照直隶山东民地赋则，酌增盛京流民私开地亩钱粮，将查出流民私开地共 1898 日，每日征银四钱八分，仍令在旗仓交米二升六合五勺五抄。其中有因地亩钱粮稍重，不愿耕种回籍者，将地拨给旗人耕种，照红册地亩之例征粮。对此类地亩提高科则的目的，索诺木策凌在奏折中明确指出，“奴才等仍严饬各旗民地方官，流民私开官荒，永行禁止。……而盛京地亩钱粮与内地相仿，流民无利可图，自必各回本籍，则潜来之弊不禁自息，于旗人生计殊有裨益”。[1]

赋则的调整也与清政府鼓励和发展生产的经济政策相配合。对旱地改作水田后科则的确定，便属此类。水田产量一般较旱地为高，为了发展生产，安定社会，鼓励农民改旱地为水田，在赋则上不予提高。乾隆二年河南巡抚尹会一上奏请求“饬令有司劝导百姓，因其自种之地，随其土性之宜，凡有旱地改作水田者，仍照旱地原额完粮，永不升科，使小民知更改水田，利重粮轻，有倍获之乐，而无加额之虞。自无不踊跃从事，似于水利农田实有裨益”。[2] 乾隆帝指示尹会一自为劝导。在议定河南巡抚的这一奏请时，乾隆帝在乾隆五年九月初一的上谕中进一步指出，“豫省田土原有水田旱田二项……朕思水田收获，倍于旱田，若可改

1 《盛京将军索诺木策凌等奏为盛京地方酌增流民私开地亩钱粮折》（乾隆四十六年十月十日）。

2 《署理河南巡抚尹会一奏为请将河南改作水田之旱地仍照原额完粮折》（乾隆二年闰九月二十四日）。

种则易济土而为沃壤，于民间自有裨益。至加增科则，为数无几，且此系现在输粮之田亩，非新垦隐匿者可比。嗣后有情愿将旱地改作水田者，悉从其便，钱粮仍照原定科则征收，免其呈报有司改则加赋。但各州县地形不同，土性迥别，其不便改种者，地方官不得勉强抑勒，以致功难成而事滋扰”。[1] 此后湖北等地改作水田者，均按这个原则办理。

对于开发较晚的落后地区，清政府也实行较轻的赋则以鼓励开垦。即如台湾地区，“每年赋税所入，不敷经费，仰荷圣恩拨济饷银二十余万两，岁以为常”。台湾地区开发较迟，丁赋又重，为鼓励开垦，于雍正九年将新升田园科则比照较台湾科则为低的同安科则征税纳赋。及至乾隆四年郝玉麟题请将已减新垦田园科则仍照台湾科则一体征收，遂加重了新垦田园的负担。[2] 诚如御史舒辂所言，“兹经部议，于乾隆五年起，令照台属旧则输纳，顿增三分之二。是先轻后重，小民固力有难堪，而既减复增，守令亦无以示信。自奉部文以来，官吏彷徨，农氓惊顾，既无良法以催科，势必违误于征解。不独地方官尽受处分，而于国体民情均有关系”。[3] 经各级官员的吁请，从鼓励开垦出发，清廷允准台湾新垦田亩比照同安科则实行较轻的赋则。

3. 赋则调整的管理

赋则是影响赋额的首要因素，而赋额直接关系国计民生，所以清政府对赋则实行严格的管理，把赋则调整权牢牢控制在中央政府手中。

然而，地方官员在施政过程中，为完成赋额也有对赋则实行自行调整者。江苏省常州府属靖江县在赋税征纳中实行“均加均

1 《吏部尚书协理户部事务讷亲等奏请旱地改作水田仍照原额完纳折》（乾隆五年十二月二十一日）。

2 《巡视台湾外转御史舒辂等奏陈台地田园科则事宜折》（乾隆六年十一月四日）。

3 《巡视台湾外转御史舒辂等奏议台湾新垦田园之科则片》（乾隆六年十一月四日）。

减”的办法，即属典型的一例。两江总督那苏图在乾隆三年所上奏折中称，“窃惟州县钱粮各有定额，涨升坍豁，所在皆然。独常州府属之靖江一县，全书刊定：涨则通县均减；坍则通县均加。旧制每五年清丈一次。查自全书订定以来，从未举行清丈，凡遇有坍涨，即随时加减，总不失通县额征银米之数”。这实即以全县赋税原额为基准，根据田土坍涨增减的变化，自动升减纳税单位赋则的办法。由于该县涨少坍多，造成赋则日增，农民苦累。“且年年更改，岁岁增添，一户报坍，而通邑加增；一户报升而阖邑减免。粮无定额，民鲜适从”。[1]给赋税征纳造成弊端。那苏图请求废除这一办法，清政府在乾隆三年予以批准，并令“照例遴员履亩确查升免实数，造册题报”。[2]根据涨升坍除的原则确立赋则。

福建建阳县冒免钱粮一案中的私自减则也是地方官在施政中的自行调整行为。闽浙总督郝玉麟乾隆元年所上奏折中叙述了建阳县自行减则的情形，他称，“至（康熙）二十五年，知县李六成接任。因见民间钱粮历年拖欠，前官多致罣误。遍访舆情，佥称阳邑民田皆系下则。明季初年每亩止征银五分一厘。后加至七分三厘一丝五忽。赋重田硗，民力难完，以致积逋累累。李六成目击其艰，竟每亩减则一分一厘六毫，只存六分一厘四毫。将前报荒今已开垦成熟之田现征之赋，以补减则之数。虽民力一苏而报荒之案终未报明垦复，亦未将减则缘由详请题明，故至今报部册内犹载荒田六百九十五顷零，每亩田粮仍开征银七分三厘一丝五忽。而实则建邑并无此项荒田，乃系李六成因赋重私减私匀，致有此冒荒之虚数也”。[3]李六成自行减则及其在赋税征解问题上所引起的混乱，清朝政府进行了严厉查处，“其历任该管官员，

1 《两江总督那苏图等奏请除江苏靖江县均加均减钱粮之例折》（乾隆三年六月六日）。

2 《大清会典事例》卷一六五。

3 《闽浙总督郝玉麟奏陈福建建阳田粮始末酌办清厘征粮册籍折》（乾隆元年九月二十六日）。

不行查出，均应罚俸一年”。[1]一般而言，未经清朝中央政府的准许，赋则均不得自行调整。

（三）赋税调整税种举例

就税种而言，清前期赋税的调整以丁银和更名田赋税的调整最为典型，在此我们特别提出加以论述。

1. 丁银的调整

丁银的调整主要包括三个方面，一是对雍正年间未实行摊丁入地的地区随着地方条件的变化继续实施摊丁入地的政策；二是在摊丁入地推行过程中对偏重丁银或缺额丁银进行调整；三是对新垦地亩的丁银摊派措施。

(1) 继续推行“摊丁入地”。雍正年间在全国范围内推行摊丁入地，但部分地区未实施这一措施，其中以山西大部分州县和台湾地区为代表。关于山西未能普遍推行摊丁入地的原因，山西巡抚刘于义乾隆八年所上奏折中总结了四条：一是“晋省粮轻丁重，非如江浙等省丁轻粮重易于均摊者比，若将丁银归入地亩竟有原额粮银一两今每两须额外加至三四钱不等”；二是“晋省每年钱粮历系奏销以前全完，从未见有以丁银拖欠完纳不清申请者”；三是“通省地土肥瘠不同……诚恐一例归并，倘或年岁稍歉，钱粮反有逋负”；四是“晋省逐末者多，力田者少，丁粮归并亦恐重累力耕之民”。[2]乾隆帝对山西继续推行摊丁入地的态度在此折的朱批中明确表明，“是得其理而复为之可也”。这代表了此后各时期清朝政府在山西州县渐次推行摊丁入地的基本原则。山西州县只要清政府认为条件成熟，即准许实行摊丁入地。及至道光十二年山西巡抚阿勒清阿奏请将寿阳县额定丁徭银两摊入地粮征收，尚有

---

1 《清高宗实录》卷六。

2 《山西巡抚刘于义奏为酌办丁银并归地粮事宜折》（乾隆八年五月二十一日）。

“岢岚等十七州县应征丁银或仅摊入地粮数成，并有全未摊入者，各处情形不一”。[1] 而山西通省丁银摊入地亩征收，则是清朝晚期的事情。[2]

台湾地区，也因丁银较重，仍实行丁银分办，并对丁银予以减则。闽浙总督郝玉麟在乾隆元年奏折中称，“台属丁银每丁额编四钱七分六厘，为则颇重。如台湾一县，地粮银一万九千两零，而丁银五千四百两零。按银匀摊，则每两应加银二钱八分有零。若匀丁于地，台属番民杂处，蠢然无知，不辨丁银匀入，骤疑加赋，恐致滋事。臣等思台地民情，宜静而不宜动，若匀丁于台地已有未便，匀丁于番地，更不可行。是以臣等业批，仍循其旧，无事纷更也”。[3] 乾隆帝允准了丁银分办，并将台湾照内地丁银，酌中减则，每丁征银二钱。总之，清朝政府在普遍推行摊丁入地的同时，也照顾到部分地区的特殊性，丁银在清政府的赋税体制中仍然保留下来。

（2）对偏重或缺额丁银的调整。在摊丁入地过程中，部分地区的丁银科则偏重，清政府也酌情予以调整。比如福建“龙岩州属之宁洋县、福宁府属之寿宁县，每丁原额征银四钱二三分，田少丁重，难以匀摊。数年以来，为民之累”。清政府便于乾隆二年五月下达命令，“改照中则，每丁征银二钱，匀入田粮输纳”。[4]

清朝政府在实行摊丁入地之后，田赋中之丁银仍被分别看待，以致出现缺额地粮已豁，匀征丁银未除的情况。这种丁银在地亩缺额后已失去了征收依据，故也当免除。福建巡抚卢焯乾隆二年奏

---

1 《山西巡抚阿勒清阿奏为请将寿阳县额定丁徭银两摊入地粮征收折》（道光十二年八月八日）。

2 参见史志宏：《山西省地丁合一完成的年代》，载《清史论丛》第 3 辑，中华书局，1982 年。

3 《闽浙总督郝玉麟奏请酌减台湾地丁银两折》（乾隆元年七月十三日）。

4 《福建布政使王士任奏请量减漳州府属偏重丁粮折》（乾隆二年闰九月十一日）。

折中论及此类缺额丁银时称，“臣于乾隆元年，仰遵谕旨，查明通省缺额田地五万四千三百四十亩零，实为民累，恭疏具题，上沐皇恩豁免地粮额银四千二百六十二两零……所有匀征丁银共九百六十一两零，未经请豁。若匀入现在田亩，不惟小民额征久定未便，一旦加赋，且恐摊派滋扰。伏思丁银既经匀入地亩，地缺则丁亦并缺，地豁则丁亦当豁”。[1]请求将缺额丁银特赐豁除，乾隆帝允准。此类丁银缺额，倘若数额不大，清政府是准许减除的。

（3）新垦地亩的丁银摊派。丁银摊入地亩，雍正年间各直省是以康熙五十年的丁银数为基准，根据本地区实行摊丁时的地亩或地粮数的多少分别摊派。但地亩是有变化的。对新增地亩的丁银摊派问题，以湖北巡抚陈辉祖在乾隆三十八年所上奏折为发端，开启了在各直省高级官员间的大讨论。

陈辉祖在奏折中指出，民屯新垦丁银已停编审，请随年摊征以清赋额。[2]户部议覆，各省应否照湖北省一例办理之处，各就本省情形妥议具奏。各省纷纷奏报了本地区对新垦地亩丁银摊派的处理情况的意见。直隶总督周元理称，直隶“凡省新垦升科地亩，丁随粮计，即按此数（按：指直隶地粮银每两所摊丁银二钱七厘余之数，加摊，如遇除粮，丁银亦一体豁免，统于各本案内随时题咨入于本年奏销册，分别增除办理，迄今五十余年，遵行已久”，主张“毋庸另行定议”。[3]广西巡抚熊学鹏奏称，“粤西通省丁粮递年奏销册报额征民屯人丁二十二万五千六百一十九丁一分三厘，编征不等，每年额征丁银四万九千七百五十六两六钱五分五厘。内实征成熟丁二十一万零六百六十九丁九分九厘，熟丁银四万六千三百零七两八钱九分一厘。又尚有荒丁一万四千九百四

---

1 《福建巡抚卢焯奏请豁免闽省缺额丁银折》（乾隆二年十一月二十四日）。

2 《湖北巡抚陈辉祖奏请新垦地亩丁银随年摊征折》（乾隆三十八年六月十二日）。

3 《直隶总督周元理奏为查明新垦地亩丁银随地粮摊派折》（乾隆三十八年九月一四日）。

十九丁一分四厘，荒丁银三千四百四十八两七钱六分四厘。递年各州县遇有开垦升科银米，则将前数荒丁按数摊入本州县新熟额内征输。原系按年造报奏销。并非如湖北省必俟五年编审始行摊派。历年奉行甚属简便，应请仍照旧例办理”。[1] 江西巡抚海成奏称，“惟因新垦地亩俱无丁可加，而旧额内均有丁银。未便使其偏枯，是以将旧额内所带丁银减除若干，摊入新垦项下，均匀分派，以示公允。原与国课钱粮毫无损益亦不致额赋宕悬。今江西省办理情形，历系五年一次通省摊派，造册咨部，并不具题”。[2] 也请仍循其旧。湖南巡抚梁国治奏称，“湖南原额民田更名人丁丁银，自雍正七年丁随粮派后，各州县卫俱系照额征解，其陆续新垦丁银并未均摊，在编审奏销各案内分晰造报”。[3] 提出依湖北之例摊征。福建新垦丁银的处理办法，据闽浙总督钟音奏称，“闽省原额人户丁口征银，自雍正二年体照各省定例匀入田粮征输，以后凡有新垦地亩悉系按照各该州县额定《赋役全书》内刊载各款科则，分别征收，题请入额升科，递年造入奏销额征册内报部。从无将旧额丁银摊派新升地亩之内，亦无俟届五年编审后均匀摊派之案”，[4] 请求仍循旧制。广东的情形，两广总督李侍尧、广东巡抚德保奏称，“其新垦税亩，地土瘠薄，丁银向不派及，原与他省情形不同。……若将旧额新升之税一体均派丁银，不特新升地亩无几，额税原派丁银所减甚微。且岁岁更易，转无一定成规，乡曲愚氓未能尽谙，易启官役欺朦洒派侵渔之弊……毋庸

1 《广西巡抚熊学鹏奏为查明新垦地亩丁银仍按旧例摊派折》（乾隆三十八年十月六日）。

2 《江西巡抚海成奏为筹议新垦地亩丁银五年一次摊派折》（乾隆三十八年十月十三日）。

3 《湖南巡抚梁国治奏为查明新垦地亩丁银随年摊派折》（乾隆三十八年十月十三日）。

4 《闽浙总督钟音等奏为查明福建新垦地亩丁银按照额定科则征收折》（乾隆三十八年十月十五日）。

仿照湖北事例另行摊派以省纷更”。[1]各省情形不同，陆续所上奏议以请仍循旧制者居多。

一些省份还未及奏报本省的情形和处理意见，乾隆三十八年十二月初四日乾隆帝颁发上谕指出了新垦地亩丁银摊派的处理办法，结束了这场讨论。乾隆帝称，现处升平之世，屡蠲赋税，“岂肯于丁粮区区毫末之赋稍存计较乎？……若以新垦民屯地亩复将丁银随年摊纳，是与小民较及锱铢，尤非惠下恤民之道。陈辉祖原奏固属琐碎见小，而户部议覆亦复未识大体”。并指示“所有各省办理丁银一事无论已未覆奏，俱悉仍其旧，毋庸另议更张”。[2]这样，新垦地亩的丁银摊派有清一代只在湖北等部分直省实行，而摊派的具体办法又各各不同。

2. 更名田赋税调整

清代更名田是由明代皇庄、王府庄田以及勋戚庄田转化而来。它从明代的一种特种土地转化为清代民田的一个部分，其赋税调整典型地反映出清政府赋税政策的实质。

关于清代更名田立法及其赋役负担，学者已有深入的论述。[3]由于更名田赋税调整在清代赋税调整中的特殊地位，这里对其赋税调整的原则予以扼要说明。

(1) 更名田的科则。康熙八年，清政府正式将清查处置过的废藩勋戚田产改称“更名田”，并规定：一、“免其变价，给予原种之人”；二、“与民田一例输粮”。[4]但事实上仍分两类，变过价的更名田，以民田科则起科；未经变价的更名田，以“租课”起科。无论哪种起科形式，历史事实表明，其赋税负担，均高于一

1 《两广总督李侍尧等奏为筹议广东新垦地亩不摊派丁银折》（乾隆三十八年十月二十六日）。

2 《乾隆朝上谕档》第7册，档案出版社，1991年。

3 参见陈支平:《清代赋役制度演变新探》卷三，厦门大学出版社，1988年。

4 《清圣祖实录》卷二八、三二。

般民田，这种情况不仅在康熙帝更名田立法时如此，在后来各时期也无根本的好转。我们以乾隆年间山东益都县和湖北省的更名田赋则为例予以说明。

山东省青州府益都县，地亩向分四则征粮。最高上地每亩额征银 5 分 7 厘零，最低下下地每亩 3 分 9 厘零。摊丁入地后，上地亩征银 6 分 4 厘零，下下地每亩 4 分 4 厘零。该地民间纳粮，以 3 亩 2 分 4 厘为一大亩。如系上地，则每一大亩纳银 2 钱 1 分零，中地以下照此递减。但该县有前明废藩更名地 10 余顷，坐落西门外等庄。其赋则最高每大亩纳银 9 钱 1 分 8 厘，最低每大亩纳银 4 钱 1 分。远远超过当地民田上则的负担量。[1]

湖北各府的情况也是更名田赋则高于当地民田。武昌府更名田最高每亩较民赋征银则例，计重银 2 分 9 厘；最低重 3 厘。汉阳府属更名田，每亩较民赋重银 1 分 5 厘。安陆府属更名田较民赋田最高每亩重银 2 分 5 厘，最低重 8 厘。德安府属更名田地最高每亩较民赋田重 5 分 5 厘，最低重 3 厘。荆州府属更名田地最高每亩较民赋田重 3 分 3 厘，最低重 2 毫。襄阳府属更名田地最高每亩较民赋田则例重银 7 分 1 厘，最低重 2 分 1 厘。[2]

这两地的更名田赋则基本上代表了清代全国更名田地的赋则情况。清政府在更名田定赋方面是遵循的重赋原则。

（2）更名田的丁银摊派。明代耕种王府庄田的农民，属于王府勋戚私家佃户，除办纳租课，“余外正粮增粮杂费等项，毫无与焉”[3]。而清朝顺治年间全国清查明代遗留下来的各类庄田后，丁银便成为更名田正赋之外的另一种永久性负担。清政府通过对耕种更名田农民的所谓“更丁”编审，进行丁银征派。

1 《山东巡抚岳濬奏为查明更名地亩情形折》（乾隆元年五月六日）。
2 《湖北巡抚崔纪奏议湖南湖北更名田照民田科则输赋折》（乾隆四年五月二十六日）。
3 《清代档案史料丛编》第 4 辑，第 154 页。

在实行摊丁入亩的过程中，各地的具体办法不同。部分地区以田亩数均摊丁银，单位更名田与民田均摊同等的丁银，负担基本上与原来的相对水平保持一致。而大多数地区，将丁银摊入赋粮总额之中，每石更名田税粮与民田均摊同等的丁银。这样，在更名田科则与民田接近的地区，即如湖南、河南、安徽等省差距不大；在更名田科则远重于民田的地区，如陕西、甘肃、山东、湖北等省，摊丁入地就更加使得更名田的负担重上加重。所以，总体上看，摊丁入地对于田赋科则原重于民田的更名田而言，其地丁银负担更趋繁重。

（3）更名田的赋税减免。更名田的赋税负担从总体上看，较之民田均为繁重。由于重赋问题，影响农民正常的生产和社会安定，清政府在地方官的请求下也不时对更名田赋税予以调整。

一是赋税减则。这种调整最为普遍。在康熙中后期以后，许多地区对更名田的重赋进行减则。前述山东省益都县的更名田重赋，山东巡抚岳濬在奏报中就请求“照依该县上等民地，按亩承粮”，实行减则。[1]得到了清政府的允准。

二是均摊入民田。清政府为维持赋税总额不变，将一些地方更名田的部分负担，均摊入同地区的民田。湖广的折色银均摊就是采用此种办法。据湖广总督郭琇所言，更名田“不敷原额银两，于十三县田内均摊，每亩所加不过厘毫，国课无亏，民困获苏”。[2]更名田农民的负担由此得到一定程度的减轻，这部分赋额被转嫁到其他农民身上，清政府的赋税收入也不致减少。

三是丁银减免。丁银摊派是造成更名田重赋的重要因素之一。湖北省为了避免这个因素造成赋税偏累加大，对江夏等十九州县的更名田和民赋田应负担的丁银给予一定减免后，然后摊入地

1 《山东巡抚岳濬奏为查明更名地亩情形折》（乾隆元年五月六日）。

2 《清圣祖实录》卷一九七。

亩。[1]陕西省在乾隆元年也对更名田丁银负担进行了减免。

除了这三种形式的调整外，部分地区还有一些小规模的其他形式的减免措施。但从清朝对更名田赋税调整的整个情况看，减免均属有限。其主要的原因是 20 余万顷的更名田赋额对于清代财政具有重要意义，所以减免是极不彻底的。民国初年有些地方还对此类田土的赋税负担进行调减即为明证。

以上我们对清代前期赋税调整的主要方面和原则进行了概略的论述。这些调整措施受着清朝政府整个统治政策的制约。然而，它对清政府赋税政策目标的影响程度还缺乏数量上的说明，下节我们将以直隶正定府田赋结构和赋额变迁的个案分析，对这一问题进行更深入的探讨。

二　赋税调整对赋额变动影响的个案分析

——清前期直隶正定府田赋结构及赋额变迁

在论述了赋税调整的主要类型和一般原则以后，我们进而要问：这些赋税调整措施对清政府赋税收入的影响程度如何？我们认为，了解清代赋额的变动是回答这一问题的最好方法。为了对赋额的变动及其具体原由有较深入的认识，我们选择直隶正定府作为典型，通过对该地区清前期田赋结构和赋额变迁的个案分析，说明赋税调整对赋额变动的影响情况。

之所以选择正定府作案例，是鉴于以下的考虑。正定府所在的直隶亩征银 3 分 6 厘 4 毫，粮豆 3 勺，在全国各省中处于中等水平（全国各直省亩均赋额高者如陕西省：征银 6 分 2 厘 3 毫，粮 7 合 7 勺；浙江：征银 6 分 5 毫，米 2 升 9 合。低者如四川，征银 1 分 4 厘 1 毫，米 3 合。而全国亩均赋额据计算出的数字是

1 《湖北通志》卷四四《经政二·田赋》。

征银4分2毫，征米麦豆3合9勺）。[1]其次，该地区没有如同苏松重赋地区所实行的大量赋额减免等特殊政策所带来的赋额突变。因此，正定府的情况在全国范围内应具有一定的代表性。同时，该地区的赋税资料比较齐备，有反映清前期赋税变迁的道光三年份《赋役全书》可以利用。

（一）资料的选择及研究方法

研究某地区田赋的实征情况，最可靠的材料是该地区每年的钱粮奏销册籍。但在今天，要获得某个地区长时期无间断的奏销册籍资料已不可能。方志关于赋税问题的记载粗略，也不足以用来了解赋税征收变动的趋势。[2]我们便把目光放到了《赋役全书》上。

关于《赋役全书》的内容和性质，可以从清政府有关《赋役全书》编纂的规定中得以了解。顺治三年清廷最早着手拟定《赋役全书》时，便要求查核在京各衙门钱粮款项原额及现在收支销算数目、在外直省钱粮、现在熟田应征起存数目。九年覆准，令督抚各饬所属州县，每岁终造荒田有无开垦、户口有无加增，订入全书报部，分别劝惩。而且题准，各省全书，责令布政使司刊造，某项系明末加增应去，某项系原额应存，每州县各发二本，一存户房备有司查考，一存学宫，俾士民检阅。十一年覆准，《赋役全书》开载州县田土户口赋役，有关国计民生，由部会同户科酌定，务期永远遵行。十四年又题准，订正全书，如地丁先开原额，继开荒亡；地丁既清，次开实征；又次开起存，如起运则分别部寺仓口，存留则详载款项细数；九厘银原系明时额征，旧书未载，今应补入；宗禄银，昔入存留，今改起运；漕白二粮，

1 嘉庆《大清一统志·总目》。

2 笔者通检了直隶正定府所属十四州县方志中的赋税资料，并与道光三年份《赋役全书》作了比较，结果表明：方志粗略、缺漏很多，各项税额的形成没有完整描述，只能见其大概，有的县志明确声称，详细的赋税资料应参看《赋役全书》的记载。

确稽旧额，运丁行月，遵议均平；衬甲盔甲，昔解本色，今均改折；南粮本折昔留南用，今抵军需；官员经费定有新规，会议裁冗改归正项；本色绢布颜料银朱铜锡茶蜡等项已经改折者，照督抚题定价值开列，仍解本色者，照书载价值，如数办解，务令纲举目张，总散相符；后有续增地丁，督抚岁终汇题，听部查核。又覆准，督抚以开垦田地，招徕人民，具题续入全书者，将花名亩数，备细造报。由此可见，顺治年间编纂《赋役全书》以确立赋税征课依据时，便将土地、人口及赋额及其原有、新增的变迁作为全书重要的内容。

康熙二十七年，新编《简明赋役全书》成（其主要变化是止载起运存留漕项河工等切要款目，删去丝秒以下尾数），但因旧《赋役全书》，遵行年久，每年增减地丁银米数目，皆有各年奏销册籍可稽，新编全书，停其颁发。《赋役全书》仍沿用顺治时旧册。雍正十二年奏准，直省《赋役全书》，悉以雍正十二年为准，凡额征地丁钱粮、商牙课税内，应支官役俸工、驿站料价，以及应解本折绢布、颜料银铜朱锡茶蜡等项，各分析原额、新增、开除、实在并司府州县卫所总散数目，详细考核、纂辑成书送部。又奏准，直省一应额征钱粮、并支解各项，每岁皆有收除，嗣后每至十年，照例动用存公银修辑一次。全书的编修更为制度化。乾隆三十年，奏准：《赋役全书》，开载额征正杂钱粮及应支俸工料价等项，其不经名目，不一而足。最明白简便者，莫如奏销一册，前列山地田荡版荒新垦，次列三门九则额征本折地丁起解留支。一经开册，了如指掌。此书大指，即其张本。嗣后刊刻全书，均以奏销所开条款为式，每逢应修之年，止将十年内新垦新坍各总数，添注于下，其余不经名目，一概删除。[1]至此，《赋役全书》在格式上已与奏销册籍一致。只是全书反映的是“应征”科目和赋额，与奏销册反映“实征”赋额之

1　参见《钦定大清会典事例》（九），第 7425 ~ 7426 页，台湾新文丰影印本。

间存在着差距。但在缺乏系统奏销册籍的情况下，《赋役全书》无疑是了解某地区赋额变迁翔实可信的重要依据。

直隶正定府的田赋结构和赋额变迁资料，我们选取的是道光三年份该府十四州县的《赋役全书》。该府各州县《赋役全书》在田赋分类上，划为额内、不在府总及额外三个部分，额内和额外部分为各州县所俱有，而不在府总部分各州县或有或无。一般说来，额内部分是指某州县清初承袭的赋税原额的变动情况。而额外部分是清初定立赋税征收项目和赋额以后新增的部分。我们将额内部分列为一表（表 A）、不在府总和额外部分合列为一表（表 B），就各州县渐次进行分析。列表时，将《赋役全书》提供的资料按年度进行归类统计、按项目排列，不作其他改造，以保持原貌。

（二）各州县田赋结构和赋额变迁

1. 获鹿县

获鹿县田赋结构分为额内、不在府总和额外三个部分。额内部分的构成和赋额变迁，据道光三年份《直隶省正定府赋役全书·获鹿县》列为表 3–1A，不在府总及额外部分的变动情况见表 3–1B。在列表时，一年内有数次地亩变动者，只要性质相同，均合为一项，其征课地丁银两也合算归于一项。

额内部分的变动情况，如表 3–1A 所示，又分为 A、B 两栏。A 栏为原额部分，B 栏为新增部分。原额地亩和税粮由于康熙二十九年更正杜坤征粮地 74 亩 2 厘改入额外项下另征粮，均有所减少。新增部分系康熙十六年至三十六年间四个年度四次清查首出开垦地亩，共计 136 顷 30 亩 8 厘，所增银 612.6183 两，新增额银较之原额内实在征粮部分额银 17348.35711 两，增加 3.5%。新增地亩多系贫瘠粮少之地。该县《赋役全书》资料表明，原额部分分优免地、行差地和寄庄地三项，优免地和行差地的亩征银率为 0.17875 两，寄庄地的亩征银率为 0.210001 两。而新增地亩的亩征银率大部分都未达到这一水平，如康熙十六年清查出额内各项地 133 余顷中，就有马厂籽粒十厂共地 84 顷 58 亩 7 分 9 厘，亩征银率为 0.01727 两；又有河淤地 26 顷 73 亩余，亩征银率为 0.023 两；荒田地 64 亩 7 分，亩征银率为 0.04748 两。它们较之行差地的亩征银率，分别仅为后者的 9.7%、12.8%和 26%，最低也相差近三倍。在这种情况下，地亩数额增加的幅度并不与赋额增加的幅度保持一致，后者较前者为低。额内部分赋额变动的结果，在道光三年时只比原额实征部分上升 3.5%。

该县额内部分新增各项地粮均发生在康熙三十六年以前，此后雍正、乾隆、嘉庆以迄道光三年都无变化。其所摊丁匠银和丁闰银，由于地亩在河北省实施摊丁入地前业已存在，自然是将摊丁入地时该地区应负丁银总额予以摊派。而摊丁入地时，直隶是将全省丁银总额摊入通省地亩之中。由于丁多地少，河北正定府所摊丁银总数较之该府此前丁地分办时所负担的丁银总额为少。所以，丁赋的摊入，对于该县这种在雍正以后没有变化的额内地亩来说，对赋税总水平的影响不大（可能还有减少）。

额外部分的变动情况如表 3-1B，更直接地反映出赋税增长及结构变动。较之额内部分来，获鹿县额外（包括不在府总项）的变化增加次数要多得多。我们将没有标明年份的项目作为原有额外项目，即表内的 B 栏，C 栏是额外部分的新增税项，学田因征收形式及解交处所特殊，不计。A 栏为不在府总部分，仅一项，也为新增。就地亩而言，额外部分的新增数 560 顷 85 亩 3 分 7 厘，较之原有的额外部分 70 顷 27 亩 9 分 5 厘，大幅度增加。其所收地粮银也在原有的 142.11478 两之外，增加了 995.63651 两；所摊丁匠银在原地亩应摊的 29.42156 两之外，增加了 206.12338 两；所摊丁闰银在原有地亩应摊数 1.12854 两之外，增加 7.90641 两，均有多倍的增加。

但从额外新增各项的地亩性质来看，除乾隆十年开垦荒田地21亩8分5厘属于本县自行开垦增加外，惟有康熙二十八年因赋税征收项目的更正，将额内部分原额中2顷92亩7分1厘改入额外项下征收，属于本县原有地亩。其他所有新增各项，都是归并或购买卫地、他县地亩而来。从这部分赋税形成的原由来看，只是税收管辖权的变更引起的增额。如果剔除这类性质的地亩，本县实征额外地亩仅乾隆十年所垦荒田地一项和顺治十四年清查出开垦等地一项。其地亩数合计为2顷62亩8分，地粮银44.10792两，丁匠银0.21477两。地亩较之原有额外地亩数70顷27亩9分5厘，仅增加3.7%，地粮银较之原有142.11478两，仅增加31%。丁匠银和丁闰银部分由于与额内部分同样的理由，不能反映赋税水平变动的情况，故从略。

就以上分析，从额内、额外（包括不在府总）两个类别分别看，新增地亩为数既少，且征粮数更少，赋额的增长幅度仅分别为原有数额的3.5%和31%。而且从赋额增长的期限上看，额内部分从康熙三十六年起便没有变动，额外及不在府总部分自乾隆十年起也无变动。从总的情况看，康熙之后，获鹿县的田赋征收数额就相对稳定在同一水平上，只有十分微小的增长。

2. 灵寿县

灵寿县的田赋征课内容也分为额内、不在府总及额外三个部分。我们仍分成两类加以说明。

额内部分地亩和赋额变动情况，见表3-2A。从表中可以看出，额内仅原额一项，其变动情况也就是原额一项的三次减除。三次减除的缘由，第一次是在清初定赋时，根据清廷的政策减除荒地部分，共285顷59亩6分4厘，这是减除地亩最多的一次。这项减除的荒地虽经康熙十九年开垦4顷10亩余，但仍有281顷49亩6厘未垦，赋额也相应地减少3419.52037两。第二次是康熙十年奉旨除豁康熙元年至七年续被水冲沙压征粮地232顷17亩1

分 9 厘，赋额也相应减除 2825.26526 两。第三次是嘉庆十四年奉旨豁除坍没地 46 顷 73 亩 9 分 3 厘，赋额也相应减除 568.066 两。第二三两次地亩及赋额减除均因水冲沙压和坍没所致，这是清政权赋税调减中最普遍的现象。

额内部分因为三次减除，至道光年间就在原额征粮地亩的基础上减少 560 顷 40 亩 1 分 8 厘，实征地亩只占原额征粮地亩 1403 顷 5 分的 60%；实征地粮银比原额 17063.38699 两减少 6812.85163 两，亦只占原额的 60%。如果以三次减除的年份为终点，我们可以看出减除年份当期地亩及赋额相对于原额的递减程度。据表列数字，我们得知，康熙十年以前确立赋额时，地亩减少 20.3%，赋额减少 20%；康熙十年，地亩又较原额减少 16.5%，赋额也减少 16.5%，加上次减除数，所征赋额只有原额的 63.5%；至嘉庆十四年，地亩又减少 3%，赋额减少 3.3%，其地亩和赋额均只及原额的 60%。所以，就额内部分来看，灵寿县的赋额在清代前期减少的幅度很大。

不在府总及额外部分的变动情况，见表 3-2B。这个部分在该县的地亩及赋额总数中所占比重极小。额外部分一般认为是确定赋额后该县新增的地亩和税粮。但灵寿县的情况却表明，额外部分在康熙十八年以前即有 99 顷 30 余亩，经康熙十八、十九两年的开垦，才有 13 顷 65 亩 6 分 7 厘垦熟征赋，绝大部分均久荒未垦，只有雍正十一年、道光四年两个年度新增了 9 顷 49 亩 3 分 5 厘，系报垦升科而成。所以就额外部分总的情况看，征粮地亩极少。至道光年间，较之康熙十八年以前的数额大有减少。不在府总地两项共 52 顷 1 亩 1 分 3 厘，均是在康熙十六年以前形成的。就不在府总地和额外部分总的情况看，在康熙十九年以后仅有两次较小的地亩和赋额增出。可见，这部分地亩和赋额在康熙中期以后的百余年间，保持在同一水平之上。

综观灵寿县田赋全部内容的变迁情况，其地亩和赋额在清前期呈递减的趋势，且数额较大。

3. 平山县

平山县的田赋征课内容包括额内、不在府总和额外三个部分。

额内部分的结构和变迁，如表3-3A所示，主要是原额一项的递减变化。此外，只有雍正十年开垦地亩一项，为数极少。原额征粮地1423顷35亩，共征地粮银19607.54598两。清初确定赋额时，减除无主荒地22顷47亩4分3厘。此后，自顺治十一年至康熙三年经过七个年度的七次开垦过荒地12顷40亩3分1厘，仍有荒地10顷7亩1分1厘，赋额也在原额的基础上减少138.15594两。到康熙十年，又奉旨除豁康熙七年水冲沙压老荒地共328顷37亩6分9厘，该年清查出小白行差老荒地折征粮地45亩4分5厘。康熙十七年、雍正九年两年开垦荒地共50顷7亩8分。截至雍正九年为止，仍有水冲沙压老荒地274顷42亩7分8厘，赋额又在康熙三年的基础上减少3767.51781两。嘉庆六年，又减除水冲沙压行差地34顷84亩1分6厘，赋额减少477.956两。至此，实在征粮地只剩1104顷9分3厘，地粮银减少至15223.72732两。这里还须注意，雍正二年以后，该地区实行了摊丁入地的措施，所以嘉庆六年水冲沙压行差地的减除，不仅是减少了477.956两的地粮银，而且使得该县摊派在该项地亩上的丁银同时减除，对总赋额的减少产生了另多一层的影响。在嘉庆六年以后，该县额内部分已无变化。从三个阶段的地亩和赋额减除情况看，康熙十年以前减除数最少，所征赋额在康熙三年仅较原额少138.15594两；康熙十年至雍正九年，减除最多，地亩减少274顷42亩7分8厘，赋额又减除3767.51781两，赋额较之原额少3905.67357两（包括康熙三年减除荒地赋额138.15594两）；嘉庆六年以后，减除数额水平居中。到嘉庆六年之后，地亩便比原额减319顷34亩5厘，地粮银减少了4383.62975两。原额部分的递减是明显的，而且数额可观。从地亩和赋额减除的原因看，属于清政权日常赋税调整中最常见的一类，赋额的减少全因荒地和水冲沙压使得地亩减少所致。

不在府总和额外部分的变化年度较多，见表 3–3B。不在府总仅一项。地亩和赋额的变化，主要表现在额外部分。额外部分在康熙三十三年发生首次变化前，原有充饷等地 143 顷 4 亩 3 分 7 厘，我们作为额外部分地亩赋额变化的基数。此后的变化情况，我们按朝代加以考察。康熙年间，有三十三、三十九、四十五、五十一年四个年度四次开垦河淤地共 12 顷 85 亩 9 分，征地粮银 25.718 两。雍正年间，经元、五、六、七、八年五个年度开垦河淤地及领工本营成水田（共 8 项）共地 232 顷 15 亩 3 分 4 厘，增地粮银 464.30682 两（其中雍正五年原领工本营成水田地 40 顷 80 亩 1 分 3 厘，在嘉庆六年因水冲沙压除粮讫，此阶段形成的赋额在嘉庆六年以后也相应减少 81.64272 两）。乾隆年间，经八、十、十三、十四年四个年度开垦成熟河淤地、营成水田地等共 95 顷 89 亩 6 分 9 厘，增地粮银额 191.79406 两。嘉庆年间，只 18 年一次报垦滩地 7 顷 75 亩 3 分 7 厘，增地粮银 15.508 两。按此就朝代分阶段看，额外地亩及赋额增加以雍正年间为最多，嘉庆年间为最少。康熙三十三年后，地亩总增额是 307 顷 84 亩 1 分 7 厘，地粮银总增额 615.68416 两。从整个额外地亩和赋额的形成过程来看，雍正以后地亩和赋额便没有太大的增加。

如果把额内、不在府总和额外综合起来，从平山县地亩和赋额全部内容来看，那么，平山县的赋额水平在各个阶段较原额均有所减少。额外部分的增额不足以抵补原额减除的部分。从统计看，额外部分地亩增加 307 顷余，似与原额减除的 319 顷余数额接近，但实际上二者的质量相差悬殊，前者承担的赋额仅 615.68416 两，而后者所载地粮银则达 4383.62975 两。额外部分所增地亩是贫瘠赋少之地，其亩征银率远低于额内部分地亩的征银率。

4. 栾城县

栾城县的田赋征课内容分为额内、不在府总和额外三个部分。

如表 3–4A 所示，额内部分即原额一项，其变动也较小。原额征粮地4083顷46亩5分，征地粮银12340.69936两。只在乾隆四年因改建墩台营房占用地3亩6分4厘，减除地粮银仅0.10773两，此后便无变动。所以，从总的情况看，额内部分的地亩和赋额长时期保持在同一水平上，几无波动。

不在府总及额外部分，如表3-4B所示，其地亩和赋额的变动只在康熙一朝。如以额外部分加以分析，我们可以看到，原有额外地15顷95亩8厘，征地粮银41.4442两。康熙二十八、二十九年两个年度增加三项地共553顷86亩3分8厘，增赋额990.1737两，为数似属不小。但就新增地亩的性质来看，均属归并正定卫或文安县地，这是由税收管辖权的变动所引起，并非该县自行垦辟增赋。所以，就不在府总和额外部分来看，基本上也无增额，只有不在府总项下有康熙十六年清查自首坑壕等地一项15顷30亩5分7厘，征地粮银45.66338两。

综观栾城县全部地亩和赋额变化，增减很小，道光三年以前百余年间几无变化。

5. 藁城县

藁城县的田赋征课内容分为额内、不在府总和额外三个部分。

如表3-5A所示，额内部分的变迁情况实即原额一项的渐次递减。清初定赋之始，本县即因沙压河陷水占不能开垦地，减少地亩432顷25亩1分9厘，赋额同时减少1048.2996两。康熙年间，于十年除豁顺治十一年水冲沙压地，地亩又减少245顷25亩2分8厘，后虽有康熙十二、十六、二十二年三个年度开垦及清出自首行差地66顷39亩4分7厘。但增减相较，减大于增。雍正年间，有八年首报垦荒行差地18顷85亩5分，其间地亩没有减除。与康熙年间比较，水冲沙压地亩额有所减少，课赋地亩略有增加。乾隆年间，此项地亩无变动。嘉庆一朝，此项地亩及赋额减除最大，嘉庆六年除水冲沙压优免地、水冲沙压应减免粮银十分之五优免地、水冲沙压行差地、水冲沙压应减免粮银十分之五行差地四项共地735

顷 34 亩 6 分 1 厘，共除银 2266.02 两，此外还豁除水冲沙压寄庄地 86 顷 15 亩 3 分 5 厘，减除地粮银 322.786 两。其间有嘉庆十四、十八年垦复嘉庆六年减免十分之五优免地及行差地、报垦嘉庆六年水冲沙压优免地及行差地两项共 32 顷 25 亩 5 厘，复征地粮银 64.417 两。但综合来看，嘉庆年间减除地亩及赋额数仍很大。

就清前期该县的整个情况来说，额内部分原额一项地亩及赋额呈递减趋势。减少的时间集中在康熙和嘉庆两朝。到嘉庆时，额内实征地亩只及原额的 76.3%，赋额只及原额的 76.8%。

不在府总及额外部分，如表 3-5B 所示，其地亩和赋银的变动主要在康熙年间。不在府总部分共 99 顷 79 亩 8 分 7 厘，原有 25 顷 58 亩 9 分 4 厘，征地粮银 51 两余。康熙三、五、八、十六年四个年度，新增地亩 74 顷 20 亩 9 分 3 厘，随增地粮银 255.49711 两，丁匠银 52.89474 两，丁闰银 2.02893 两。较之原额，其地亩增长 2.9 倍，地粮银增加 4.99 倍，所摊丁匠银、丁闰银也相应增加。

额外部分地亩原有数额为 29 顷 18 亩 6 分 4 厘，所征地粮银 93.31756 两，所摊丁匠银 19.31923 两，所摊丁闰银 0.74104 两。康熙十九年后新增额外地 2581 顷 3 亩 1 分 4 厘，增地粮银 6046.20315 两，丁匠银与丁闰银也随之增加。但从性质上看，新增部分绝大多数是乾隆三年安肃县受补地亩改归本县所形成，其余新增者是康熙十九、二十八、三十、三十三、三十六年五个年度买回他县地、归并正定卫地或退回带投佃地形成，均属赋税管辖权的变动所引起。所以，额外新增地亩和赋额虽然分别是原有的 88.4 倍和 64.8 倍，但无一是本县自身增辟所致。

综合各部分看，到道光三年时，全县共地 6947 顷 26 亩，[1] 征地粮银共 20163.71889 两，与原额相比（原额地亩 5585 顷 48 亩 2

1 《赋役全书》所记总数为 6942 顷 13 亩 5 分 4 厘，此处数字以分项统计相加而得，略有差异。

分6厘，赋额17854.61061两），地亩增长24.4%，赋额增长13%。如果剔除因归并买回等赋税管辖权变动形成的增额部分，即减除康熙十九年后新增额外地部分（地亩2581顷余，地粮6046.20315两），那么地亩及赋额较之原额均有所减少，地亩只4366顷22亩8分6厘（6947顷26亩减去2581顷3亩1分4厘），赋额只14117.51574两（20163.71889两减去6046.20315两），分别只及原额的78%和79%。所以，从藁城本县自有地亩及所载赋额的变动情况来看，呈递减趋势，其中减少幅度最大的集中在额内部分原额项。

6. 阜平县

阜平县田赋征课结构，只分额内和额外两个部分。

额内部分的演变情况如表3-6A所示，实际包括原额和乾隆十九至五十六年升科老荒及劝民垦成水田地两项。地亩和赋额的变动主要集中在原额一项。原额征粮地228顷18亩3分5厘，征地粮银3131.69915两，清初定赋之始，即减除荒地并水冲全冲地共36顷余。康熙年间六个年度共开垦及自首荒地以及清出自首开垦老荒等地14顷44亩5分6厘，但于康熙十年除豁顺治十、十一两年，康熙六、七两年水冲沙压老荒地共达124顷22亩4分9厘。所以，就康熙年间总的情况看，地亩较定赋之初有很大的减少。雍正年间三个年度报垦及清查自首荒地2顷17亩9分，未发生减除的情况，较之康熙年间略有增加。乾隆年间，在十三至四十四年间的十二个年度内报垦老荒地共123顷39亩3分4厘，又有乾隆五十六年劝民等成水田地77亩7分，共地124顷17亩4厘，较之康熙年间有较大幅度的增加。这期间减除地仅乾隆四十八年大教场建立行宫上用行差地26亩3分1厘一项，为数很小。嘉庆六年，因水冲沙压除粮地124顷10亩8分9厘，减除数量最大，使得嘉庆年间额内部分地亩及赋额较乾隆年间大为减少，又回复到康熙年间的水平。

就额内部分变动的总体情况看，地亩和赋额均呈递减趋势，到道光三年编定该县《赋役全书》时，地亩仅占原额的 37%，地粮银只占原额的 42%，节年减除地亩及粮银占原额的绝大部分。

额外部分的变动情况见表 3–6B。从表中可知，原有额外实征地 1 顷 10 亩，征地粮银 1.32 两。新增部分均在嘉庆年间形成，即嘉庆九、十九、二十四年三个年度增地 111 顷 48 亩 5 分 1 厘，增地粮银 133.782 两。

就本县田赋征课的全部内容来看，到道光初年，有额内额外地 197 顷 79 亩 1 分，地粮银 1447.78544 两。[1] 与原额相比较，征粮地只及 87%，地粮银只及 46%。地亩和粮银均有降低。地亩与粮银的减少幅度不一致，是因为新增额外地亩的亩征银率较之减除原额地亩的亩征银率为低。

7. 行唐县

行唐县的田赋征课内容包括额内、不在府总和额外三个部分。

额内部分地亩和赋额的变化，如表 3–7A 所示，实即原额征粮地亩和赋额的渐次递减。在清初定赋之始，因拨补安州地 53 顷余，较原额减至 1949 顷余。康熙十年，除豁顺治十、十一年以及康熙七年水冲沙压老荒行差征粮地 680 顷 78 亩 2 分 3 厘，较定赋之始的 1949 顷降低 35%。乾隆年间增粮地亩有所增长，一是乾隆八年对康熙、雍正年间共六个年度开垦过额内老荒地的起科，一是乾隆十一年劝垦成熟下下地 2 顷 20 亩余，共 49 顷 40 亩 4 分 9 厘，但征粮地亩仍较定赋之始减少 32.4%。嘉庆六年又因水冲沙压除豁行差地 55 顷 35 亩余，征粮地亩又降到康熙年间的水平，数额还略低。

从额内地亩和赋额的整个变动情况看，道光三年时，地亩只及原额的 68%，所征地粮银只及原额的 65.9%。节年减除地 740

1 较《赋役全书》所记总额 197 顷 1 亩 6 分 1 厘，地粮银 1308.92949 两有微小差异，此系分项统计相加而得。

顷54亩1分3厘，减除银9821.35347两。道光以前各朝，地亩和赋额均较原额有所减少。

不在府总地及额外部分的变动情况，参见表3-7B。不在府总部分，只清丈出额外山滩并庄窝折粮地一项，实际形成年份不清，似为本县清初定赋时的数额。额外部分包括三项：一是原有部分，即未注明具体年份的新垦荒田地、学院学租地；二是康熙十一年奉文退回原拨补安肃另立马厂河淤地、荒田留地；三是道光三年新垦荒地一项。后两项，也就是额外中的增额。康熙十一年退回原拨补安肃县各项地一项311顷57亩8厘，节经康熙十年、嘉庆六年两次豁减，仅剩50顷20亩9分。这样，额外部分的地亩和赋额在康熙至嘉庆间呈递减趋势。道光三年，新垦荒地12顷30亩余，使得征粮地亩及赋额较嘉庆时略有增加。但就整个额外部分来看，如果剔除因为赋税管辖权的改变而形成的康熙十一年地亩和田赋增额，那么，在道光三年以前，额外部分地亩及赋额没有变动。

综合本县田赋征课的全部内容来看，至道光三年时，征粮地亩1448顷83亩2厘，是原额地亩2002顷93亩余的72.3%；地粮银17925.09717两，是原额26630.34622两的61.3%。均较原额有很大减少。而亩额与赋额减幅不同的原因，也因新增额外地亩为贫瘠赋少之地，其亩征银率远低于原额部分地亩，前者为0.01899两/亩，后者则达0.13314两/亩。

8. 井陉县

井陉县田赋征课内容分为额内、不在府总和额外三项。

额内部分地亩和赋额的变迁，如表3-8A所示，实即原额征粮地一项在康熙年间的递减。原额征粮大地906顷93亩1分6厘，征地粮银12821.33498两，康熙十年除豁顺治九、十两年及康熙三、七两年水冲老荒行差征粮地76顷50亩8厘，虽经康熙十三年开垦水冲老荒地27顷66亩4分9厘，水冲老荒地仍有48顷

83 亩 5 分 9 厘，地粮银也较原额减少 690.39623 两。这样，康熙十三年后，额内部分地亩只及原额的 95%，其后雍正、乾隆、嘉庆以迄道光三年均无变化。

不在府总及额外部分的变动情形，参见表 3-8B。这两部分地亩共 148 顷 44 亩 7 分 4 厘，征地粮银 949.612 两。不在府总只一项。就额外部分而论，如以未注明年代的额外马厂籽粒地、牧地籽粒地、充饷河淤地三项为基数（地亩共 24 顷 22 亩 9 分 5 厘，地粮银共 61.90409 两），康熙十六年后新增部分地亩 117 顷 65 亩 5 分 2 厘，地粮银 794.96215 两，分别是原有额外地的 4.9 倍、12.8 倍。新增额外地亩和赋额主要集中在康熙、乾隆两朝，乾隆中期（二十一年）以后，没有太大变化。

综观本县田赋征课全部内容的变迁情况，至道光三年，地亩为 1006 顷 54 亩 4 分 3 厘，较原额增加 99 顷 61 亩 2 分 7 厘（11%）；地粮银为 13080.5511 两，较原额增加 259.21612 两（2%）。赋额有微弱的增长。地亩与地粮银增幅之不一致，也因新增额外地亩的亩征银率较原额地亩的亩征银率为低所致。

9. 晋州

晋州田赋征课内容和结构分为额内、不在府总和额外三个部分。

额内部分的地亩和赋额变迁如表 3-9A 所示，除原额外，仅有康熙十六年一次变动。原额一项没有发生减除的情况，稳定不变，地亩 5985 顷 68 亩 4 分 1 厘，地粮银 18181.13374 两。康熙十六年增出一项，地亩 3 顷 70 亩 3 分 7 厘，地粮银 11.06038 两，与原额比较，增长幅度极小（仅 0.06%）。因此，就晋州额内部分地亩及赋额而言，基本保持原额已有的水平，长期稳定不变。

不在府总及额外部分，参见表 3-9B，比额内部分变动要大。不在府总地部分，除清初定赋时清出新垦河淤地及隐漏地 81 顷 30 亩 4 分 9 厘外，在康熙八年增出一项，即新垦地和清出隐漏地

108 顷 58 亩 4 分 5 厘，征地粮银 217.25098 两。额外部分地亩及赋额，除原有开荒充饷地 1 顷 8 亩，征地粮银 2.16 两外，顺治十三年至乾隆三年四次增出地亩 644 顷 84 亩 4 分 1 厘，增地粮银 1355.96895 两。就地亩性质来看，除康熙十六年出首河淤隐漏地一项外，其他都为归并或退自其他县、州、卫的地亩。所以，该州自行增出者仅康熙十六年一项，增地 1 顷 31 亩 9 分 6 厘，征地粮银 2.6393 两。如果综合不在府总及额外部分来看地亩和地粮银的变化，那么原有地亩 82 顷 38 亩 4 分 9 厘，地粮银 174.44849 两，新增地亩 109 顷 90 亩 4 分 1 厘，地粮银 219.89028 两，地亩和赋额分别较原有增加 1.3 倍和 1.26 倍。这是就该州自行增长的部分与原有部分而论。

综合晋州田赋全部征课内容的变化情况，地亩和赋额较原额略有增加，但幅度很小。剔除额外部分中归并或退自他县州卫地及其所载粮银，地亩仅较原额增加 2%，地粮银增加 1.3%。因此，晋州征粮地亩和赋额在道光三年以前也长时间稳定在同一水平。

10. 赞皇县

赞皇县田赋征课结构和内容分为额内和额外两个部分。

额内部分地亩和赋额的变化，如表 3-10A 所示，实即原额征粮地及其所载赋额的渐次递减。清初定赋之始，原额内有无主荒地 257 顷 8 分，经康熙至雍正八年的开垦，仍有 240 顷 9 亩 8 分 5 厘的荒地。康熙十年，又除豁顺治九年至康熙七年沙压征粮地 56 顷 11 亩 9 分。康熙二十九年，援例开垦征粮大地 3 顷 65 亩 8 分 7 厘，增田赋银 54.09121 两。就康熙一朝来看，至康熙二十九年，地亩比原额减少 316 顷 78 亩 5 分 7 厘，地粮银比原额减少 4647.26887 两，减幅分别为 41.3%和 40.8%。雍正年间，有两项新垦地亩，但所增地粮银不及 4 两。从无主荒地的垦复来看，由于《赋役全书》将康熙至雍正八年间开垦者合记为一起，无法明了雍正年间垦复的实数，但就八年的赋额而言，有所增加，地亩垦复 17

顷 9 亩余，地粮银增加 251 两左右。乾隆三年，因改归赵州、晋州征粮寄庄地 10 顷 28 亩余，地粮银减除 171.81638 两。嘉庆六年，水冲沙压民粮地除豁行差地 1 顷 68 亩余，减除地粮银 24.865 两。就道光初年以前来看，康熙年间的地亩和赋额较原额和定赋之时有较大幅度的减少。雍正年间没有新的减除项目，有两项新增地亩，为数极少，地亩和赋额基本保持在康熙年间的水平。乾隆年间，因为三年改归赵州、晋州征粮地 10 顷余，地亩和赋额都较雍正年间有所减少。嘉庆六年再递减一次。这样，至道光三年，实在额内征粮地 458 顷 78 亩 9 分 5 厘，只及原额的 60%；征地粮银 6796.32582 两，只及原额的 60%。

额外部分地亩和地粮银变化情况，如表 3-10B 所示，康熙十年便有地亩 17 顷 49 亩 2 分 8 厘，征地粮银 70.03576 两。此后长时期没有变化。到嘉庆六年，因水冲沙压，减除额外荒田籽粒地 20 亩 8 厘，除地粮银 1.013 两，为数很少。所以，就额外部分的地亩和赋额而言，清前期长时间稳定在同一水平。

这样，赞皇县全部田赋征课内容的变迁情况，主要便体现在额内部分地亩和赋额的递减上。综合来看，清前期该县地亩和赋额都较原额降低 40%。

11. 新乐县

新乐县田赋征课结构和内容包括额内、不在府总和额外三个部分。

额内部分地亩和赋额的变动，如表 3-11A 所示，实即原额一项在顺治、康熙、嘉庆三朝的节次递减。顺治年间有两次变动，即顺治四年和七年拨补固安县征粮地和投充带去行差地两项，共地 33 顷 64 亩 6 分 2 厘，除地粮银 477.51294 两。康熙年间，因康熙十年奉旨除豁顺治九年被水冲沙压老荒征粮地，节年开垦地抵补后，仍除 151 顷 98 亩 5 分 2 厘，除地粮银 2325.5647 两。至此，地亩及地粮银均较原额减少 18%。嘉庆年间，又有六年、十三年两次地亩和赋额的减除，虽然有嘉庆十六年呈报开垦复粮寄庄地一项。但以嘉庆十六年计，征粮地亩只及原额的70.3%，地粮银只及原额的69.3%。

不在府总及额外部分的地亩和赋额变迁，参见表3-11B。不在府总部分，即康熙十六至三十三年三个年度清查出地亩408顷62亩7分5厘，征地粮银1154.60012两。额外部分的地亩和赋额，我们以未注明年代的部分为原有基数，新增部分即康熙二十八年、乾隆三年、嘉庆三年三次增出地亩和赋额，其中康熙二十八年、乾隆三年两次增额均因归并卫地所致，是赋税管辖权改变的结果。本县自行增出地实即嘉庆六年一项，地亩22顷8亩3分1厘，只占整个额外地亩的6.9%；地粮银334.256两，只占额外地粮银总数的30.9%。地亩增出很少，地粮增出较多，这是由于此项增出地系续报水冲沙压地亩案内水退沙飏可垦地亩额外行差地，其亩征银率远较其他各项额外地亩为高。

综合新乐县田赋征课的全部内容来看，如果把实征地亩及粮银与原额相比较，那么，在道光三年，地亩是原额的1.4倍，地粮银只及原额的83.5%。这说明新增地亩质次赋少。如果剔除因归并形成的增额，那么，该县地亩和赋额均较原额有很大减少。

12. 正定县

正定县田赋征课结构和内容分为额内、不在府总和额外三个部分。

额内部分地亩和赋额的变化，如表3-12A所示，实即原额一项的渐次递减。原额一项三等地折征粮地1217顷27亩3分4厘，征地粮银15000.46794两，经过康熙十年至五十三年的六次变动，实际征粮地减少到1125顷34亩7分1厘，比原额减少8.2%（91顷92亩余），征地粮银13916.92310两，比原额减少7.2%（1083.54484两）。此后，历经雍正、乾隆、嘉庆几朝基本保持不变。只是在嘉庆六年水冲沙压案内奉旨除豁各项民粮地中包含有少量此项地亩，使得嘉庆六年以后额内部分的赋额进一步有所减少。

不在府总和额外部分的地亩和赋额变迁，参见表 3-12B。这部分地亩和赋额的变化分布在康熙、乾隆和嘉庆三朝。原有额外及不在府总地共 537 顷 1 分 8 厘，征地粮银 1476.00354 两。康熙八年以后新增额外地 4360 顷 36 亩 6 分 4 厘，征地粮银 8683.23847 两。其中归并退回买回地达 4026 顷 5 分 7 厘。载地粮银 7985.59347 两，这是赋税管辖权的改变所致。如果剔除这部分，本县康熙八年以后自行增出额外地亩仅 334 顷 36 亩 7 厘，增地粮银仅 697.645 两，而且都集中在康熙年间八至四十八年。及至嘉庆六年，因水冲沙压除豁额外地亩 455 顷 43 亩 6 分 4 厘，除银 1352.13 两，额外地亩和赋银又回复到康熙八年以前水平，且似有降低。因此，从清前期整个阶段来看，不在府总和额外部分地亩和赋额均呈递减趋势。

综观正定县全部田赋征课内容的变迁情况，至道光时，地亩和赋额均有大的增加，地亩从原额的 1217 顷余增至 5526 顷余，赋额从 15000 两余增至 22704.10832 两。地亩是原额的 4.5 倍，赋额是原额的 1.5 倍。其所增幅度之不一，也是因为新增额外地亩的亩征银率较原额地亩的亩征银率为低。如果剔除因赋税管辖权的改变而引起的地亩和田赋增额，在嘉庆六年以后只有地亩 1541 顷 27 亩 3 分 2 厘，地粮银只有 14738.44164 两，地粮银较原额减少 262.0263 两，地亩数额虽有增加，却质次赋少。这个数额中包括康熙八年以前原有的不在府总和额外地 537 顷余，所载地粮银 1476.00354 两。这样，倘若以康熙八年为计算基点，那么，地亩和赋额较之原额有更大的减少。换句话说，康熙八年以后，正定县的自有田地及所载赋额较之原额均有较大减少。

13. 元氏县

元氏县田赋征课结构和内容分为额内、不在府总和额外三个部分。

额内部分地亩和赋额的变迁情况，如表3-13A所示，实即原额征粮地一项的递减。原额征粮地1371顷97亩2分7厘，征地粮银21062.66390两。清初定赋时，即有无主荒地81顷82亩6分2厘，经顺治十年至康熙五十七年对荒地开垦抵补后，实除无主荒地16顷84亩9分3厘，除正银257.51094两。康熙十年除豁康熙七年水冲沙压行差征粮大地23顷28亩8分6厘。此后虽经康熙、雍正、乾隆三朝对荒地的开垦，新垦地亩仍不足以抵补所除水冲沙压地亩，至乾隆十二年，仍剩水冲沙压行差地21顷50亩7分8厘，除正银328.70034两。可见，康雍乾时期原额一项征粮地均较原额有所减少，赋额也相应递减。乾隆十二年以迄道光三年，额内部分实在成熟并节次开垦首出共征粮地1333顷61亩5分，征地粮银20476.4472两。与原额比较，减少地亩38顷35亩7分7厘，减少地粮银586.2167两。

不在府总及额外部分地亩和赋额的变化，见表3-13B，均发生在康熙一朝，康熙二十二年以后没有任何变化。以康熙二十二年计，不在府总和额外地共144顷91亩6分7厘，征地粮银388.38567两。这个数额一直保持到道光三年。

因此，从元氏县全部田赋的征课内容来看，康熙中期以后的各个时期，实征地亩和赋额均较原额有所减少。赋额变迁呈递减的趋势。

14. 无极县

无极县的田赋结构和内容由额内、不在府总和额外三个部分组成。

额内部分地亩和赋额的变动，如表3-14A所示，实即原额一项的递减。原额征粮地1021顷31亩5分，征地粮银18669.6392两。康熙十年，除豁顺治十一年水冲沙压共地35顷23亩2分。后经康熙十六年至乾隆九年自首开垦劝垦清出共地8顷75亩9分9厘，仍剩水冲沙压地 26 顷 47 亩 2 分 1 厘，除地粮银 515.97757 两。乾隆六年，又奉旨除豁沙压荒地 10 顷 2 亩 5 分 6 厘，除银 182.38030 两。实在征粮熟地，在乾隆九年以后，即为 984 顷 81 亩 7 分 1 厘，征地粮银 17971.28128 两，一直保持到道光三年。这一数额较原额有所减少，地亩减少 36 顷 49 亩 7 分 9 厘，地粮银减少 698.35792 两。

不在府总及额外部分，参见表 3-14B。不在府总地，均在康熙三十三年以前形成，共地 97 顷 1 厘，征地粮银 298.6661 两。康熙三十三年后以迄道光初没有新的增加项目。额外部分除原有一项外，康熙年间增出地亩 1172 顷 8 分 6 厘，增地粮银 3016.95307 两，其中包括原拨补易州退随本县征粮地 1163 顷 9 亩 7 分 2 厘，地粮银 2990.55068 两，因此，在此期间本县自行增出仅 8 顷 91 亩 1 分 4 厘，所载地粮银也只有 26.40239 两。雍正间增出地 76 亩 3 分，征地粮银 2.14081 两。乾隆年间增地 1 顷 20 亩，增地粮银 1.75476 两。此后没有变化。总起来看，康熙二十年后本县自行增出额外地 10 顷 87 亩 4 分 4 厘，增地粮银额 30.29796 两。

综观无极县田赋征课全部内容的变迁情况，由于不在府总部分在康熙三十三年后没有变化，而康熙二十年后自行增出的额外部分为数极少，不足以抵补原额减除的部分，因此，本县地亩和赋额在清代前期呈递减趋势。

（三）几点结论

以上我们根据道光三年份正定府各州县《赋役全书》对该府十四个州县清前期田赋的结构和赋额变迁分别进行了分析，由此我们可以得出如下几点认识。

第一，就正定府十四州县赋额变动的具体情况来看，如果剔除因拨补、买回等赋税管辖权的改变而形成的赋税增额，那么，自清初定赋时起以迄道光三年，无极、元氏、正定、新乐、赞皇、行唐、阜平、藁城、平山、灵寿十县的赋额均呈递减趋势，各县递减的幅度不一，有如前述，其中减少幅度最大的是阜平县，在道光三年时，其应征赋额只及清初该县原额的46%。晋州、井陉、获鹿、栾城四州县的赋额稳中有升，但增加的幅度不大，到道光三年时，与原额比较，晋州增加1.3%，井陉县增加2%、获鹿县增加4%，栾城县增加0.6%。而以《赋役全书》府总册所记载全府总赋额的变化情况来看，清初定赋之始，赋额为194136.79316两，道光三年时，赋额为216874.29788两，仅增加11.7%（而且其中还包括定赋时即有的额外部分赋额），变化不大。[1]如据各州县赋额变动表归总计算，不计丁银、丁闰银等，正定府总赋税额的变化趋势却是下降的。参见表3-15。

第二，从各州县赋额变动的期限来看，大致说来，无论哪一州县，其增额主要均发生在乾隆以前各朝，乾隆以后增额所占比例缩小。嘉庆时期，则为赋额减少集中出现的阶段。不过，总的说来，乾隆朝始，各州县的赋税征额便长期相对稳定在同一水平，波动较小。参见表3-15。

第三，各州县的新增地亩，特别是额外地亩，多为贫瘠赋少之地。所以，增出地亩和增出赋额与原额比较，所增幅度不一致，前者大于后者。由此可以看出，在清初定赋时除原额地亩之外，其他地亩均质次贫瘠，开垦起科后所载粮银亦少。

第四，从影响各州县地亩和赋额增减变化的原因来看，大多属于清政府赋税调整最经常最普遍的一类，即坍荒除豁与新垦加增。与赋额变动相联系，从中可以看到赋税调整所产生的作用：赋税调整固守维持原额的原则，但又不能不受经济形势的影响，随着嘉道时经济的衰退，赋额相应递减。

1　此处只据《直隶正定府赋役全书·府总》册统计地粮银部分予以比较。另道光三年，有均摊丁匠银44276.34027两，而摊丁入地时摊征丁银46735.77979两、工部项下匠价银125.55两，此项则有减少。

表 3-1A 获鹿县田赋征课结构及变迁表（额内）

	年 份	地亩性质	地亩数	共征地粮银（两）	共摊丁匠银（两）	共摊丁闰银（两）
A	康熙二十九年	原额征粮	962 顷 51 亩 5 分 6 厘	17361.58963		
		更正杜坤征粮地	74 亩 2 厘，改入额外项下另征粮			
		实在征粮地	961 顷 77 亩 5 分 4 厘	17348.35711	3591.57517	137.76639
B	康熙十六年	清查出额内各项地	133 顷 72 亩 8 分 1 厘	599.664	129.14651	4.76202
	康熙十八年	续查首出各项地	1 顷 98 亩 8 分 4 厘	4.0399	0.83636	0.032075
	康熙三十五年	自首额内小白下地	38 亩 8 分 6 厘	6.94732	1.43828	0.05516
	康熙三十六年	自首开垦额内额外地	19 亩 5 分 8 厘	1.9671	0.40724	0.015611
小计			136 顷 30 亩 9 厘	612.61832	131.82839	4.864866
合计			1098 顷 7 亩 6 分 3 厘	17960.97543	3723.40356	142.631256

表 3-1B 获鹿县田赋征课结构及变迁表（不在府总及额外）

	年 份	地亩性质	地亩数	共征地粮银（两）	共摊丁匠银（两）	共摊丁闰银（两）
A	顺治十九年	清查增出开垦等地	2顷 40 亩 9 分 5 厘	43.07048	8.91674	0.34203
B	额外	更名并马厂牧地	63 顷 42 亩 5 分 5 厘	109.57178	22.68429	0.87012
		河淤籽粒地	44 顷 86 亩 9 分 5 厘	103.2[1]		
		充饷荒田地	6 顷 85 亩 4 分	32.543	6.73727	0.25842
小计			70 顷 27 亩 9 分 5 厘	142.11478	29.42156	1.12854

1 自顺治十一年至康熙七年一概水冲成河，于康熙十年奉旨除豁讫。

续 表

	年　份	地亩性质	地亩数	共征地粮银（两）	共摊丁匠银（两）	共摊丁闰银（两）
C	乾隆十年	开垦荒田地	21亩8分5厘	1.03744	0.21477	0.00823
		按院学田地	77亩	征租谷7石7斗		
		学院学田地	10亩	征租谷2石5斗		
		井陉道学田地	2顷53亩8分	征租谷30石7斗8升		
	康熙二十八年	更正原补杜坤等马厂地	2顷92亩7分1厘	5.05681	1.04689	0.04015
	康熙二十八年	正定卫归并本县地	43顷71亩8分	102.96314	21.31612	0.81764
		神武卫归并正定卫地亩今归本县	68顷94亩5分	82.14876	17.00699	0.652353
	康熙二十九年	奉文归并正定卫各屯自首地	1顷65亩2分	3.36728	0.697104	0.026737
	康熙三十年	买回正定卫地	85顷73亩4分3厘	155.13629	32.11737	1.2319
	康熙三十三年	买回正定卫地	2顷73亩4分	4.94717	1.02419	0.03928
	康熙三十六年	买回拨补安肃县地	4顷47亩	8.08846	1.67452	0.06423
	康熙三十五年	自首正定卫中地	2顷85亩4分	3.94697	0.81712	0.03134
	康熙三十六年	自首正定卫中地	9亩2分	0.12723	0.02634	0.00101
	乾隆三年	归并安肃县受补正定卫地	347顷50亩8分8厘	628.81696	130.18197	4.99354
小计			560顷85亩3分7厘[1]	995.63651	206.123384	7.90641
合计			633顷54亩2分7厘	1180.82177	244.461684	9.37698

1 不计学田地三项共3顷40亩8分。

表3-2A 灵寿县田赋征课结构及变迁表（额内）

年 份	地亩性质	地亩数	共征地粮银（两）	共摊丁匠银（两）	共摊丁闰银（两）
康熙十九年	原额征粮地	1403顷5分	17063.38699		
	内奉旨除荒地，内除	285顷59亩6分4厘			
	开垦地	4顷10亩5分8厘			
	实剩未垦地	281顷49亩6厘	-3419.52037		
	实在地	1121顷51亩4分3厘			
康熙十年	奉旨除豁康熙元年至七年续被水冲沙压征粮共地	232顷17亩1分9厘	-2825.26526		
嘉庆十四年	实在成熟征粮地，其中	889顷34亩2分4厘			
	优免地	159顷79亩	1942.07347	402.06129	15.42235
	行差地，内除	723顷37亩1分1厘			
	奉旨豁除坍没地	46顷73亩9分3厘	-568.066		
	实剩行差地	676顷63亩1分7厘	8223.72299	1702.5311	65.30616
	寄庄地	6顷18亩1分2厘	84.73889	17.54322	0.67292
小计	实在征粮地	842顷60亩2分9厘	10250.53535	2122.13561	81.40143
	节年豁除地	560顷40亩1分8厘	-6812.85163		

表 3-2B 灵寿县田赋征课结构及变迁表（不在府总及额外）

年份	地亩性质	地亩数	共征地粮银（两）	共摊丁匠银（两）	共摊丁闰银（两）	
	不在府总地奉文清查新增地	1顷63亩8分5厘	19.91527	4.12299	0.15815	
康熙十六年	清查自首额内额外地	50顷37亩2分8厘	577.30007	119.516592	4.58443	
小计		52顷1亩1分3厘	597.21534	123.639582	4.74268	
	额外 原拨补高阳退回马厂牧地河淤屯学等地，内	99顷30亩8分3厘				
康熙十八年	开垦原拨补马厂地（于康熙二十四年起科征粮）	1顷77亩1分5厘				
康熙十九年	开垦原拨补马厂地（于康熙二十五年起科征粮）	5亩9分2厘5毫				
康熙十八年	开垦原拨河淤地	4顷54亩5分				
	其他各项久荒未垦，实垦熟高阳退回马厂地	1顷83亩8厘	10.42734	2.15874	0.082805	

续　表

年　份	地亩性质	地亩数	共征地粮银（两）	共摊丁匠银（两）	共摊丁闰银（两）	
	实垦熟高阳退回河淤地	4顷 54 亩 5 分	13.80315	2.85762	0.10961	
	新垦河淤小白地	7 顷 28 亩 9 厘	22.11219	4.57781	0.17559	
雍正十一年	灵寿县民人认垦平山民人冲豁河淤地	1 顷 73 亩 9 分 8 厘	3.47962	0.72037	0.02763	
道光四年	报垦升科水冲沙压民荒共地	7 顷 75 亩 3 分 7 厘	89.344	18.496604	0.70949	3.48946
小计		23 顷 15 亩 2 厘	139.1663	28.811144	1.105125	
合计		75 顷 16 亩 1 分 5 厘	736.38164	152.450724	5.847605	

表 3–3A　平山县田赋征课结构及变迁表（额内）

年　份	地亩性质	地亩数	共征地粮银（两）	共摊丁匠银（两）	共摊丁闰银（两）
顺治十一年至康熙三年	原额上中下三等地折征粮地	1423 顷 35 亩	19607.54598		
	内除无主荒地	22 顷 47 亩 4 分 3 厘			
	七年度七次开垦过荒地	12 顷 40 亩 3 分 1 厘			
	现在荒地	10 顷 7 亩 1 分 1 厘	–138.15594		

续 表

年 份	地亩性质	地亩数	共征地粮银（两）	共摊丁匠银（两）	共摊丁闰银（两）
	实在并开垦共地，内康熙十年奉旨除	1413 顷 27 亩 8 分 8 厘			
	豁康熙七年水冲沙压老荒共地	328 顷 37 亩 6 分 9 厘[1]			
	清查出小白行差老荒地折征粮地	45 亩 4 分 5 厘			
康熙十七年	开垦荒地	50 顷 6 亩 4 分 3 厘			
雍正九年	开垦荒地	1 亩 3 分 7 厘			
	实剩水冲沙压老荒共地	274 顷 42 亩 7 分 8 厘	-3767.51781		
嘉庆六年	水冲沙压行差地	34 顷 84 亩 1 分 6 厘	-477.956		
	实在征粮共地	1104 顷 9 分 3 厘	15223[2]	3151.71984	120.89446
雍正十年	民人赵台开垦地	1 亩 3 分 7 厘	0.18889	0.039106	0.0015
小计	征粮地	1104 顷 2 亩 3 分[3]	15224.10512	3151.75894	120.89596
	节年豁除地	-319 顷 32 亩 7 分	-4383[4]		

1 另含行差老荒地 3 顷 41 亩 6 分 5 厘。

2 此数字系“全书”原录，如按表中各栏计算则分别应为 15223.91623、-4383.44086 两。因表中舍弃了小数点五位后的尾数，故有此差距。

3 另含行差老荒地 3 顷 41 亩 6 分 5 厘。

4 此数字系“全书”原录，如按表中各栏计算则分别应为 15223.91623、-4383.44086 两。因表中舍弃了小数点五位后的尾数，故有此差距。

表 3–3B　平山县田赋征课结构及变迁表（不在府总及额外）

年　份	地亩性质	地亩数	共征地粮银（两）	共摊丁匠银（两）	共摊丁闰银（两）	
	不在府总新垦场院共地	1顷68亩2分9厘	23.07871	4.77791	0.18327	
	额外充饷地	21顷21亩6分	42.432	8.78456	0.33696	
	牧地	1顷52亩3厘	3.0406	0.62948	0.02414	
	实在马厂籽粒地	19顷5亩1分9厘	38.1039	7.88852	0.30258	
	马厂地	1顷2分6厘	2.0052	0.41513	0.01592	
	实在河淤地	100顷25亩2分9厘	200.5058	11.51007	1.59225	
康熙三十三年	开垦河淤地	5顷37亩4分	10.748	2.22512	0.08535	
三十九年	开垦河淤地	2顷11亩9分	4.238	0.87737	0.03365	
四十五年	开垦河淤地	3顷25亩5分	6.51	1.34744	0.05169	
五十一年	开垦河淤地	2顷11亩1分	4.222	0.87406	0.03352	
雍正元年	开垦河淤地	7顷69亩7分	15.394	3.18697	0.12224	
五年	开垦河淤地	4顷32亩3分	8.646	1.78995	0.06865	
六年	开垦河淤地	6顷64亩3分8厘	13.2876	2.75088	0.10551	
五年	平民原领工本营成水田地	40顷82亩1分3厘	81.64272	16.90223	0.64833	嘉庆六年水冲沙压除粮讫
六年	"	62顷94亩2分5厘	125.885	26.06157	0.99967	
七年	"	63顷21亩2分3厘	126.42442	26.17324	0.34949	

续 表

年 份	地亩性质	地亩数	共征地粮银（两）	共摊丁匠银（两）	共摊丁闰银（两）	
八年	平民原领工本营成水田地	44 顷 31 亩 3 分 5 厘	88.62708	18.34818	0.703803	
十二年	平民开垦水田地	2 顷 20 亩	4.4	0.91091	0.03494	
乾隆八年	开垦成热河淤地	19 顷 49 亩 9 分 8 厘	38.9997	8.07398	0.309703	
十三年	民人开垦营田	41 顷 62 亩 4 厘	83.2408	17.23307	0.66103	于乾隆十九年升科
十年	民人原领工本营成水田	25 顷 99 亩 9 分	51.99816	10.76501	0.41292	于乾隆二十年升科
十四年	劝民自备工本营成水田	8 顷 77 亩 7 分 7 厘	17.5554	3.63443	0.13941	于乾隆二十年升科
嘉庆十八年	民人报垦滩地	7 顷 75 亩 3 分 7 厘	15.508	3.21	0.1235	应嘉庆十七年纳粮为始
	原有额外充饷地等	143 顷 4 亩 3 分 7 厘	286.0875	29.22776	2.277181	
小计	原有额外充饷地等	143 顷 4 亩 3 分 7 厘	286.0875	29.22776	2.27185	
	康熙三十三年后新增地	307 顷 84 亩 1 分 7 厘[1]	615.68416	127.46218	4.235076	
合计	不在府总及额外	452 顷 56 亩 8 分 3 厘	924.85037	161.46785	6.69020	

表 3-4A 栾城县田赋征课结构及变迁表（额内）

年 份	地亩性质	地亩数	共征地粮银（两）	共摊丁匠银（两）	共摊丁闰银（两）	地闰银（两）
	原额征粮地	4083 顷 46 亩 5 分	12340.69936			
乾隆四年	改建墩台营房占用地	3 亩 6 分 4 厘 3 毫		2554.83342	97.99883	427.04214
	实在征粮地	4083 顷 42 亩 8 分 6 厘	12340.59163			
小计	除减地亩	3 亩 6 分 4 厘 3 毫	-0.10773			

1 未计雍正五年平民领工本营成水田地嘉庆六年水冲沙压除粮讫一项，地粮银及所摊丁匠丁闰银同。

表 3–4B　栾城县田赋征课结构及变迁表（不在府总及额外）

年　份	地亩性质	地亩数	共征地粮银（两）	共摊丁匠银（两）	共摊丁闰银（两）	地闰银（两）
	不在府总地清丈开垦出坑壕等项地	5顷 4 亩 3 分 4 厘	14.91349	3.08749	0.11843	0.51607
康熙十六年	清查自首坑壕等地	15 顷 30 亩 5 分 7 厘	45.66338	9.4537	0.36262	1.58019
小计	不在府总地共	20 顷 34 亩 9 分 1 厘	60.57687	12.54119	0.48105	2.09626
	额外马厂籽粒地	5顷 76 亩	18.17	3.76167	0.14429	
	牧地籽粒地	3 顷 70 亩 4 分 7 厘	5.0894	1.05364	0.04041	
	充饷地	1 顷 82 亩 3 分 4 厘	6.62205	1.37094	0.05258	
	学院学田共地	4 顷 66 亩 2 分 7 厘	11.56275	2.39379	0.09182	
康熙二十八年	奉裁正定卫归并本县地	543 顷 68 亩 4 分	972.959602	201.42872	7.72642	
	黄穰苗价银	(在归并实在征粮屯地内派征)	1.0389			
扇熙二十九年	奉文归并文安县受补正定卫地	3 顷 76 亩 6 分 1 厘	7.21521	1.493743	0.05728	
康熙二十九年	奉文归并正定卫各屯自首地	6 顷 41 亩 3 分 7 厘	8.95999	1.85495	0.071152	
小计	原有额外地	15 顷 95 亩 8 厘	41.4442	8.58004	0.3291	
	康熙年间归并地	553 顷 86 亩 3 分 8 厘	990.173702[1]	204.77741	7.854852	

1　包括黄穰苗价银 1.0389 两。

表 3–5A 藁城县田赋征课结构及变迁表（额内）

年 份	地亩性质	地亩数	共征地粮银（两）	共摊丁匠银（两）	共摊丁闰银（两）	地闰银（两）
	原额小白地	5585 顷 48 亩 2 分 6 厘	17854.61061			
	内除沙压河陷水占不能开垦地	432 顷 25 亩 1 分 9 厘	–1048.29960			
	实在征粮地	5153 顷 23 亩 6 厘				
康熙十年	奉旨除豁顺治十一年水冲沙压地	–245 顷 25 亩 2 分 8 厘				
康熙十二、十六、二十二年	三次开垦及清出自首行差地	66 顷 39 亩 4 分 7 厘				
雍正八年	奉文首报垦荒行差地	18 顷 85 亩 5 分				
	实剩水冲沙压地	160 顷 5 分	–579.40391			
	实在熟地并开垦自首共地	4993 顷 22 亩 5 分 6 厘				
嘉庆六年	除水冲沙压优免地	174 顷 75 亩 4 分 3 厘	–559.588			–18.947
	除水冲沙压减免粮银 5/10 优免地	16 顷 69 亩 3 厘	–26.772			–0.905
嘉庆十四年	垦复嘉庆六年减免 5/10 优免地	9 顷 34 亩	14.954			0.506

续 表

年　份	地亩性质	地亩数	共征地粮银（两）	共摊丁匠银（两）	共摊丁闰银（两）	地闰银（两）
嘉庆六年	豁除水冲沙压行差地	505 顷 18 亩 2 分 8 厘	−1617.668			−54.773
	减免粮银 5/10 行差地	38 顷 71 亩 8 分 7 厘	−61.992			−2.099
嘉庆十四年	垦复嘉庆六年减免 5/10 水冲沙压行差地	20 顷 92 亩 7 分	33.506			1.135
	报垦嘉庆六年除粮行差地	4 顷 10 亩 5 分 5 厘	13.146			0.445
十八年	报垦嘉庆六年水冲沙压行差地	87 亩 8 分	2.811	0.582	0.022	
六年	豁除水冲沙压寄庄地	86 顷 15 亩 3 分 5 厘	−322.786	−66.825	−2.5633	−1000.939
小计	实剩征粮地	4237 顷 24 亩 3 分 5 厘	13717.52209	2836.80383	108.81446	
	节年豁除地	1499 顷 4 分 3 厘	4216.509517			
	节年开垦地	175 顷 90 亩 7 分 2 厘[1]				

1　所征银含于实剩地内。

★　优免及行差又地 30 顷 26 亩 7 分，分别列于优免地及行差地项下，分别为 16 顷 69 亩 3 厘、38 顷 71 亩 8 分 7 厘，亩征银率均为 0.01601 两，与优免地、行差地亩征银率 0.03202 两不同，共征银 88.715 两，似即减免粮银 5/10 地亩仍行征粮部分。未垦复者还有 25 顷 14 亩 2 分。

表 3-5B 藁城县田赋征课结构及变迁表（不在府总及额外）

年 份	地亩性质	地亩数	共征地粮银（两）	共摊丁匠银（两）	共摊丁闰银（两）
额外	充饷地	27 顷 90 亩 3 分 9 厘	75.78693	15.68992	0.60183
	学院学田地	1 顷 28 亩 2 分 5 厘	17.53063	3.62931	0.13921
康熙十九年	退回带投佃地	44 顷 98 亩	129.93508	26.90004	1.03183
	拨补马厂籽粒地	117 顷 97 亩 3 厘	(顺治四年奉文尽行拨补安肃县收受讫)		
康熙二十八年	正安卫归并本县地	32 顷 43 亩 2 分 5 厘	55.72696	11.53697	0.44253
	正定卫裁并神武卫归并本县成熟中地	3 顷 90 亩	6.94176	1.43713	0.05512
康熙三十年	买回拨补安肃县孔维等地亩 8 项	584 顷 52 亩 6 厘[1]	1543.47633	319.45303	12.33026
康熙三十三年	买回安肃县民拨补地	6 顷 84 亩 7 分 1 厘	17.98737	3.72386	0.14284
康熙三十六年	肃民退卖拨补地	50 顷 68 亩 1 分 9 厘	129.413407	26.79204	1.02769
乾隆三年	安肃县受补地亩改归本县征粮地	1857 顷 66 亩 9 分 3 厘	4162.72224	861.79514	33.05692
小计	原有充饷等额外地	29 顷 18 亩 6 分 4 厘	93.31756	19.31923	0.74104
	康熙十九年后额外地	2581 顷 3 亩 1 分 4 厘	6046.20315	1251.63821	48.08719
	不在府总新垦额外沙压地	25 顷 58 亩 9 分 4 厘	51.17898	10.59542	0.40642
康熙三年	开垦额外沙压地	9顷 26 亩 5 分 3 厘	29.66908	6.14229	0.235607
康熙五年	新垦荒地	4 顷 49 亩 2 分 4 厘	14.38531	2.97814	0.11423

1 其中佃地一项，嘉庆六年因水冲沙压等除减地 223 顷 77 亩 9 分 2 厘，除减地粮银 454.863 两，丁匠银 94.2568 两，丁闰银 3.5389 两，地闰银 51.596 两未计。

续 表

年 份	地亩性质	地亩数	共征地粮银（两）	共摊丁匠银（两）	共摊丁闰银（两）
康熙八年	新垦荒地	22 顷 39 亩 5 分	89.58	18.54546	0.71137
康熙十六年	奉文清出自首不在全书之内额外漏粮沙压地	38 顷 5 亩 6 分 6 厘	121.86272	25.22885	0.96773
	新增	74 顷 20 亩 9 分 3 厘	255.49711	52.89474	2.028937
小计	不在府总共	99 顷 79 亩 8 分 7 厘	306.67609	63.49016	2.435357
合计	不在府总及额外	2710 顷 1 亩 6 分 5 厘	6446.1968	1334.4476	51.263587

表 3–6A 阜平县田赋征课结构及变迁表（额内）

年 份	地亩性质	地亩数	共征地粮银（两）	共摊丁匠银（两）	共摊丁闰银（两）
	原额征粮地	228 顷 18 亩 3 分 5 厘	3131.69915		
康熙元年至二十三年	内奉旨除荒井水冲全冲地元、二、三、七、十六、二十三六个年度开垦及自首荒地	–36 顷 17 亩 9 分 7 厘 10 顷 83 亩 8 分 4 厘			
雍正十至十二年	三个年度报垦及清查自首荒地	2 顷 17 亩 9 分[1]			
乾隆九年	首报荒地	29 亩 3 厘			
	实在荒地并水冲全冲共地	22 顷 87 亩 1 分 7 厘	–311.50685		

1 其中雍正十一年报垦荒地 1 顷 75 亩，于乾隆八年起科。雍正十年报垦荒地 27 亩 9 分，于乾隆七年起科。

续 表

年 份	地亩性质	地亩数	共征地粮银（两）	共摊丁匠银（两）	共摊丁闰银（两）
	实在征粮并节年开垦及自首共地	205 顷 31 亩 1 分 7 厘			
康熙十年	内除豁顺治十、十一年康熙六、七两年水冲沙压老荒共地，内	−124 顷 22 亩 4 分 9 厘			
康熙十六年	清出自首开垦老荒等地	3 顷 60 亩 7 分 2 厘			
乾隆十三至四十四年	12 个年度报垦老荒地共[1]	123 顷 39 亩 3 分 4 厘			
嘉庆六年	水冲沙压案内照额除粮地	−124 顷 10 亩 8 分 9 厘			
乾隆四十八年	大教场建立行宫占用行差地	26 亩 3 分 1 厘	−3.583	−0.742	−0.028
	实在成热并节年开垦及自首开垦征粮共地	84 顷 43 亩 9 厘	1311.75344	271.56007	10.41748
乾隆五十六年	劝民等成水田地	77 亩 5 分	0.93	0.254	0.007
小计	实在征粮共地	85 顷 20 亩 5 分 9 厘	1312.68344	271.81407	10.42448
	节年除粮地	144 顷 40 亩 8 分			

1 起科均在报垦年份后的第六年。

表 3–6B　阜平县田赋征课结构及变迁表（额外）

年　份	地亩性质	地亩数	共征地粮银（两）	共摊丁匠银（两）	共摊丁闰银（两）
	荒田地	25 顷			
康熙十一年	开垦成熟荒地	1 顷 10 亩	1.32	0.27327	0.0148
	下剩未垦荒地	23 顷 90 亩	–28.68		
	河淤充饷地	9 顷 42 亩 3 分 1 厘	10.428（地荒未征）		
	学院学田地	12 亩 7 分	2 石 6 斗 4 升		
嘉庆九年	认垦升科地	1 顷 24 亩 6 分 7 厘	1.496		
十九年	报垦升科地	79 顷 16 亩 1 分 1 厘	94.993		
二十四年	报垦升科地	31 顷 7 亩 7 分 3 厘	37.293		
小计	原有额外实御地[1]	1顷 10 亩	1.32	0.27327	0.0148
	嘉庆九年后新增地	111 顷 48 亩 5 分 1 厘	133.782		

表 3–7A　行唐县田赋征课结构及变迁表（额内）

年　份	地亩性质	地亩数	共征地粮银（两）	共摊丁匠银（两）	共摊丁闰银（两）
	原额征粮地	2002 顷 93 亩 3 分 2 厘	26630.34622		
顺治四年	奉部文拨补安州士民认受地亩折除征粮地	53 顷 81 亩 4 分 2 厘	–678.58942		
	实在地	1949 顷 11 亩 9 分			
康熙十年	奉旨除豁顺治十、十一年及康熙七年水冲沙压老荒行差征粮地	680 顷 78 亩 2 分 3 厘			

1　不计学田地。

续 表

年 份	地亩性质	地亩数	共征地粮银（两）	共摊丁匠银（两）	共摊丁闰银（两）
乾隆八年	起科康熙十一、十二、十六、十九、二十年，雍正十年开垦过额内老荒地	47 顷 20 亩 5 厘			
乾隆十一年	劝垦成熟下下地折征粮大地	2 顷 20 亩 4 分 4 厘			
	实在水冲沙压老荒地	631 顷 37 亩 7 分 1 厘	-8405.83415		
嘉庆六年	水冲沙压地亩案内奉旨豁除额行差地	55 顷 35 亩	-736.9299[1]		
	实在存剩征粮并开垦及清查共熟地	1362 顷 41 亩 1 分 8 厘	17545.21696[2]	3632.33046	139.329699
小计	节年减除地	740 顷 54 亩 1 公 3 厘	-9821.35347		

表 3-7B 行唐县田赋征课结构及变迁表（不在府总及额外）

年 份	地亩性质	地亩数	共征地粮银（两）	共摊丁匠银（两）	共摊丁闰银（两）
	不在府总地清丈出额外山滩并庄窝折征粮地	4顷 11 亩 4 分 5 厘	54.78407	11.34177	0.43505
	额外				
	原额荒田地	19 顷 58 亩 3 厘	58.74093[3]		
	新垦荒田地	19 顷 6 亩 1 分	57.183	11.83841	0.454141
	学院学租地	18 亩	0.59999	0.12421	0.00476
	不在地丁之内药材银		2.78383		

1 按行差地亩征银率 0.13314 两计算得来。

2 此数与原额征粮地所征粮银减除节年除粮地粮银后所得数 16808.99275 两不同，或许因为各分项记载有误，或为嘉庆六年除粮地 55 亩非按行差地科则减除粮银。

3 于顺治四年奉部文拨补安州士民承种讫，现今免派唐民。

续　表

年　份	地亩性质	地亩数	共征地粮银（两）	共摊丁匠银（两）	共摊丁闰银（两）
康熙十一年	奉文退回原拨补安肃另立马厂河淤地荒田留地共	311 顷 57 亩 8 厘			
十年	除豁水冲沙压共老荒共计小白地内于雍正二年至康熙二十三年开垦河淤小白地，荒田小白地草厂小自地等	–217 顷 6 亩 1 分 8 厘 12 顷 68 亩 8 分 4 厘			
嘉庆六年	水冲沙压案内除豁额外原拨补安州退回民荒中下二则并自首开垦共	–52 顷 86 亩 5 分			
	实在小白并开垦	50 顷 20 亩 9 分	242.89365	50.28237	1.53549
道光三年	新垦荒地	12 顷 85 亩 3 分 9 厘	24.41950	5.05550	0.19390
小计	额外共地	82 顷 30 亩 3 分 9 厘[1]	325.09614	67.30049	2.18829
	原有额外地	19 顷 24 亩 1 分[2]	57.78299	11.96262	0.45890
	康熙十一年后新增地	63 顷 6 亩 2 分 9 厘	267.31315	55.33787	1.72939

1　未计药材银。

2　未计原额荒田地一项及药材银。

表 3–8A 井陉县田赋征课结构及变迁表（额内）

年 份	地亩性质	地亩数	共征地粮银（两）	共摊丁匠银（两）	共摊丁闰银（两）
	原额征粮大地	906 顷 93 亩 1 分 6 厘	12821.33598		
康熙十年	奉旨除豁顺治九、十两年及康熙三、七两年水冲老荒行差征粮地	76 顷 50 亩 8 厘			
十三年	开垦水冲老荒共地	27 顷 66 亩 4 分 9 厘			
	实剩水冲老荒共地	48 顷 83 亩 5 分 9 厘	–690.39623		
	实在征粮熟地	858 顷 9 亩 5 分 6 厘	12130.93866	2511.42964	96.33394

表 3–8B 井陉县田赋征课结构及变迁表（不在府总及额外）

年 份	地亩性质	地亩数	共征地粮银（两）	共摊丁匠银（两）	共摊丁闰银（两）
	不在府总奉文清查新垦地	6顷 56 亩 2 分 7 厘	92.74620	19.20095	0.73651
	额外				
康熙十六年	清查额内额外各项地亩	48 顷 77 亩 2 分 8 厘	587.79918	124.82079	4.78876
康熙十七年	清查自首额内地亩	1顷 27 亩 7 分 1 厘	18.05455	3.73777	0.15169
康熙二十八年	开垦荒地	2 顷 28 亩 8 分	32.34669	6.69663	0.25687
	额外马厂籽粒地	9 顷 69 亩 4 厘	25.76997	5.33570	0.20464
	牧地籽粒地	4 顷 82 亩 6 分	12.82268	3.65463	0.101827
	充饷河淤地	9 顷 71 亩 3 分 1 厘	23.31144	4.82609	0.18512
乾隆三年	报垦河淤地	4 顷 20 亩	10.08	2.086833	0.08004
四年	报垦河淤地	41 顷 10 亩	98.64	20.42112	0.78331

续　表

年　份	地亩性质	地亩数	共征地粮银（两）	共摊丁匠银（两）	共摊丁闰银（两）
十九年	报垦河淤地	4顷 68 亩	11.232	2.32532	0.08920
二十一年	报垦河淤地	7 顷 50 亩 3 分 6 厘	18.00873	3.72829	0.14301
道光二年	报垦升科地	7 顷 83 亩 3 分 7 厘	18.801		
小计	不在府总及额外共	148 顷 44 亩 7 分 4 厘	949.61244	195.83412	7.52098
	康熙十六年后新增额外地	117 顷 65 亩 5 分 2 厘	794.96215		

表 3-9A　晋州田赋征课结构及变迁表（额内）

年　份	地亩性质	地亩数	共征地粮银（两）	共摊丁匠银（两）	共摊丁闰银（两）
	原额地	5985 顷 68 亩 4 分 1 厘	18181.13374	3763.98229	144.37962
康熙十六年	清查自首行差隐漏地	3 顷 70 亩 3 分 7 厘	11.06038	2.28979	0.08783
小计	额内地	5989 顷 38 亩 7 分 8 厘	18192.19412	3766.27208	144.46745

表 3-9B　晋州田赋征课结构及变迁表（不在府总及额外）

年　份	地亩性质	地亩数	共征地粮银（两）	共摊丁匠银（两）	共摊丁闰银（两）
康熙八年	不在府总地 清出新垦河淤地及隐漏地	81 顷 30 亩 4 分 9 厘	172.28849	35.66822	1.36812
	新垦地及清出隐漏地	108 顷 58 亩 4 分 5 厘	217.25098	44.97672	1.73114
顺治十三年	额外 开荒充饷地	1顷 8 亩	2.16	0.44710	0.01715
	顺治四年拨补易州地退随晋州就地征粮各项地	217 顷 97 亩 6 厘	609.32277	126.1461	4.83870

续 表

年 份	地亩性质	地亩数	共征地粮银（两）	共摊丁匠银（两）	共摊丁闰银（两）
康熙十六年	出首河淤隐漏地	1顷31亩9分6厘	2.6393	0.54641	0.02959
	按院学田地	1顷50亩1分7厘	租谷36.5294石		
二十八年	正定卫归并本州神武卫拨补易州就地征粮地	424顷64亩8分5厘	728.88458	150.89860	5.7882
乾隆三年	收回赞皇县寄庄地亩改归本州征粮地	90亩5分4厘	15.12230	3.13074	0.12890
小计	顺治十三年后新增额外地[1]	644顷84亩4分1厘	1355.96895	280.72185	10.78539
合计	不在府总及额外	835顷81亩3分5厘	1747.66842	361.81389	13.9018

表3-10A 赞皇县田赋征课结构及变迁表（额内）

年 份	地亩性质	地亩数	共征地粮银（两）	共摊丁匠银（两）	共摊丁闰银（两）
	原额征粮地内	767顷25亩2分5厘	11377.07039		
	无主荒地	257顷8分			
	节经康熙至雍正八年援例开垦自首开垦等，实在荒地	-240顷9亩8分5厘	-3548.06207		
	实在征粮正地	527顷15亩3分9厘			
康熙十年	奉旨除豁顺治九年至康熙七年沙压征粮地	-56顷11亩9分	-837.07057		
二十九年	援例开垦征粮大地	3顷64亩8分7厘	54.09121	11.1983	0.42954
雍正四年	自首行差地	7亩9分5厘	1.08664	0.2249	0.00862
八年	开垦行差荒地	7亩2分3厘	1.06939	0.2213	0.00849

1 不计按院学田地一项。

续　表

年　份	地亩性质	地亩数	共征地粮银（两）	共摊丁匠银（两）	共摊丁闰银（两）
乾隆三年	改归赵州，晋州征粮寄庄大地	-10 顷 28 亩 7 分 8 厘	-171.81638		
	实在成熟并开垦征粮正地	460 顷 47 亩 1 分 3 厘	6821.19082[1]	1412.16923	54.16821
嘉庆六年	水冲沙压民粮地亩内除豁行差地	-1 顷 68 亩 1 分 8 厘	-24.865		
合计	实在额内地	458 顷 78 亩 9 分 5 厘	6796.32582[2]		

表 3-10B　赞皇县田赋征课结构及变迁表（额外）

年　份	地亩性质	地亩数	共征地粮银（两）	共摊丁匠银（两）	共摊丁闰银（两）
	马厂实在中地[3]	3顷 32 亩	16.94541	3.50815	0.1345
	牧地下地	6 顷 52 亩	14.55569	3.01341	0.11558
	荒田籽粒实在下地[4]	5 顷 90 亩 2 厘	29.77303	6.1638	0.2364
	学田地	1 顷 75 亩 2 分 6 厘	5.9778	1.237	0.0474
	药材银		2.78383		
嘉庆六年	水冲沙压民粮地亩内额外荒田籽粒地	20 亩 8 厘	-1.013		
小计	原有额外地	17 顷 49 亩 2 分 8 厘	70.03576		
	实在额外地	17 顷 29 亩 2 分	69.02276		

1　此为全书原录数字，分项归总计算后应为 464 顷 54 亩 7 分 7 厘，共征地粮银 6876.36861 两。

2　此为全书原录数字，分项归总计算后应为实在额内地 462 顷 87 亩 5 分 9 厘，共征地粮银 6851.50361 两。

3　原为 6 顷 20 亩，共征正银 31.64506 两，内于康熙十年奉旨除豁顺治九年至康熙七年水冲中地 2 顷 88 亩。共除正银 14.69964 两。

4　原为 12 顷 66 亩 5 分 2 厘。征正银共 63.9993 两，内于康熙十年奉旨除豁顺治九年至康熙七年水冲下地 6 顷 65 亩 5 分，共除银 34.1369 两。

表 3-11A 新乐县田赋征课结构及变迁表（额内）

年 份	地亩性质	地亩数	共征地粮银（两）	共摊丁匠银（两）	共摊丁闰银（两）
	原额征粮地	1031 顷 35 亩 7 厘	15669.659518		
顺治四年	拨补固安县征粮地	31 顷 83 亩 8 厘	-451.74768		
七年	除投充带去行差地	1 顷 81 亩 5 分 4 厘	-25.765263		
康熙十年	奉旨除豁顺治九年被水冲沙压老荒征粮共地	170 顷 60 亩 7 分 7 厘			
	节年开垦地	18 顷 62 亩 2 分 4 厘			
	实剩水冲等地	151 顷 98 亩 5 分 2 厘	-2325.5647		
嘉庆六年	奉旨豁除水冲沙压地[1]	90 顷 15 亩 1 分 9 厘	-1439.301		
十三年	续行查出嘉庆六年豁除水冲沙压地亩案内水冲沙压地[2]	56 顷 57 亩 6 分	-840.665		
嘉庆十六年	呈报开垦复粮寄庄地	15 顷 72 亩 2 分 8 厘	272.423		
	实剩各项征粮地	724 顷 70 亩 8 分 1 厘	10852.21272[3]	2246.75242	84.79286

1 包括行差地、寄庄地两项。

2 同上。

3 此为全书原录数字，表中各分项归总计算应为实剩各项征粮地 714 顷 71 亩 4 分 2 厘，共征地粮银 10859.03887 两。

表 3-11B 新乐县田赋征课结构及变迁表（不在府总及额外）

年　份	地亩性质	地亩数	共征地粮银（两）	共摊丁匠银（两）	共摊丁闰银（两）
	不在府总				
康熙十六年	清查额内额外各项地亩	405 顷 55 亩 7 分 1 厘	1120.98746	232.18695	8.58204
三十二年	查出额内额外地	85 亩 2 分 7 厘	7.04134	1.43219	0.05489
三十三年	查出额内额外及民荒地	2 顷 21 亩 7 分 7 厘	26.57132	5.50097	0.21762
小计	康熙十六、三十二、三十三年查出共地	408 顷 62 亩 7 分 5 厘	1154.60012	239.12011	8.85455
	额外				
	实剩开荒充饷地	10 顷 37 亩 4 分 9 厘	20.74995	4.74754	0.18065
	学院学田地	97 亩 5 分	1.56	0.32296	
	顺治四年拨地固安退回地	1 顷 51 亩 9 分	13.54384	2.794952	0.17293
	实剩马厂地	43 顷 5 亩 6 分 5 厘	103.12153	21.34042	0.82482
	实在牧地	14 顷 2 亩 2 分 9 厘	25.11398	5.20111	0.20773
	更名原补退随新乐小地折征粮地	4 顷 85 亩 5 分 2 厘	43.66815	9.0447	0.34677
	更名小地折征粮地	5 顷 37 亩 7 分	63.10447	13.6431	0.5011
	民荒实在征粮地	12 顷 68 亩 9 分 1 厘	189.7924	39.23001	1.50479
	原额退随屯卫共实在地	83 顷 64 亩 2 分 5 厘	85.4139	17.67306	0.69065
康熙二十八年	正定卫裁并神武卫归并本县成熟征粮中地	6 顷 22 亩 5 分	11.08127	2.2938	0.0879
乾隆三年	安肃、固安受补正定卫地、马厂等地改归本县征粮地	115 顷 7 亩 9 分 6 厘	190.7628	39.7284	1.45626

续 表

年 份	地亩性质	地亩数	共征地粮银（两）	共摊丁匠银（两）	共摊丁闰银（两）
嘉庆六年	续报水冲沙压地亩案内水退沙飏可垦地亩额外行差地	22顷8亩3分1厘	334.256		
小计	额外共地	319顷89亩9分8厘	1082.16829		
	康熙二十八年以后增出地	143顷38亩7分7厘	536.10007		

表3-12A 正定县田赋征课结构及变迁表（额内）

年 份	地亩性质	地亩数	共征地粮银（两）	共摊丁匠银（两）	共摊丁闰银（两）
	原额上中下三等地共折征粮地	1217顷27亩3分4厘	15000.46794		
康熙十年	除豁顺治五年水冲沙压行差粮地	120顷23亩9分9厘			
十六年	查出欺隐并自首行差粮地	21顷8亩3分8厘			
十七年	又清查出隐漏行差粮地	6顷70亩9分9厘			
十九年	消查自首开垦行差征粮地	3亩7分			
四十一年	开垦行差征粮地	32亩9分			
五十三年	开垦行差征粮地	15亩4分			
	实除水冲沙压地	91顷92亩6分2厘	−1083.54484	2881.17632	110.51677
	实在征粮地	1125顷34亩7分1厘	13916.92310		

表 3–12B　正定县田赋征课结构及变迁表（不在府总及额外）

年　份	地亩性质	地亩数	共征地粮银（两）	共摊丁匠银（两）	共摊丁闰银（两）
	不在府总地	26 顷 52 亩	53.5	10.98277	0.421127
	新垦沙冈	5 分			
	等地	349 顷 50 亩	918.3984	190.13309	7.29316
	马厂籽粒地[1]	6 分 3 厘			
		65 顷 79 亩	172.13465	35.63648	1.36695
	牧地	3 分 3 厘			
		71 顷 65	214.95201	44.50080	1.70697
	充饷地	亩 6 厘	0.71848	0.14874	0.00570
	备边地	25 亩 6			
		分 6 厘	116.3	24.08757	0.92395
	学租地	23 顷 27 亩			
康熙八年	新垦额外地	82 顷 92 亩 5 分 7 厘	248.777	51.53053	1.97558
十六年	查出欺隐并自首河淤沙岗地	216 顷 14 亩 1 分 8 厘	432.283	89.49429	3.43284
十九年	清查自首沙岗河淤地	1 顷 15 亩 3 厘	2.3	0.47628	0.01826
三十四年	开垦额外河淤沙岗地	1 顷 9 亩	2.18	0.45131	0.01731
三十五年	开垦额外沙岗地	15 亩 2 分	0.304	0.06293	0.00241
三十九年	开垦额外河淤地	1 顷 54 亩 1 分 9 厘	3.083	0.63842	0.02448
四十三年	同上	34 亩 5 分	0.69	0.14284	0.00547
四十五年	同上	2 顷 8 亩	4.16	0.86123	0.03303
四十七年	同上	1 顷 80 亩 9 分	3.618	0.74902	0.02873
四十八年	开垦额外沙岗地	12 亩 5 分	0.25	0.05175	0.00794
	完县退回就地征粮实在熟地并查出欺隐自首共地	36 顷 43 亩 2 分 6 厘	200.68514	41.54720	1.59367
	唐县退回就地征粮实在熟地并查出欺隐自首共地	259 顷 82 亩 3 分 1 厘	839.83892	173.86918	6.66931

1　康熙年间有因水冲沙压除豁地，有查出欺隐地，原有 377 顷 94 亩 2 分 3 厘。经此增减，遂有此数。

续 表

年 份	地亩性质	地亩数	共征地粮银（两）	共摊丁匠银（两）	共摊丁闰银（两）
二十八年	正定卫归并本县实在征粮地	24 顷 15 亩 3 分	19.52894		
十五年	望都县退回地及康熙九年认垦拨补唐县退回荒地及康熙十六年清查出隐漏上地，河滩隐漏地	458 顷 33 亩 4 分 9 厘	921.28269	190.73022	7.31607
扇熙二十九年	奉文归并正定卫各屯自首河滩地	7 顷 89 亩 1 厘	7.10109	1.47	0.05639
四十八年	开垦正定卫归并地	40 亩	0.36	0.07452	0.00285
三十年	买回拨补安肃县等地	10 顷 7 亩 3 分 8 厘	18.18369	3.76451	0.14439
三十二年	买回拨补安肃县地	50 亩 8 分 7 厘	0.92049	0.19056	0.00731
四十二年	买回清苑县共地	2004 顷 19 亩 3 厘	4157.78517	860.77304	33.01771
乾隆三年	收回代征拨补完县共地	1190 顷	4758.35655	364.02696	13.96342
	收回代征拨补安肃县共地	34 顷 19 亩 9 分 2 厘	61.55097	12.74266	0.48878
嘉庆六年	水冲沙压案内开除各项民粮共地	109 顷 68 亩	−275.548		
	续报水冲沙压各项民粮共地	345 顷 75 亩 6 分 4 厘	−1076.582		
小计	原有额外及不在府总地	537 顷 1 分 8 厘	1476.00354		
	康熙八年后新增额外地	4360 顷 36 亩 6 分 4 厘	8683.23847		

续 表

年　份	地亩性质	地亩数	共征地粮银（两）	共摊丁匠银（两）	共摊丁闰银（两）
	其中归并退回买回地	4026 顷 5 分 7 厘	7985.59347		
	历年减除地	455 顷 43 亩 6 分 4 厘	−1352.13		
	嘉庆六年后	4441 顷 93 亩 1 分 8 厘	8807.11201		
	实有不在府总及额外征粮地				

表 3–13A　元氏县田赋征课结构及变迁表（额内）

年　份	地亩性质	地亩数	共征地粮银（两）	共摊丁匠银（两）	共摊丁闰银（两）
	原额征粮大地	1371 顷 97 亩 2 分 7 厘	21062.6639		
	节经顺治十年至康熙五十七年开垦荒地	16 顷 84 亩 9 分 7 厘	−257.51094		
康熙十年	实除无主荒地除豁康熙七年水冲沙压行差征粮大地	23 顷 28 亩 8 分 6 厘			
康熙十三至二十二年	开垦水冲沙压大地五次	1 顷 13 亩 8 分 9 厘			
雍正八、十年	开垦沙压大地二次	35 亩 3 分 7 厘[1]			
乾隆九、十二年	开垦荒地二次	28 亩 7 分 2 厘			
	实剩水冲沙压行差共地	21 顷 50 亩 7 分 8 厘	−328.70034	4239.171	162.606
	实在成熟并节次开垦首出共征粮大地	1333 顷 61 亩 5 分	20476.4472		

1　分别于乾隆五年、七年起科。

表 3–13B 元氏县田赋征课结构及变迁表（不在府总及额外）

年 份	地亩性质	地亩数	共征地粮银（两）	共摊丁匠银（两）	共摊丁闰银（两）
康熙十六年	不在府总奉文清除自首额内额外地亩	6顷1亩6分4厘	74.2196	15.36456	0.58882
十九年	清查出额外牧地	26亩4分6厘	0.7743	0.1603	0.00614
小计	不在府总共地	6顷28亩1分	74.9939	15.52486	0.59496
	额外				
	实在马厂籽粒并清查出共地[1]	58顷9亩3分6厘	169.964	35.187	1.34
	牧地籽粒地	32顷65亩6分	95.5416	19.7796	0.758
	实在荒田籽粒地[2]	47顷88亩6分1厘	47.88617	9.9137	0.38027
	学院学田地	1顷96亩3分	42.1石(租谷)		
	药材银		2.78383		
小计	额外共地[3]	138顷63亩5分7厘	313.39177	64.8803	2.47827
合计	不在府总及额外共地	144顷91亩6分7厘			

表 3–14A 无极县田赋征课结构及变迁表（额内）

年 份	地亩性质	地亩数	共征地粮银（两）	共摊丁匠银（两）	共摊丁闰银（两）
康熙十年	原额征粮地	1021顷31亩5分	18669.6392		
	除豁顺治十一年水冲沙压共地	35顷23亩2分			

1 原为70顷50亩9分，经康熙十至二十二年的豁出与开垦，遂有此数。

2 原为48顷33亩7分3厘，经康熙十至二十二年的豁出与开垦，遂有此数。

3 不计学田地、药材银。

续 表

年 份	地亩性质	地亩数	共征地粮银（两）	共摊丁匠银（两）	共摊丁闰银（两）
康熙十六年至乾隆九年	自首开垦劝垦清出共地	8顷75亩9分9厘	-515.97757		
	实剩水冲沙压地	26顷47亩2分1厘			
	实在征粮并节年开垦及自首共地	994顷84亩2分8厘	-182.38030		
乾隆六年	奉旨除豁沙压荒地	10顷2亩5分6厘	17971.28128	3720.52923	142.71308
	实在征粮熟地	984顷81亩7分1厘			

表 3-14B 无极县田赋征课结构及变迁表（不在府总及额外）

年 份	地亩性质	地亩数	共征地粮银（两）	共摊丁匠银（两）	共摊丁闰银（两）
	不在府总地自首认粮地	25亩3分3厘	4.60448	0.9532	0.03656
康熙三十二年	清出欺隐行差地	21亩9分6厘	3.99281	0.82662	0.00794
三十三年	清查欺隐行差地	4亩3分1厘	0.78502	0.16252	0.00623
	新增河淤并康熙二、三、四、五四年新垦河淤共地	82顷83亩7分3厘	248.51196	51.448	1.97347
十六年	奉文清查自首地亩，新增额外河淤充饷共地	10顷79亩6分8厘	32.39064	6.70573	0.25721
	户台厂地	58亩4分	1.6121	0.3337	0.01280
	神武卫下下地	1亩5分5厘	0.00976	0.00202	0.00007
	高头厂地	5亩7分	0.17880	0.03701	0.00141
十七年	奉文清出自首河淤地	1顷27亩8分8厘	3.83643	0.79424	0.03046

续 表

年 份	地亩性质	地亩数	共征地粮银（两）	共摊丁匠银（两）	共摊丁闰银（两）
十八年	清出自首额外开垦河淤地	49 亩 9 分 7 厘	1.4991	0.31035	0.01190
十九年	清出自首额外开垦河淤地	41 亩 5 分	1.245	0.25774	0.00988
小计	不在府总共地	97 顷 1 厘	298.6661	61.83113	2.34803
	额外				
	河淤充饷地	17 顷 32 亩 8 分 1 厘	51.98439	10.76216	0.41281
二十年	开垦单载之外新增河淤地	1 顷 46 亩 3 分 6 厘	4.39092	0.90903	0.03486
二十一年	开垦新增河淤地	48 亩 7 分 4 厘	1.4622	0.30271	0.01161
二十四年	新垦额外河淤地	2 顷 48 亩 9 分	7.467	1.54586	0.05929
康熙二十五年	新垦额外河淤地	19 亩 9 分	0.597	0.12359	0.00474
二十六年	新垦额外河淤地	20 亩 5 分	0.615	0.12732	0.00488
二十七年	新垦额外河淤地	10 亩 8 分	0.324	0.06707	0.00257
三十二年	新垦额外河淤地	14 亩	0.42	0.08695	0.00333
三十九年	新垦额外河淤地	1 顷 27 亩	3.81	0.78877	0.03025
四十年	新垦额外河淤地	29 亩 8 分 6 厘	0.8958	0.18545	0.00711
四十二年	新垦额外河淤地	3 亩	0.09	0.01863	0.00071
四十三年	新垦额外河淤地	18 亩 8 分 3 厘	0.5649	0.11694	0.00448
四十五年	新垦额外河淤地	54 亩 5 分	1.635	0.33848	0.01298
四十六年	新垦额外河淤地	29 亩 1 分 5 厘	0.8745	0.18104	0.00694
四十七年	新垦额外河淤地	9 亩 5 分	0.285	0.05900	0.00226
四十八年	新垦额外河淤地	5 亩	0.15	0.03105	0.00119

续　表

年　份	地亩性质	地亩数	共征地粮银（两）	共摊丁匠银（两）	共摊丁闰银（两）
四十九年	新垦额外河淤地	9亩	0.27	0.05589	0.00214
	又新垦额外神武卫地	12 亩	0.07549	0.01562	0.00059
五十二年	新垦额外河淤地	10 亩	0.3	0.06210	0.00238
五十五年	新垦额外河淤地	17 亩	0.51	0.10558	0.00405
五十九年	新垦额外河淤地	55 亩 1 分	1.653	0.34221	0.01312
	又起科神武卫地	2 亩	0.01258	0.00260	0.00009
	顺治四年拨补易州顺治十三年退随就地征粮实在地[1]	1163 顷 9 亩 7 分 2 厘	2990.55068	619.12419	23.74849
雍正七年	自首额外当年起科地	5 亩 1 分	0.153	0.03167	0.00121
	又自首当年起科地	32 亩	0.81181	0.16829	0.00644
	又开垦河淤地	7 亩	0.21	0.04347	0.00166
雍正十一年	起科额外地	32 亩 2 分	0.966	0.19998	0.00967
乾隆八年	开垦神卫下地	1 顷 20 亩	1.75476	0.36328	0.01393
小计	康熙年间新增额外地	1172 顷 8 分 6 厘	3016.95307	(略)	
	其中拨补易州退随地	1163 顷 9 亩 7 分	2990.55068		
	本县自行增出额外地	8 顷 91 亩 1 分 4 厘	26.40239		
	雍正年间增出额外地	76 亩 3 分	2.14081		
	乾隆年间	1 顷 20 亩	1.75476		
	额外共地	1173 顷 97 亩 1 分 6 厘	3020.84864		
	除拨补退回自有额外地	28 顷 20 亩 2 分 5 厘	82.28235		
	康熙二十年后自行增出额外地	10 顷 87 亩 4 分 4 厘	30.29796		

1　原为 1192 顷 56 亩余，征银 3043.84923 两，经康熙十至十七年的增减变化，遂有此数。

表 3–15 道光三年（1823 年）前正定府全府 14 州县赋额变迁总表（单位：两）*

年代 事由 州县	清初	康熙年间		雍正年间		乾隆年间		嘉庆年间		道光年间	
	应征	应征	比清初	应征	比清初	应征	比清初	应征	比清初	应征	比清初
	17361	17960	+599								
获鹿	288	551	+263			1881	+1593				
	17649	18511	+862			19841	+2192				
	17063	10818	–6245					10251	–6812		
灵寿		644	+644	647	+647					736	+736
	17063	11462	–5601	11465	–5598			10898	–6165	10987	–6076
	19608	15702	–3906					15244	–4364		
平山	309	335	+26	799	+490	991	+682	925	+616		
	19917	16037	–3880	16501	–3416	16693	–3224	16169	–3747		
	12341										
栾城	56	1092	+1036								
	12397	13433	+1036								
	16807	16235	–572	16227	–580			13703	–3104		
藁城	144	2283	+2139			6446	+6302				
	16951	18518	+1567	18510	+1559	22673	+5722	20149	+3198		
	3132	1128	–2004			2852	–280	1150	–1982		
阜平	1.32							135	+134		
	3133	1129	–2004			2853	–280	1285	–1848		
	25951	16900	–9051			17546	–8405	10809	–15142		
行唐	113	570	+457	631	+518			355	+242		
	26064	17470	–8594	17531	–8533	18177	–7887	11164	–14900		
	12821	12131	–690								
井陉	93	793	+700			930	+837			949	+856
	12914	12924	+10			13061	+147			13080	+166

* 该表各州县分三栏，第一栏为额外部分，第二栏为不在府总及额外部分，第三栏为上两栏合计总数。为简明起见，只取整数。清初一栏以原额为准，顺治年间无变动者，即原额数；有变动者，即计算出的变动后顺治间额数。空缺数目的朝代，说明与上一朝代相同，赋额无变动。部分朝代只有地亩变动数，其赋额根据原额亩均征银率约略推算而来，如藁城县雍正年间额内部分变动额、阜平县康熙年间额内部分变动额、行唐县雍正年间额外部分变动额均如此。

附注：中国古代经济史数字资料的粗疏混乱为经济史学者所共识。以上各表分项均按《赋役全书》原文转录，分项归总后的数字大都为编表时计算所得。部分表格的总计数字照录全书，便与分项计算所得有差距，部分已在注中说明。这有两方面的原因，一是我们只取了小数点后五位，全书原载多在两以下十几位数，二是原书分项记录许多均显混乱，其前后赋额变化关系描述不清，分项记录本身就不与所记总数对应。

续　表

年代 事由 州县	清初	康熙年间		雍正年间		乾隆年间		嘉庆年间		道光年间	
	应征	应征	比清初	应征	比清初	应征	比清初	应征	比清初	应征	比清初
晋州	18181 784 18965	18192 1733 19925	+11 +949 +960			 1748 19940	 +964 +975				
赞皇	11377 70 11447	10594 10664	−783 −783	7048 7118	−4329 −4329	6876 6946	−4501 −4501	6851 69 6920	−4526 −1 −4527		
新乐	15192 546 15738	12866 1712 14578	−2325 +1166 −1160			 1903 14769	 +1357 −969	10858 2237 13095	−4334 +1691 −2643		
正定	15000 1476 16476	13917 9691 23608	−1083 +8215 +7132			 11511 25428	 +10035 +8952	 10159 24076	 +8683 +7600		
元氏	21063 313 21376	20805 388 21193	−258 +75 −183			20476 20864	−587 −512				
无极	18670 57 18727	18026 3368 21394	−644 +3311 +2667	 3370 21396	 +3313 +2669	17328 3372 20700	−1342 +3315 +1973				
14 州县	228817	220846	−7971	217822	−10995	226843	−1974	211595	−17222	211703	−17114

三　全国赋额变迁趋势与赋税调整

我们在上节通过对清前期直隶正定府田赋结构和赋额变迁的个案分析，以说明清政府赋税调整行为对赋税收入的影响作用。正定府所显示的情况在全国是否具有普遍性，这是个案分析结论得以成立的关键。为了充分地说明赋税调整的全国效应，并给前述个案分析提供佐证，我们进一步对清前期全国赋额变迁的趋势加以分析。

（一）几个特殊省份的赋额变迁

在全国赋税负担方面，江苏、陕西、四川具有特殊性。江苏苏松重赋是赋税史中最引人瞩目的问题，陕西省是清前期亩均赋税负担最重的地区之一，四川省在清前期相当长的历史阶段都承担着十分轻微的赋额。如果这些特殊省份赋额变迁趋势都与正定府所显示的情形大致不悖，那么，正定府个案分析的结论应当具有代表性。

我们首先看陕西的情况。

明代陕西布政司夏秋地共 31 万 331 顷 65 亩，夏秋税粮共 17 万 5 千 471 石 2 斗 8 升。农桑绢 9 千 735 匹 2 丈 8 尺，布 13 万 140 匹，丝绵 246 斤 5 两，棉花 1 万 7 千 207 斤 15 两。

康熙九年，清朝田赋户口悉依康熙二年题定《简明赋役全书》内原额实征数，细开东、西布政司项下。具体征课内容为：

（1）原额民地 38 万 9 千 843 顷 77 亩，各地征粮不等。内除荒外，实熟地 26 万 9 千 834 顷 91 亩，该征本折粮 96 万 4 千 440 石，内：a.本色粮 3 万 7 千 320 石；b.粟本色官学仓粮 5 千 711 石 2 斗，该征银 3 千 783 两 7 钱；c.折色粮 92 万 1 千 407 石，该征银 123 万 9 千 131 两；d.本色草 5 千 938 束 1 斤。

（2）棉花 1 千 475 斤 7 两，种子 1 千个，棉布 2 匹 5 丈，清油 70 斤，新增租银 18 两 7 钱，等等。[1]

雍正年间，其赋额情况，据雍正《陕西通志》记载，“国朝陕西布政使司所属原额民地并王、驸马、太府遗留各等共地 38 万 9 千 843 顷 77 亩。……内除荒并包赔、折正、永豁、冲崩外，实熟地 25 万 5 千 306 顷 55 亩”。其赋税征收的细目为：

（1）实征本色粮 3 万 1 千 871 石 9 斗。

（2）折色粮征银除停缓停征外，止该银 115 万 9 千 523 两 1 钱。

（3）本色草 6 千 18 束 19 斤 7 两。[2]

1 康熙九年《陕西通志》卷九《贡赋》。

2 雍正《陕西通志》卷九《贡赋·民地民丁》。

及至道光年间，其赋额则为，田赋共额征地丁银 149 万 8 千 573 两，本色粮 19 万 4 千 23 石，条税银 2 万 6 千 290 两。[1]

由上述可见，除雍正年间赋额较康熙年间略有降低外，陕西省赋额在清前期长时间相对稳定在同一水平。

我们再看四川赋额变动的情况。

四川省由于明末战争的影响，人口锐减，土地荒废，在清初赋额十分低微。直到康熙二十七年，四川钱粮总计只有 4 万。[2]

据嘉庆《四川通志》记载的数字进行统计，清朝建立以来陆续奉行清查至康熙六十一年止，四川十四府州征丁条粮银如下表：

府州名	丁条粮银（两）	府州名	丁条粮银（两）
成都府 31 州县	87786.45710	雅州并属 4 州县	11579.99635
重庆府 20 州县等	37382.64318	崇庆州并属 7 州县	25360.9384
保宁府 10 州县	11171.88493	潼川州并属 8 州县	28422.57901
顺庆府 10 州县	18977.56437	眉州并属 4 州县	9903.58459
叙州府 12 厅县	22059.03649 实征本色仓米 4909 石	邛州并属 3 州县	18247.48274
		泸州并属 4 州县	10622.03415
夔州府 12 州县	18449.76616	合计：丁条粮银 302557.967 两 本色仓米 4909 石 米豆 8961 石	
龙安府 3 县	1852.99838		
宁远府州县卫所	741.00124		

此后的田赋征课情况是，雍正二年，四川田土 214456 顷 16 亩有奇，田赋银 225535 两，米 57119 石有奇。[3]乾隆十八年，四川民田 459416 顷 67 亩，赋银 659075 两，粮 14320 石，各有奇。乾隆三十一年，四川民田 460071 顷 26 亩有奇，赋银 660801 两，

1 道光《陕西志辑要》卷首《省志》。

2 《康熙起居注》第 3 册，第 1784 页。

3 上表资料及此均见嘉庆《四川通志》卷六二《食货·田赋上》。

粮 13440 石各有奇。及至嘉庆年间修志时，田赋自嘉庆元年后陆续报垦补首，新旧上中下屯秋稻园平羔干旱水山坡下田地共 463486 顷 45 亩 9 分 3 厘，共征丁条粮银 666577.8705 两，载纳山下地估种及屯秋荞麦杂粮 28714 石 4 斗 7 千余。[1]

上述表明，四川赋额在雍正时还略有降低。乾隆年间，该地区经济基本恢复和稳定后，赋额也相对稳定在同一水平之上。

江苏省的赋额变动情况，以松江府为例。我们以嘉庆《松江府志》为据，来看松江府在清前期的赋额变迁。

顺治二年，定垦田地山池共 42522 顷 66 亩 5 分 8 厘，免科公占义冢等 190 顷 90 亩 6 分 4 厘，实有征田地山池荡溇 42331 顷 75 亩 9 分 9 厘。赋税征收的具体项目为：

（1）不等科平米 1211487.8564 石（此项在实征中即（2）（3）两项）。

（2）税粮本色 417449.26 石，内蠲七分米 292214.484 石，实征三分米 115234.777 石。

（3）税粮折色，除永蠲辽、练二饷并奉裁宗人公主公侯俸禄及挨编料价金山存剩外，共额 366689.3 两，内蠲七分银 240682.919 两，实征三分银 110106.86 两。

（4）税粮折色兵饷共额 95731.7 两，内蠲四分银 38288.63 两，实征六分银 57443.07 两。

（5）加编海塘银 15211.42 两。

（6）均徭里甲银共额 33833.25 两，内蠲七分银 23968.8 两，实征三分银 9864.45 两。

（7）续编徭里协济科场银 79.483 两。

合计征米 115234.777 石，征银 1922705.283 两。

康熙元年，松江府定垦田地山池荡水溇 42522 顷 66 亩 5 分 8

1 嘉庆《四川通志》卷六三《食货二·田赋下》。

厘，免科公占义冢等田地 189 顷 92 亩 9 分 6 厘，实在有征田地山池荡溇 42332 顷 73 亩 6 分 1 厘。赋税征收细目为：

（1）起科平米 1211492.7469 石。[1]

（2）会计秋粮本色米 432165.429286 石，遇闰加编米 436.3 石，减编改折灰石米 851.1598 石。

（3）夏税秋粮地亩条编折色银 599318.71517 两，遇闰加编银 624.72969 两，改折灰石银 1021.39176 两。

（4）人丁田地共编均徭里甲银 41568.39680 两，遇闰加编 1372.42189 两。

合计征米 433452.889 石，征银 643905.6552 两。

雍正十三年，原垦定田地 42521 顷 68 亩 9 分，节年开除坍荒及公占田地 791 顷 33 亩 9 厘，节年增升田地 242 顷 24 亩 5 分 5 厘，实在田地 40875 顷 48 亩 7 分。赋税征收细目为：

（1）实征折色等银 520081.141 两，遇闰加银 2782.1074 两；

（2）摊征人丁银 4484.3654 两，遇闰加银 127.1858 两。

（3）匠班银 681.2784 两。

（4）实征本色米 443296.475 石，遇闰以增抵减米外仍减米 450437 石。

（5）外不在丁田杂办除义米折外实征银 1417.1045 两。

合计实征本色米 442846.038 石，征银 529573.1834 两。

乾隆七年，原额田地 42213 顷 15 亩 1 厘，除免科外节年新涨坍没垦荒以增抵减外实在准熟田 40875 顷 52 亩 7 分。赋税征收细目为：

（1）折色银 443765.745 两，遇闰增银 2782.107 两；

（2）本色米 437705.7284 石，遇闰减米 450.4375 石。

乾隆二十九年，额管田地 40875 顷 48 亩 7 分有零。赋税征收

1　此项在征收中实即（2）（3）两项之和。

细目为：

（1）实征地丁银525246.784两；

（2）实征米443296石4斗7升5合有零。

乾隆四十年，定垦田山荡溇42048顷25亩3分2厘，实在准熟田40349顷74亩6分5厘，共科平米118万4千609石余。赋税征收细目为：

（1）实征本色米431668石9斗1升1合4勺；

（2）折色银437830.397两（遇闰减征米442石3斗9升6合5勺，增征银2743.311两）。

乾隆六十年，实在准熟折实田40266顷7分3厘7毫2丝2忽，共科平米1181548石余。具体征收细目为：

（1）实征本色米430464石8斗7升4合2勺；

（2）折色银436713.413两；

（3）随征五分耗羡银21835.673两；

（4）遇闰以增抵减外实减本色米441石1斗8升2合2勺，增征银2735.97两、耗羡银136.798两。

嘉庆十五年，定垦准熟田地40103顷71亩2分3厘余，共科平米1176257石余，具体征收项目为：

（1）实征本色米427717石3斗5合3勺；

（2）折色银434957.76两；

（3）随征五分耗羡银21747.889两；

（4）遇闰以增抵减外实减征米438石4斗4升1勺，增征银2722.545两，随征五分耗羡银136.129两；

（5）摊征人丁银4484.365两，随征五分耗羡银224.218两；闰月银117.186两，随征五分耗羡银6.359两；

（6）杂办银681.278两，随征五分耗羡银34.64两；

（7）渔课银557.464两，随征五分耗羡银27.873两；

（8）门摊课钞银 859.641 两，随征五分耗羡银 42.982 两。[1]

合计实征本色米 427717 石余，征银共 466600.329 两。

从上面分述的松江府顺治二年、康熙元年、雍正十三年、乾隆七年、乾隆二十九年、乾隆四十年、乾隆六十年、嘉庆十五年等八个年份赋额变动情况来看，顺治二年因明末清初战争的破坏，赋税实征数额低，到康熙元年，便征米 43 万余石，征银 64 万余两。雍正年间，在全国厉行开垦，许多地方均增税，但松江却因重赋浮粮在雍正初年的减除，导致雍正十三年的赋额较康熙元年有所降低。乾隆七年，折色银 44 万余两，本色米 43 万余石；二十九年，实征地丁银 52 万余两、征米 44 万余石；四十年征米 43 万余石，征银 43 万余两；六十年，征米 43 万余石，征银近 44 万两，赋额波动起伏不大。嘉庆十五年，征米 42 万余石，银 46 万余两。因此，可以认为，在乾隆以后，松江府的赋额也长时间相对稳定在同一水平。

陕西、四川、江苏几个特殊省份赋额变动的情况表明，在顺治至雍正时期，各地赋税征收随着经济恢复的进程有一个相应的调整期。及至乾隆初年，各地赋额基本稳定下来，此后长期保持在同一水平，波动起伏不大。

（二）全国地丁银总额的变动趋势

全国地丁银的情况，最早的统计始于顺治八年，自此至雍正十二年，《清实录》每年末“是岁”会计数字都有详细的记录，我们选取一些能反映赋额变动趋势的年份列表如下：

1　上引均见嘉庆《松江府志》卷二一《田赋志下》。

年　份	征银（两）	米麦豆（石）
顺治八年	21100142	5739424
十二年	22005954	5768713
十四年	24366365	5835940
十八年	25724124	6107558
康熙元年	25769387	6121613
十一年	26052343	6291121
十四年	20630527	5283452
十五年	20212838	5036308
二十一年	26331658	6341394
二十三年	27210643	6912213
四十八年	28204552	6521352
五十一年	19508353	6913675
五十三年	29893262	6831066
六十一年	29476628	4689833
雍正元年	30223943	4128657
四年	29546418	4929303
十年	30089004	4752745
十二年	29901631	4793828

从表列数字可以看出，清初顺治八年始，随着清政权统治的逐渐巩固，地丁赋额逐渐上升，至康熙元年，征银已达 25769387 两，米麦豆 6121613 石。自康熙十二年始，由于三藩之乱，地丁赋额又开始递减，至十五年，降到最低点，征银仅 20212838 两，米麦豆 5036308 石。三藩之乱平定后，赋额又开始回升，康熙二十一年征银又至 26331658 两，米麦豆 6341394 石。自康熙二十三年始，征银已至 27210643 两，征米麦豆 6912213 石。此后，除康熙五十一年征银略减外（下降到 19508353 两），其他年份均保持在这一水平上。雍正元年，地丁赋额征银 30223943 两，米麦豆 4128657 石，此后各年虽微有波动，但基本上稳定在一相对固定的水平。

乾隆之后的各年份，缺乏连续完整的记录。据已知各年份的统计数字来看，其变动幅度不大，如乾隆十八年全国地丁银总额

2938 万余两，乾隆三十一年全国地丁银总额 2991 万余两，嘉庆十七年 2953 万余两，道光二十一年 2943 万余两。[1]

因此，从全国地丁银总额的统计数字来看，经过顺治至康熙中期一段恢复时期之后，清朝的田赋收入便长时期保持在一相对稳定的水平，起伏波动不大。这与正定府个案分析中田赋征收变动趋势是基本上吻合的。

本篇我们分析了清代赋税调整的类型和原则，并通过对直隶正定府田赋结构和赋额变迁的个案分析，进而联系全国赋额的变动趋势以说明赋税调整对清政权赋税收入的影响作用。由此我们可以看出，清政府既要根据具体形势的变化对赋税征课及征课科则作出调整，以协调各方面的利益关系，为统治稳定创造条件，又将赋税的日常调整控制在一定的限度之内，那就是必须保持赋税总额的基本稳定。在此基础之上，才实行除此升彼的赋税调整措施。同时，也可以看出赋税收入的变动与清朝社会经济形势密切相关。乾嘉以后，社会矛盾日益加重，危机四伏，赋税的实征额在诸如直隶正定府部分州县也有减少的趋势。当然，这已不单是赋税政策的影响所致，而与清朝统治的渐趋腐朽联系在一起。

1　参见梁方仲：《中国历代户口、田地、田赋统计》，上海人民出版社，1980 年。

下篇　赋税政策的传导途径及其制约因素

在讨论了赋税政策的基本内容及赋额变动的趋势后，我们便进而研究赋税政策的传导途径及其制约因素，以期获得关于清代赋税政策实施效果及其原因更深层次的认识。赋税政策的实施效果受着多方面的制约，其中最直接最重要的因素是：赋税政策借以实现的政策工具、基层社会组织的结构和官僚作风亦即吏治状况。本篇即对这三个方面的因素逐一加以考察。首先，论述赋税政策借以实现的工具（亦即各种赋税册籍）及其发挥作用的条件，以说明政策工具存在的缺陷及其对赋税征收的影响。其次，论述赋税征收方式与基层社会组织变迁的关系，说明清代基层社会组织如何随着赋税征收方式的变化而嬗变，而变化了的基层社会组织又对赋税征收发生怎样的影响。最后，论述吏治状况对赋税政策实现程度的影响，说明吏治好坏与赋税征收之间的关系，以及封建专制制度下的吏治从本质上决定了赋税政策的失效。

一　赋税征收工具及其变迁

赋税政策工具，是指各种赋税册籍。大凡赋税册籍，分为保存于官府的和向民众征取税粮时所使用的两类。保存于官府的赋税册籍，是赋税征收内容和额度的依据。向民众征取税粮时所使用的赋税册籍，是实现赋税征收的直接手段，对赋税收入的形成产生更为直接的影响。所以，我们主要论述“征之于民”时所使用的赋税册籍。

（一）实征红簿与征税依据

保存在官府的那类赋税册籍，是关于赋税征收内容和额度的根本依据。这类册籍的行用情况，据王庆云称：“存于官者，一曰赤历，使粮户自登纳数上之布政司。后以州县日收流水簿解司而停赤历（康熙十八年停）。二曰黄册，岁载户口之登耗，丁赋取焉。后以五年编审者为黄册，而停岁造（康熙七年停）。三曰会计册，专载解部之款而上之，后并入奏销册（亦康熙七年停）。四日奏销册，合通省地丁完欠支解存留之款，报部核销，即四柱册也。五日丈量册，田之高下邱亩皆载焉，故又曰鱼鳞册也。自赤历与会计册既停，上计专以奏销册，官司所据以征敛者，黄册与鱼鳞而已。”[1]这五种册籍，乍看似乎都与赋税征收有关，但从内容上看，只有黄册与鱼鳞册是政府征收赋税的根据。如所周知，自顺治年间始便编纂起全国性的《赋役全书》，各级官府的赋税征收均以“全书”所载内容为依归。那么，黄册和鱼鳞册就是《赋役全书》编纂的依据了。

黄册的编纂在于丁赋的征取，自从雍正年间在全国范围内推行摊丁入地以后，人丁编审已失去意义，迄至乾隆三十七年停止人丁编审，黄册作为赋税征收依据的历史便告终结。那么，鱼鳞册是否一直存在并作为《赋役全书》的原始凭据呢?

乾隆八年，浙江布政使潘思榘奏称，“似应行令各省通饬所属州县，将现存鱼鳞柳条各册逐细查点。如有残缺舛错，即赴藩

1　王庆云：《石渠余记》卷三《纪赋册粮票》，北京古籍出版社，1985年。

司衙门抄录齐全，设立木柜封贮内署。州县官亲自检查经管，毋使吏胥收存滋弊。仍开明本数若干，通报上司存查，遇新旧交代一例造入交盘查核，著为定例”。[1] 从其义正辞严的重视程度，可知当时鱼鳞册的编纂与保存受到损害的情况各地都有。署理湖广总督鄂弥达乾隆十年针对潘思榘的提议奏称，就湖北湖南而言，“统计南北两省中，其州县之无鱼鳞册者大约十居八九。各属征收钱粮总以见在实征粮册为凭。官征官解，民封民投，井里相安于无事者，厥有历年。今一旦欲复此册，则必不得不从事于清丈。而清丈之举实有万难轻议者”。湖南的处理办法是，“即如湖南各州县中，有经原任抚臣赵申乔编立区号者，至今粮额独清于他处而催科不劳。盖缘此都之田不得过其粮于彼都也”。鄂弥达便请求乾隆敕部定议，“嗣后各州县田地仿照编立区号之法，如某都某人户名下田若干亩，挨次胪注。但令以人户就田之都，不以田就人户之都，则虽一人占十都之田，而十都皆分载本人之户名，所谓从田问人，即从人问赋也。如此则里书可以永革，而官征与民纳一无所扰”。[2] 这里明确主张不必造办鱼鳞册籍。

事实上，州县钱粮的征收是以“实征红簿”为凭。雍正三年，清廷议准，“各省州县将下年征粮之红簿于上年十月内申送布政司钤盖印信，于开征前给发各州县，于征收时眼同花户登记填写串票。上司盘查，即取布政司钤盖之红簿对验。其征收卯簿，该管官务须亲对完欠，无得假手户房”。[3] 何谓“红簿”？乾隆八年，甘肃巡抚黄廷桂在《为奏明查造实征红簿以清弊源事》奏折中称，“窃惟州县征收额赋，全以红簿为凭。每纸一页，前开花户的实姓

1 《浙江布政使潘思榘奏陈请定存查鳞册交代之例折》（第一历史档案馆藏档案“朱批奏折财政类”，以下未注明者均同），乾隆八年八月十五日。

2 以上引文均见《署理湖广总督事务鄂弥达等奏请免造鱼鳞册籍兼陈征粮划一事宜折》（乾隆十年二月二十一日）。

3 《清朝文献通考》卷三《田赋三》。

名，后载地亩确数科则若干，上钤印信，留存官署，新旧接管，名曰红簿。其民间有典卖田地者，即将额粮随时过割，登填簿内，则一邑之花户钱粮可以按册而稽，而飞洒影射之累不杜自清。迨至开征之始，每户另用一单，将一户姓名地亩银粮数目详载单内，分发各该花户，谓之易知由单”。实征红簿成了赋税征收通知单的直接根据，所以在黄廷桂看来，“此实征红簿实为催征第一纲领”[1]，主张着力查造。实征红簿的行用由来已久，在一些地区它就是指鱼鳞簿。早在雍正六年，贵州提督杨天纵在奏折中论及贵州田赋情弊时就说，“注载田亩粮赋册，陕西名为红簿，浙江名为鱼鳞簿，而贵州名为廒军簿”[2]。关于陕西红簿的使用情形，陕西巡抚硕色乾隆元年在请求停给由单的奏折中称，“陕省额征地丁等项钱粮，向例总为一条鞭征收，每年各有定额，非若江浙等省，款项纷繁，花户难于稽核者。比各州县于每年冬底照里甲花名应纳银数攒造次年征册，核明钤印，名曰红簿。如有买卖田地者，即于红簿内各照科则收除过割，将红簿存于收粮公所，一任纳赋百姓查看抄录，自封投柜。是州县之征收，花户之输纳，均以红簿为准，无须另给由单也”[3]。陕西征粮全以红簿为凭。

及至乾隆三十年，作为赋税征收根本依据的《赋役全书》的编纂直接沿用奏销册的内容。[4]从此，实征红簿对于向民众征取税粮时所使用的赋税册籍就具有更为重要的意义，并成为全国赋税征收过程中普遍遵守的册籍根据。正由于此，道光初年清廷要求各督抚饬令藩司严格钱粮奏销，实现钱粮完纳时，把“随时调查红簿串根”作为主要的手段。

---

1 《甘肃巡抚黄廷桂奏为查造甘肃实征红簿以清弊源折》（乾隆八年十一月二十六日）。

2 《贵州提督杨天纵密奏黔省田赋情弊折》（雍正六年三月初六日）。

3 《陕西巡抚硕色奏为请停由单以免扰累折》（乾隆元年五月二十六日）。

4 参见光绪：《钦定大清会典事例》（九），第 7426 页，（台湾）新文丰影印本。

（二）易知由单的行用与停止刊刻

上面我们就赋税征收工具的依据进行了概略的说明，下面对各种具体的赋税征收工具分别加以论述。

征之于民时所使用的赋税册籍，根据王庆云的论述，主要有四种："一曰易知由单，由单之式，以州县上中下则正杂本折钱粮刊给花户。始颁于顺治六年，停止于康熙二十六年。二曰截票，列地丁实数，按月分为十限，完则截之。其票钤印中分，官民各执其半，即串票也。三曰滚单，康熙三十六年行征粮滚单，每十户五户止用一单，分为十限，依次滚催，罪其耽搁者。四日顺庄编里。雍正六年行顺庄编里之法，以的户为主。凡寄庄寄粮，悉更正之。乃改十截之法，复三联串票。自是以后，遵行无改。"[1] 根据赋税征收工具演进的次序，我们首先探讨易知由单的行用。

易知由单是清代最早采用的一种向民众征税的工具。所谓易知由单，即是政府用来催促纳税人纳税的一种通知单。单内开载田地种类、科则、应纳款项以及缴纳期限等。这种通知单应当在钱粮开征之前下发给纳税人，以便能按期如数缴纳给政府。它具有使钱粮交纳者知道缴纳钱粮的成案及其事由的用意，所以称为易知由单。

关于易知由单的起源和行用情形，梁方仲先生有深入的研究。[2] 这里，我们以梁方仲先生的研究为基础，结合有关清代易知由单的一些新材料进行论述。

易知由单至迟在明代正德初年已经出现。明代从嘉靖以后，易知由单盛极一时。当时人们大多认为它有防止征收弊端的作用，积极倡导，到神宗万历年间似乎已经遍行于全国。清朝建立对全

1　王庆云：《石渠余记》卷三《纪赋册粮票》。

2　梁方仲：《易知由单的研究》，载《梁方仲经济史论文集》，中华书局，1989 年。

国统治后，承袭此制并加以完善。顺治初年，山东巡抚方大猷便提出在建立赋役制度时，“并刻由单使民易晓”。及至顺治六年，清政府在全国颁行易知由单。[1]

清朝赋税征收中所使用的易知由单，既有田赋漕粮的易知由单，也有盐课等方面的易知由单，但以田赋漕粮的易知由单最为重要，我们的论述便以田赋漕粮易知由单为主要内容。

田赋漕粮的易知由单，在清初称为赋役条编易知由单，也称便民易知由单。它的格式和内容，清朝的法令规定前后有所变化。顺治六年，户科给事中董笃行请颁易知由单，获准在全国推行，于是题准由单的格式：每州县开列上中下地，以及正杂各项；末编总数，刊定成式，颁发各布政司，照式刊板，转行有司，给散花户。

及至顺治十三年，覆准由单款式：先载州县地丁原额；次列除荒，实数，总数；又次开里甲花户某则地，除荒、实征银若干，某则人丁除逃亡、实征银若干；后开地丁共该纳粮银若干。[2]顺治十五年，工科给事中史彪古上疏称，“国家之财用，原取足于正供。乃今之州县，有一项正供，即有一项加派。应饬直省抚按将见行申饬私派之令，刊入易知由单，使闾阎之民共晓德意，岁终仍取所属印结报部，以凭察核，庶私派止而公输裕”。顺治帝以为所奏深切时弊，令有司议行[3]。这样，易知由单中又加进了禁止私派的内容。

康熙二年五月丙戌，户部议准自康熙三年起，令直隶各省所有解京各项钱粮皆总解户部，不必复如以前由各部寺分管征收，以求简单划一。与此相适应，赋役册和易知由单上的内容也作相

1 《清朝通志》卷八三《食货略·赋税上》。

2 《户部·赋役一·奏报》，《康熙会典》。

3 《清朝文献通考》卷一《田赋一》。

应的调整。史称，“(工科) 给事中吴国龙奏:‘直隶各省解京各项钱粮，自顺治元年起，总归户部。至七年，复令各部寺分管催收，以至款项繁多，易滋奸弊。请自康熙三年为始，一应杂项俱称地丁钱粮，作十分考成。除每年正月扣拨兵饷外，其余通解户部。每省各造简明赋役册送部查核。其易知由单颁给民间者，尽除别项名色。至各部寺衙门应用钱粮，年前具题数目，次年于户部支给，仍于年终核报。’户部议如所请，从之”。[1] 由此，易知由单在钱粮款项的记载方面得以简化。

康熙五年户部覆准，应征白粮地亩，每亩征米若干，均改折银若干，令开入由单。康熙六年覆准，各省由单款项繁多，小民难以通晓，嗣后务将上中下等则地，每亩应征粮米实数开明。至于湖广、陕西二省，每粮一石派征本折数目，向未开载，令行照例开注。这年给事中姚文然又上疏称，“蠲免灾荒，除本年应蠲钱粮即于本年扣免外，亦有本年纳户之钱粮收完在前，奉蠲在后，则应本年应蠲钱粮，抵次年应纳正赋，名曰流抵。欲使人人均沾实惠，必须将流抵一项载入由单。但部题定例，次年由单，于上年十一月颁发，计该州县磨算钱粮数目款项，造成式样送布政司磨对，必须在上年九十月间。而各抚题报灾伤，夏灾报在六月，秋实报在九月。计题报到部又需时日，部中具覆行查被灾分数，必候该抚查回，部覆奏允，然后行咨该抚，又转行地方官。虽至速已至本年十一月、十二月，及次年正月、二月，久已在颁发由单之后矣，何从填入乎？然流抵不填由单，部中所取者，地方官印结耳。印结出于官吏之手，民未尽知也，奸胥贪官因此侵冒者不少。惟有于流抵之下年填入由单之一法。譬如康熙五年免灾钱粮应抵康熙六年者，自应于康熙六年抵免讫。即于康熙七年由单之首填入一项，内开：某府某县于康熙五年分蒙恩蠲免重灾田若

1 王先谦：《东华录》，《康熙三》。

干亩，每亩免钱粮若干；或次灾田轻灾田合县共该免银若干两，除本年已完若干两外，尚该流抵银若干两，俱于康熙六年分内，于原被灾本户名下额赋各照分数流抵讫，并无官侵吏蚀等情。此后刊入康熙七年分额丁额赋等项。如此则应蠲之分数与抵免之银数，每户各报一单，一目了然，官吏自无所藉手矣！至于蠲免者，亦于蠲免之下年由单之首，照依此式，但改流抵字样为蠲而已”。[1]疏上，敕部议行。这样，遇钱粮蠲免的地区，其易知由单又加载有钱粮蠲免的内容。

康熙十五年议准，由单报部后，或增减改写应征钱粮，及新垦地粮款项不行填入，及不应征之钱粮错入由单，并割补由单者，该管官罚俸一年，巡抚罚俸六个月。如刊刻由单模糊，字样舛错，遗漏用印者，该管官罚俸六个月，巡抚罚俸三个月。康熙十七年覆准，各省报销过米豆草束价值，刊单，粘次年由单之后，送部查考。如派给民间不照部价者，督抚参究。[2]

易知由单的具体形式，梁方仲先生曾以顺治十八年河南省河南府永宁县的《奉旨便民易知由单》一份为例，加以详细说明。全单的内容和式样大致为，由单的上方，有“奉旨便民易知由单”一横栏，为大字，正中盖朱色汉满文府印关防。单首为“告示”，原文计有 204 字。“告示”以下分列县卫地丁钱粮数目，即“计开永宁县顺治十八年分……”梁方仲先生据此列有详细的分析表三张。这部分占了由单文字记录的绝大部分，也是最为繁琐的部分，其内容主要为地丁的等则、数额及征银款目与总数几项，属全县赋税征收的全面情况。由单的最后部分所载，为里甲花户人丁征银的栏格，共分为本身地亩、人丁该银，优免银，及实征银数栏，并附载人丁土地二项的各该银两总数。其后分填输纳三限，

1 《清朝文献通考》卷二《田赋二》。

2 《户部·赋役一·奏报》，《康熙会典》。

更后为年月日栏，上盖朱色汉满文县印，最后为县押，由县官签名花押为记名。

由此可见，易知由单的特点是内容庞杂。由单纸张篇幅之大，梁方仲先生经眼的实物表明，它们普遍每张多为二三尺阔一二尺长的一张大纸。安徽省档案馆现藏顺治十五年至康熙二十五年《歙县地丁漕折银便民易知由单》，南京大学历史系现藏的 20 张清乾隆至宣统年间的便民易知由单，反映的情况与此相类。[1]从外形上看，由单俨然今日一张大幅布告或通告。从内容上看，由单的开首（如“告示”部分），备载例行公事，其所开手续，承上转下，又由下呈上，极尽迂回之能事。而每年由单的式样，由中央户部颁发，其实际的刊刻则在州县办理。由单文字最多的部分，记载全县赋税征课情况，俨然一份全县赋税征收报告，与纳税个体并不相涉，只有由单尾部与纳税人直接相关。其记载的繁琐复杂，仅就所载钱粮单位的尾数来说，如银的单位为两，上述永宁县易知由单所载，“两”之后还有钱、分、厘、毫、丝、忽、微、纤、沙、尘、埃等十一位尾数。有的易知由单，其尾数较此更多。从前述清廷关于易知由单的法规变化来看，易知由单的内容是不断膨胀的。不仅全县额征田地丁粮及其逃亡抛荒新收实在之数、起运存留的数目都一一开载，记载的款目特为详尽，到后来就连禁止私派和处理蠲免的条文，都三令五申地尽量添入由单之内。

清代易知由单的设立及通行，是在清政府编订《赋役全书》之前。在清初《赋役全书》尚未编纂完成时，易知由单是州县征派赋役最为重要的依据。“全书”完成后，大致说来，在钱粮数目的记载方面，《赋役全书》为定额的（服务于“应征”），易知由单所载为实征数目。在此情形下，易知由单灵活反映某年度纳

1　严桂夫主编：《徽州历史档案总目提要》，黄山书社，1996 年。

税人变动了的赋额情况，其功能自应与《赋役全书》相区别，对纳税个体真正起到有针对性的“通知”作用。相反，易知由单所载内容变得越来越复杂。在推行者看来，它似乎是一种万应灵药，只要将有关法令和办法以及全县的赋税征收事由等都全刊载在由单之上，就可以达到征足赋税的目的，收到“便民易知”的实效。

然而，易知由单的弊端正由其上述特点衍伸出来，其功能的发挥也走向了那些设计者所构想的目标之反面。康熙二十年十月初六日，山西道监察御史蒋鸣龙上奏指出易知由单使用中的弊端主要表现在：第一，内容繁杂，“连张广幅，阅不能尽，不惟民不能知，即官吏亦未能通晓”；第二，本应每户一张，而事实上官府一般只印刷数张，虚应故事而已；第三，易知由单，本是一种预颁通知单，必须在征收赋税之前颁发，但在执行中许多地方却在事后才颁发。总之，易知由单已“殊失立法命名之意”。[1]

这样，清代易知由单推行了不到 40 年，至康熙二十六年不得不明令于明年停止刊送。康熙上谕称，“各省刊刻由单，不肖官役指称刻工纸版之费，用一派十，穷黎不胜其困。嗣后，直隶由单免其刊刻，晋省由单先经该抚题请免刻，亦一并停止。明年，悉免各省刊刻由单，惟江苏所属，于地丁银内刊造，仍听册报如旧”。[2] 易知由单作为全国性的赋税征收工具被取消。

乾隆元年，户部又议覆广东道监察御史蒋炳条奏，应如该御史所奏，刊发易知由单，以除征粮之弊。户部此议一出，部分直省督抚就提出不便推行。陕西巡抚硕色在奏折中指出，陕西征收赋税原以红簿为凭，不须借助由单，“今若刊发由单，亦俟推收既清，造就红簿，始可照簿填单。而由单既多，填造需时，更兼陕地辽阔，边远州县距省千余里不等。若将额征银数先造由单，

1　参见梁方仲：《经济史论文集》，第 404 页。

2 《清朝文献通考》卷二《田赋二》。

由州县赍司，由司核发，再行晓谕，给单往返耽延，不惟无益输纳，且恐有误征期。再查大州县之民，或多至数万户及十余万户不等。既于开征之先按户给领，又于完粮之后逐一催缴，即附近村堡已觉纷繁，远乡僻壤岂无扰累？凡一邑多至十万余户，由单即需十万余张，不但刊刷之人工，应用之纸墨，在在需费，更恐不肖吏役藉端需索，或因领缴措勒，或因损失吓诈，种种滋弊，均未可定。再计通省由单不下数百万，赍上发下，甚属繁难，雇脚驮载，往回劳费，是欲宜益民而反以累民矣”。[1] 有鉴于此，硕色主张停止刊发由单。山西巡抚石麟也上奏请求停止给发由单。他除了指出复设易知由单“恐滋官民之累”外，也述说了如同陕西有替代易知由单的征粮红簿，山西也形成了自身的成规。他指出，“……晋省催纳钱粮，向行滚单之法。应饬令各州县将花户应纳粮数，于催粮滚单之内开明，仍每年于正月内令布政司衙门与该管府州，将各州县征收钱粮科则，分发告示。令各州县誊写多张，遍行晓谕，使城乡小民悉知每亩征粮科则。科则既知，则应完粮数易于乘算。如滚单所开有不符之处，即应具禀更正。至应完尾零，即于滚单内书明，令于初限内完纳。倘有分征及浮收等弊，许即赴上司控理。查究得实，即行严参。如此则事不繁而浮收之弊可除，似于官民均有裨益”。[2] 易知由单终于没有在全国范围内再行推广。

就这样，康熙二十六年以后，一些地方用红簿、滚单替代了易知由单的征税功能。一些地方仍把易知由单作为赋税征收的工具，如乾隆五十七年贵州巡抚陈淮仍在奏折中称，“臣亦责令黔省经征各官，自行捐备纸张，设立由单。按照实征册，将某户田亩若干，应完何项粮银粮米若干，逐一胪列，于年月上钤盖印

1 《陕西巡抚硕色奏为请停由单以免扰累折》（乾隆元年五月二十六日）。
2 《山西巡抚石麟奏请停给由单折》（乾隆元年六月十三日）。

信。每年开印后，发给每里甲首，转散各花户收执，使田粮各数，一目了然，无从冒混。仍严察胥役人等，敢有指称纸笔需费，私自下乡勒索者，立拿重究”。[1]他仍把设立易知由单作为整顿钱粮征收包揽等弊的重要手段。现存康熙二十六年后直至宣统年间的徽州等地易知由单，也说明整个清代易知由单的行用各地所在多有。但由于本身的缺陷和行用中出现的问题，康熙二十六年后，易知由单再也没有作为普遍通行的赋税征收工具在全国推行。

（三）串票（截票）与版串的行用与弊端

截票，又称串票，是清代第二种赋税征收工具。关于截票，其含义已如前述。它的通行情况，王庆云称，“顺治十年行二联串票，而奸胥作弊。康熙二十八年乃行三联串票，一存官，一付役应比，一付民执照。雍正三年更刻四联串票，一送府，一存根，一给花户，一于完粮时令花户别投一柜以销欠。至八年，仍行三联版串”。[2]串票就是纳户交纳钱粮时由官府出具的纳税凭据。

串票为什么从二联变为三联？清人黄六鸿指出，“串票者，纳粮花户执之以为据者也。然花户有执，而排里临限无凭查截，势必问之流水，未免号杂而难稽，故截串之不可不并设也。抑排里有截而在官完纳无从稽考，势必凭之日报，又未免止银数而少花名，故票根之不可不俱存也。合而用之，名曰三连（联）串票”。[3]三联串票的行用，旨在为征税有关各方提供凭据，纳户执有的一联作为已纳税额的证据；排里催役执有的一联用作临限检查赋税征纳情况的依据，官府保存的存根用于稽考钱粮完纳情况。

1 《贵州巡抚陈淮奏陈查办征收钱粮采买包揽事宜折》（乾隆五十七年五月初四日）。

2 王庆云：《石渠余记》卷三《纪赋册粮票》。

3 黄六鸿：《福惠全书》卷六《钱谷部·催征》。

三联数额和内容相同，在纳税人、收税人与政府管理者之间形成相互监督和牵制的关系。

三联串票的三联，式样大致相同，而票额名称不同，分别是纳户执照、临限查截、票根存算。我们从《福惠全书》卷六《钱谷部》转录式样如下（见次页），以供参考。

在使用时，执照、查截二票，完粮时柜吏填付纳户，一自执，一付排里查截票完数。至于票根，每晚柜吏同流水日报缴入内衙以凭存算。在使用过程中，有各种具体的程序要求，否则达不到预期的效果。如黄六鸿就谈到，“此三连票之所以为至善也，宜里各一本，里各立一字为号。里各一本则他里不得混入，里各一号则他号不得借充。每本额定百张，先填号而后用印。每百定须细数，既发柜而即领串。先填号，庶各里之字记分明；细数张以重页之恐防夹带。若夫柜发票前，乡愚无知，恐柜吏以白票私收。抑且执银无票，致纳户需时守候，尤非勤政之体”。[1]所以，不仅三联串票的编号和张数必须清楚和确定，就是收税之柜的下发和领票的时间也有要求，两者必须同时进行。如果先发柜于领票之前，就有可能造成柜吏打白条私收钱粮的后果。

三联串票行之既久，又滋生出弊端。这首先表现在一些地区不按串票的标准规范来使用。如贵州“镇远府亲辖邛水偏桥十八洞地方，（串票）仅填田亩数目”，而不注明完粮实数，自雍正九年奉文将应征地丁银两改征米石以来直至乾隆五十七年相沿未改，“实滋影射朦混之弊”。更为严重的，是胥吏借三联串票作弊。“例载州县经手花户钱粮，用三联串票，每联内各填款项数目，仍于骑缝用印处将完数端楷大书，分中截开……乃行之既久，或有仅于票内草写完数，以致狡黠胥吏将截给纳户之票填注实数，而

1　黄六鸿：《福惠全书》卷六《钱谷部·催征》。

于存串内改两作钱。或有玩法包揽，于先填印串时，故用淡墨细书，及截票后又用浓墨改作大数，均属事之所有”。[1] 三联串票相互牵制的作用由于胥吏的作弊，荡然无存。

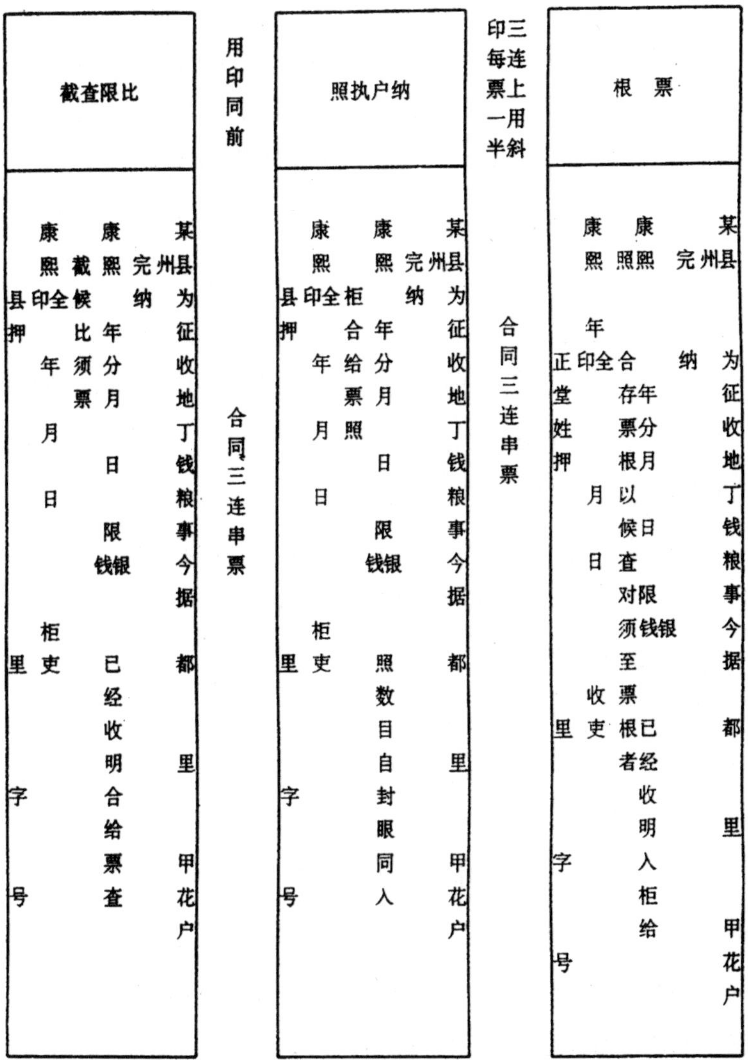

1 《贵州巡抚陈淮奏陈查办征收钱粮采买包揽事宜折》（乾隆五十七年五月初四日）。

有鉴于此，一些地方又对三联串票加以改进，江苏、安徽均自乾隆五十五年一律改用版串。何谓“版串”？山东巡抚吉纶在嘉庆十六年所上奏折中称，“……东省征收钱粮，向用三联串票。……每遇开征，民间交纳钱粮，例应四月完半，十月全完。因在收获农忙时届完课，遂名谓上下两忙。有花户将名下应纳钱粮于上忙完交过半者，亦有完半不足者，统于下忙照应完额数交足。数既参差不定，征收时随按所完银数填写串票给发，因以名曰活串。于粮户完银填数之后，原仍送官验明，加以戳记，立法本为慎重。然奸猾书吏，因活串系伊等随时填写截给，又数无定准，随乘机舞弊。于票内收一两之大数而填为一钱之小数，以多填少。迨送验后，将发给花户执照，仍改大数截交，以小改多，大头小尾，假串私侵，种种弊窦，不一而足。州县官偶有查察未周，则受其朦蔽”。这样，出现了一系列因活串而起的柜书等侵蚀钱粮事件。而江苏、安徽二省早已推行的版串之法，“可以清其端而绝其弊。其法州县官于未经开征之前，预先造定实征册籍及易知由单，将粮户一岁应完钱粮，按照征册，每户分填版串。如该户应完银一两者，则于四月完银五钱，十月完银五钱。其有尾数者，亦照此均分明晰，令民上下两忙完纳。其征册由单版串内俱填大写楷书，逐一核对准确，用印存署。先将由单发交里保等转给业户，俟开征时花户持单赴柜完纳。柜书验封登记，即填流水，赴署请发版串。其流水簿每柜分设两循两环四本。粮户赴柜投完，即随时填簿请串给执。循去环来，不许压前等后。完银既有准数，截串又不稽迟，粮户亦无守候之累。甚便于民，奸吏亦无从作弊。且遇州县交卸，即将截存版串固封钤印，移交新任接收，则交代之际，清查民欠一目了然，易于核实查办。如此定立章程，不特大头小尾假串重征诸弊，悉可剔除，且钱粮按分征收，并可绝侵挪压欠之弊”。[1]可见，版串的特点在于将银

1 《山东巡抚吉纶奏议征收钱粮改用版串杜弊便民折》（嘉庆十六年闰三月初八日）。

粮数额在征收前先行以大写楷书写定在票据上，其数额为花户全年应纳钱粮总额的二分之一，粮户交纳钱粮后领取版串为凭。这种征赋数额固定的版串，杜绝了胥吏借临时填写征赋数额作弊的可能。所以，吉纶称它“于赋法民情均有裨益，而改串私侵捏称民欠之弊，自可永除”，要求在山东全面实施，嘉庆帝朱批“依议办理”。但这种版串要求纳税人两次交纳赋税均须满足全年应纳赋税总额的一半，丧失了民众在纳赋数额安排上的灵活性。

嘉庆二十年，户部议覆御史卢浙条奏“征收钱粮将三联串票盖用道府印信以杜亏挪”一折，下令在各省实施三联串票盖用道府印信。这一措施旨在加强对三联串票的管理以实现赋税的切实征纳。但各省督抚随即提出异议。江苏巡抚张师诚奏称，“兹奉部行……自当遵照办理。惟江苏省为财赋之区，额赋钱粮之繁甲于他省，每州县需用版串，多者百万余户，少者亦几及百万户。在州县自行钤印之时，分手赶办必须二十余日方能蒇事。今以通属串票责令该管道府同时用印……州县串票逐一钤盖道府印信，计须两三个月或四五个月始能用竣。……惟活串尚可陆续用印，版串必须同时用印。今奉新例，州县征收钱粮将三联串票盖用道府印信，诚为严杜不肖州县以完作欠之善策”，但鉴于使用版串的江苏盖印繁难，请求展限盖用道府印信。[1]河南巡抚方受畴则奏称，“催科责在州县，串票内向列该牧令衔姓。若仅盖道府印信，预用空白，而征之州县转不用印，似于征收钱粮不能核实。设办理稍有不善，书吏从中舞弊，该州县得以藉词诿卸。更恐花户未能周知新例，易滋疑议”。所以，他请求“应由该州县于串票年月上先盖州县印信，再行赍送道府于骑缝处钤印给发征收。则上下

1 《江苏巡抚张师诚奏为征收钱粮三联串票请展限盖用道府印信折》（嘉庆二十一年正月三十日）。

均资考核”。[1]安徽巡抚胡克家也奏请安徽版串，展限盖用道府印信。[2]三联串票盖用道府印信实在事繁费时，很难真正实施。四川总督常明奏称，“川省则向无上忙下忙之名，开征后有将应完地丁作一次全数完纳者，有于上半年作数次全完者，亦有缓俟下半年完纳者。缘乡间粮户，离城远者有数百里之遥，既不便因其全数完纳退回一半，亦不能因其完不足数拒之不收。是以历来串票皆系随收随给，民间久已相安。……所有川省征收串票，据奴才愚昧之见，似可无庸盖用道府印信以归简便。川省钱粮大约五月间总可完纳十分之六，从无具报民欠之事”。嘉庆帝朱批：“事属难行，过于苛细，昨已降旨停止矣。”[3]这项措施终究没能在全国推行开来。

事实上，单纯从技术上对三联串票本身加以改进，并不能保证其征税功能的切实发挥。康熙十二年，江苏布政使慕天颜在《详行役法兴革事宜》中称，“行截票。截票之法，每里额征计作十分，按月一分，又立三张，按户算清，照式填足。俾粮户依限完银入柜，照数截票。其截去者归农，未截者摘比，良顽自分，法至善也。奈州县各逞己见，或不查截票，仍比甲催者，或已截而仍摘全数，或未截而漏摘顽户者，或将截票收掌于粮书、措勒需索者，或截票虽截而簿未登，混淆完欠者，或不按应截之月限分数而任意差拿者，或并花户之应截欠数总归里长甲催名下，独累见年者。其弊种种不一”。[4]截票并未按要求来使用。嘉庆年间，广西灌阳县重征一案表明，一些地方官根本不把串票执照放在眼

1 《河南巡抚方受畴奏为州县征收钱粮盖用道府印信酌议章程折》（嘉庆二十一年二月初四日）。

2 《安徽巡抚胡克家奏为征收钱粮三联串票请展限盖用道府印信折》（嘉庆二十一年二月十二日）。

3 《四川总督常明奏为征收粮票无须盖用道府印信折》（嘉庆二十一年二月二十一日）。

4 康熙：《苏州府志》卷三五《田赋三》。

里。两广总督阮元、广西巡抚赵慎畛嘉庆二十四年就此事奏称，“广西灌阳县知县杜钧在任几年，其初将花户远年已纳之粮，有原给印照遗失者，即令补纳。印照尚存者，亦令重纳。更有现年新纳之粮，才给印照，数日后复逼令重纳”。[1] 这种情形绝非个别现象。很明显，三联串票在催征赋税过程中是否发挥应有的作用，还决定于官僚作风等更为重要的社会条件。

（四）滚单催征与顺庄编里

滚单是清代第三种征之于民时所使用的赋税征收工具，而顺庄编里是钱粮催征在基层社会组织编制上的改进，并非如王庆云所说，是一种可与截票、滚单并列看待的具体赋税册籍。顺庄编里是滚单催征得以真正落实的重要条件。所以，滚单和顺庄编里应当一起论述。

滚单的名目，早在顺治初年便已出现。顺治八年，顺治帝命御史分巡各省，察民间利病，苏松巡按秦世祯便条上兴除八事，其中一条就提出，“催科不许滥差衙役，设立滚单以次追比”。得到清廷的允准。[2]

直到康熙三十九年，征粮滚单才在全国范围内较普遍地推行开来。其具体使用方法是，“凡征粮，立滚单。每里之中或五户或十户止用一单，于纳户名下注明田亩若干、该银米若干、春应完若干、秋应完若干。分作十限，每限应完银若干，给与甲内首名，挨次滚催。令民遵照部例，自封投柜，不许里长银匠柜役称收。一限若完，二限又依此滚催。如有一户沉单，不完不缴，查出究处”。[3]

---

1 《两广总督阮元等奏报查办广西灌阳县重征案大概情形折》（嘉庆二十四年三月二十九日）。

2 《清朝文献通考》卷一《田赋一》。

3 《清朝文献通考》卷二《田赋二》；《石渠余记》记为康熙三十六年，误。

滚单要发挥作用，必须具备相应的条件。清人黄六鸿谈及滚单的使用时称，“滚单落户者，着本甲花户单到滚催，所以为甲长分劳，期于速完也。其法，钱粮开征头二限听纳，至三四限完不如数，照此簿甲分，每五户列一单，挨填各户欠数，不论银数多寡，分作四限完纳。五户中以欠数最多者为催头，其单甲长领给最多者。催头逢卯，执单赴比。比后又交与下手欠数多者为催头。如单到不照限完纳，及卧单不赴比者，立即差拿，罚完欠数。其余户不照限完，催头禀拿重责，亦罚全完方释。如过限再不完，枷示仍责全完。须要勤查，法在必行。否则，虽滚不遵亦无益也”。[1]可见，滚单的使用和作用发挥，在于通过纳粮民户的相互滚催以达到赋税如数按时完纳的目的。这就需要滚催得力，严格执法。黄六鸿所说，对于破坏滚单滚催者，是由“催头禀拿重责”，把希望寄托在甲内催头身上。这在里甲制下，只是一种幻想。

在地方基层制度上，清初沿袭明代的里甲制度以完成封建赋役征收任务。（详论见下节）随着社会经济的发展，土地买卖和土地集中加剧，人口流动频繁，使得里甲组织无法严格规划土地和人户。在赋役征收上，出现两种主要弊端。一是户名不清，造成钱粮包揽飞洒。如雍正初年杭嘉湖道徐鼎在奏疏中指出，“钱粮包揽飞洒，以致历年拖欠，亦由户名不清，村庄不顺”。里甲底册多与实际不符，“粮册并无的姓的名，或子孙分晰，承用诡名；至辗转授受，又联合数姓报作一户。因而互相推诿，并不知为何人”。[2]二是里长作弊，甲催督办不力。这便给赋税征收造成困难，滚单的作用也得不到切实发挥。

针对这种情况，一些地方打破里甲组织系统，通过改变基层的组织编制形式，来配合滚单催征的实施，解决赋役征收中的诡

1 《福惠全书》卷六《钱谷部·催征》。

2 徐鼎：《请稽查保甲以便催征疏》，《清经世文编》卷二九《户政》。

寄脱漏问题。这就是各地先后实施的顺庄法。在浙江天台县，其顺庄作法是："以田从人，先顺村庄，后编里保。将本人所有各都田产，尽数收归一户，即在所住本都立户完粮"，"以保甲、滚催相为表里。"[1]但摊丁入地前，里甲仍有编审之责，顺庄法没有得到普遍推行。摊丁入地的实行，为顺庄法的广泛推行提供了条件。雍正五年十二月，浙江总督李卫上奏，请求顺庄。自雍正六年开始，顺庄法首先在浙江全面实施。[2]

顺庄法的具体内容，《清朝文献通考》概括为，"顺庄编里，开造的名。如一人有数甲数都之田，分立数名者，并为一户；或原一户而实系数人之产，即分立的户花名；若田亩未卖，而移住他所者，于收粮时举报改正"。[3]这种将田产与人户按照现居村庄编造簿册的做法，旨在理顺田亩与业主的关系，以免除赋役征收中诡寄隐漏等弊端。

现存有关江苏省实行顺庄法的档案，较详细地反映了顺庄法的功能及实施中遇到的问题。雍正十年，清查江苏钱粮部臣彭维新认为钱粮积弊在于实施均田均役法（详论见后），请求实行版图顺庄之法，"以坐落该图之田，即于该图立户办粮。惟恐丘段畸零，户名星散，以该户所业各图田地归并居住图分，顺庄催办。又虑全废均田均役，议就邻图地界截长补短，仍使地额均平。……当经议令，先行版图，继行顺庄，悉心妥办。勿妨均田均役之法，庶有益裨"。但实行过程中却暴露出一些问题。江苏布政使张渠在乾隆二年奏折中指出，"今已遵行数年，各州县之行版图者不能顺庄，行顺庄者不能版图，亦多版图顺庄无一能行者。盖江苏业户多居城市，寄耕作于佃农，故所业田地，零星四散，数

1　戴兆佳：《天台治略》卷五《告示·一件晓谕零星细户准自行立户完粮事》。

2 《宫中档雍正朝奏折》第10辑，第775页，台北故宫。

3 《清朝文献通考》卷三《田赋三》。

亩之家，坐落三四都图。田多之户，分列数县版图，则一人之田瓜分数十户名。官既难于稽查，民更输将不便。此版图之不能行也。以数十图之户名，归于一人所居图内，催办钱粮，隔府隔县，散漫难合，此顺庄之不能行也。城市之图有廛无田，乡鄙之图有田而业户居城。故行版图者，户立乡图，而城图余无粮赋；行顺庄者，粮尽归于城图，而乡图无户。此版图顺庄之不能并行也”。[1] 版图与顺庄各有其用，“以江苏均图，不问粮户住址，不计田亩坐落，听凭粮户均装，不知户内之粮起于何地，而民与庄皆成虚幻。欲其永远澄清，非是行版图不可。夫版图之地，本自坐落一处，粮系何则，业系何人，同沟共井无不悉知，则地亩钱粮皆有根据。又恐丘段畸零，户名星散，不便催科，再照各人住址连成一处；顺庄滚催。再就接连之邻图地号，截长补短，寓均役于版图顺庄之间”。而“顺庄乃就人问赋，系催粮之法；版图则就田问赋，系清粮之原。应先行版图继行顺庄”。[2] 版图顺庄法原本就是针对均田均役法实施中存在的弊端而推行的，故张渠因实施版图顺庄中出现一些问题便请求复行均田均役法时，清廷未予允准。

到了乾隆七年，苏州巡抚陈大受又上奏请求改进版图顺庄之法。他称，“前此举行版图顺庄，条议纷繁，册籍浩翰，所造丘领户、户领丘版图实征顺庄等册，纸笔人工等费……遂致滋扰。臣等酌议，州县每年俱另造实征册及滚单册以为征粮张本。实征册内田额银数，俱与奏册相符。应以现年实征册为根底，照册载名户，每户各散给一单，令其自将该田坐落土名丘段号数、四至邻田及本户的名住址，一一开填明白缴县，注入实征册内。俟填注完日督令经承检查抽聚，挨顺坐落丘段归并图甲，仍照原额田

1　以上引文均见《江苏布政使张渠奏为请复均田均役之法折》（乾隆二年八月初四日）。

2　《大学士管户部尚书事张廷玉等奏议请复均田均役之法折》（乾隆二年八月十六日）。

数均装，次年即照此另造为版图实征册。嗣后田地售卖，只须改写户名，不得将田穿入别甲。再按花户所填住址，分晰城市村庄，另造顺庄滚册，以便催粮。其买卖推收，住址迁移，随时报明，悉照原议查办。则以州县每年必造之实征册根据，而清厘之事非繁扰，较为捷便。从此章程一定，不惟田地之积弊永杜，粮赋之催科有裨，即一切经野实政，皆得有所凭依以为推暨矣”。[1] 排除了实施中的不利方面，顺庄法的作用还是明显的。安徽巡抚潘思榘在乾隆十二年所上奏折中就称，“臣浙藩任内奏销乾隆十年地丁钱粮通省全完，邀恩议叙加职一级，非臣之督催无误，实顺庄之效验”。[2]

顺庄编里是滚单催征得以真正发挥效用的重要条件。关于两者的关系，四川《巴县志》称，“征粮之役向用里长，飞洒诡寄，舞弊多端。嗣定例用五户滚单，省差便民，立法至善，但庄不顺则用滚单难，未可以他省例之。里长之遗遂变而用甲催，甲催者就一甲之户轮流佥报催粮也。报充甲催强半多乡愚，催弗力则受比于官，力催则受制于绅士、胥役、兵丁，每佥报之年多向书役贿免，贿则卖放，不贿押充，此讦彼告，终岁弗休。其情畏粮差累，其弊缘冗役多。故用甲催不如用乡保，用乡保则宜裁冗役。盖甲催一年一换，乡保可连年不换，急公者奖，玩误者革，计每岁无佥报之繁，比甲催有督办之力”。[3] 这里明确提出“庄不顺则用滚单难”。雍正年间，田文镜在河南也称赞该省已有的顺庄做法说，“村庄既顺，则可就近滚催，无隔越难行之事”。[4] 顺庄法结束了里甲组织的管理办法，开辟了向保甲制发展的道路。通过革除里书，以乡保代替甲催，滚单推行的障碍消除了。滚单简明易

1 《苏州巡抚陈大受奏陈力行版图顺庄之法折》（乾隆七年五月初七日）。
2 《安徽巡抚潘思榘奏报办理版图顺庄情形折》（乾隆十二年十一月十六日）。
3 乾隆：《巴县志》卷三《赋役志》。
4 田文镜：《钦定饬训州县规条·催科》。

懂，乡保滚催得力，顺庄编里“又以的户为主”，滚单催征便行之有效。这表明基层组织编制的变化是滚单催征得以真正落实的重要原因。福建漳浦县，在康熙年间，“粮户自封投纳，用滚单法轮催，以三百户为一保，第其人口多寡供役。五年一编丁，而役法平”。[1]以三百户为一保来供役编丁，是以保甲制替代里甲制，基层组织变化了，滚单法轮催得以见成效。甘肃河州，康熙年间不按里甲，而按村庄清查地粮，也收到明显的效果。[2]

那么，顺庄编里配合滚单催征之后，赋税征收中存在的弊端是否就全部消除了呢？乾隆六年，署理福州将军策楞在奏折中论及征粮之弊时称，“闻征粮一事，尚有积弊未除。如州县开征之际，设立滚单，将花户姓名及应完条银数目开列单内，散给乡民……前人立法固为最善。无如奸书蠹役，日久弊生，视各户银数之多寡，于额粮之外或多开数钱至数分不等。乡民多不识字，且自知粮额者少。既见为官府所开，遂即照数完纳。即有自能核算粮额，知系浮开而为数无几，未便遽行控告结怨吏胥。且匍匐公庭，翻致废时失业，所以每多隐忍不言，亦即勉强输纳。此项多开银两，或系书役人等先将别户钱粮侵收挪用而以此弥补，或通县钱粮正额业经报完，而于卷尾之时兜收入己。更间有不肖州县，通同书役俵分。至其申送上司册籍，则仍系按额造报，并无浮开。再每州县滚单之多，动以万计，上司又向不吊验，是以无由稽查，而不肖官吏竟得逞其朘削。虽历经严禁重耗，而似此暗行巧取，较重耗为更烈……臣闻此弊各省皆有，在江浙又为尤甚”。[3]可见，赋税催征并没有因滚单的设立而畅行无阻。

在使用滚单的同时，又有人主张从技术上对它进行改进和补

1 《清史稿》卷四七六《陈汝咸传》。

2 康熙《河州志》卷二《田赋》。

3 《署理福州将军策楞奏为密陈征粮之弊折》（乾隆六年三月二十四日）。

充。乾隆初年，山东布政使乔学伊就提出在滚单之外设立独户单。他在奏折中称，“臣愚以为州县经征钱粮，于滚单之外，另有独户单名目。蠲免钱粮，似可仿照而行。如地方偶有水旱偏灾，即照依题报应免钱粮分数，逐户攒造简明清册。如某社某甲一户某人某年额征粮银若干，被灾几分，蠲免若干，实应完若干，照数填入独户单内，仍于银数上盖用州县印信。至该年钱粮有未奉蠲免之先已完纳在官者，除去蠲免分数，其多完之银，即注明册内，抵作次年之正供，亦另刊一单分晰填明。俾花户了若指掌，便于扣算”。[1] 这种做法，旨在征税时切实按照政府法定数额进行征收。

就滚单的内容来看，还可能包括役费等在内。如协办大学士讷亲等在奏折中曾称，“至该署督鄂弥达等所奏，荆江修堤土数，核定确价，填入滚单，随粮究官雇夫修筑之处……且分给滚单本为征粮而设，更不便以民修之项入于官征之内，以致头绪纷如，碍难稽察”。[2] 这是借助滚单筹措地方公共工程的经费，改变了滚单为征收国家赋税而设的用途。

乾隆九年，湖北巡抚晏斯盛又主张将由单和滚单合二为一。他在奏折中称，“查原任藩司严瑞龙详内有由单简明式样……今再简之，可将额数载于滚单之首，石斗升合勺抄撮颗粒俱备，一甲止须一纸。额数该数一目了了。数有不符，花户于自封投柜时即可禀改”。[3] 晏斯盛意在使征收工具简化明了，真正达到切实收足赋税又不致扰民的目的。但乾隆朱批称，“知道了，有治人无治法也”。诚然，自此以后，滚单仍作为各地催征赋税

1 《山东布政使乔学伊为清厘蠲免钱粮设立独户名单折》（乾隆九年十月初一日）。

2 《协办大学士讷亲等奏议鄂弥达等请清厘征收钱粮积弊折》（乾隆十年四月二十一日）。

3 《湖北巡抚晏斯盛奏为请行简明由单合滚单为一折》（乾隆九年十月初六日）。

的重要工具，但并非凭借滚单及其改进本身，便能达到征足赋税的目的和消除征收中的弊端，在此之外存在着更为重要的“人”的因素。

本节我们论述了赋税征收工具的内容及其变迁过程。由此，可以得出如下认识。第一，推动赋税征收工具变迁的动因，是既有的赋税征收工具在使用过程中“法久弊生”。每一新的赋税征收工具初始行用时，效验明显，日久天长，便显示出自身的缺陷。诚如王庆云所说，“开国之初，法制未定。顺治八年以后，各省始有奏销数目。及康熙初，乃除均役提编之弊，故给以易知由单。后以繁费累民，一改而为截票，而软抬硬驮，未能尽绝。再改而为滚单。滚单不行，三改而为的户。累朝因革损益，其要使民易知，而吏不得多取而已”。[1]第二，无论赋税征收工具如何改进，都不能从根本上保证赋税政策的贯彻和赋税征收目标的实现。正如前述乾隆帝针对湖北巡抚晏斯盛主张将由单和滚单合二而一所指出的，“有治人无治法也”。赋税政策工具要真正切实发挥效用，关键在于运用政策工具的人。所以，要认识赋税政策的效果，除了弄清赋税征收工具的内容及其变迁外，更为重要的是探明与其直接关联的吏治状况和制度环境。因为，一定程度上说，赋税政策工具的失效不过是封建社会吏治状况的反映而已。

二　赋税征收方式与基层社会组织

清代赋税征收，被清廷中央确定为州县之专责。事实上，封建国家行政系统只设立到州县一级，州县之下的广大地域并无正

1　王庆云：《石渠余记》卷三《纪赋册粮票》。

式的行政机构。州县衙门，无力独当赋税征收的任务。[1]各州县官面对数万、数十百万计的人户，不可能直接挨家挨户地征收钱粮，而必须凭藉一系列中介机构，才能完成赋税的征收。

中国古代历史演进表明，地方基层组织形成的动因大致有两个，一是为了实现赋税的征纳，一是为了地方社会共同体居民的治安和自保。赋税征纳方式与特定的社会历史条件相结合，便孕育出特定的社会基层组织。在清代，这便表现在，赋税的征收首先凭借里甲制度，既而以保甲督催，到后来宗族等社会共同体组织在赋税征收中也扮演重要的角色。赋税征收方式的变化，引起地方基层组织的变化，而地方基层组织的变化又影响着赋税征收和赋税政策执行的效果。本节着重论述赋税征收与基层社会组织变动的关系，进而说明基层社会组织及其变革如何制约着清代赋税政策的执行和赋税征收的效果。

（一）里甲组织的承袭与赋役分派

清初，在实现对全国统治和赋役秩序化的过程中，顺治三年清廷着手修纂《赋役全书》。五年，题准“三年一次，编审天下户口”。[2]顺治十二年，清统治者谕令，“各布政使严饬该道府，责令州县，查照旧册，著落里甲，逐一清厘”。[3]在地方基层组织系

1 据统计，中国人口自汉代的六千万人增至本世纪初的四亿人，州县数目并未相应增设，大致保持在 1200～1385 个（费正清：《剑桥中华人民共和国史，1949～1965》，上海人民出版社 1990 年版，第 43 页）。如此庞大的人口在清代大约分布在 70 万～100 万个村庄（吉尔伯特·罗兹曼：《中国的现代化》，第 204 页，江苏人民出版社，1988 年）。这样，清代每州县约辖 20 余万人、500 多个村庄。而州县衙门的官员配备很少。在清代，每州县仅设正印官一人，举凡政令、赋役、诉讼、教化、风俗等事务，都须“躬亲厥职而勤理之”。《大清会典》卷五载，全国知县 1303 人，佐贰官 400 人，无佐贰官的县占三分之二。

2 嘉庆《清会典事例》卷一三三《户部·户口》。

3 《清世祖实录》卷八八，顺治十二年正月壬子。

统方面，清政府直接沿袭明代的里甲制度，并凭借它来完成赋役征派任务。十三年，清廷覆准五年编审一次。十四年，全国性的《赋役全书》修成，里甲组织也稳定下来。那么，里甲组织是如何为封建赋役催征服务的呢？其功能的发挥需要哪些条件？要说明此点，有必要简单回顾一下明代建立的里甲制度及其变化。

明代的里甲作为中国封建政权的乡村基层组织，是和秦汉以来的亭里制、三长制、里保制等一脉相承的。洪武三年，湖州府在编制小黄册时，创立了以一定户数编为一里，每里分为十甲的里甲组织。历史记载称，“国初，（湖州府）各都仍立里长，洪武三年以来，催办税粮军需，则为小黄册之法。……（长兴县）黄册里长，洪武三年定拟。每百家为一图，里长一名，甲首一十名。不尽畸零，九户以下附正图，十户以上者，亦为一图，设里长一名，甲首随户多寡设焉，共计四百三十四图，逐年轮当，催办税粮”。[1]但规整完备的里甲组织，直到洪武十四年才在全国统一建立起来。其主要内容是，“以一百一十户为里，一里之中，推丁粮多者十人为长。余百户为十甲，甲凡十人。岁役里长一人，甲首十人，管摄一里之事。城中曰坊，近城曰厢，乡都曰里。凡十年一周，先后则各以丁粮多寡为次。每里编为一册。册之首，总为一图。其里中鳏寡孤独不任役者，则带管于百一十户之外，而列于图后，名曰畸零”。[2]自此，里成为县以下并直属于县管辖的统一的乡村社会基层组织。叶春及叙述里甲在明代行政系统中的地位称，“里长者，里之长也。天下之执，自上而下。甲首上有里长，里长上有县令，县令上有郡守，郡守上有藩司，藩司上有六卿，而天子加焉”。[3]

1 《永乐大典》卷二二七七《湖州府志》。

2 《明太祖实录》卷一三五。

3 叶春及：《叶絅斋先生全集》卷十《顺德县志论一·里役论》。

里甲制度的存在和运行，是建立在特定的经济基础和社会基础之上的。在经济基础方面，里甲制度要求拥有一定数量的土地。洪武十四年编定里甲时规定，“凡编排里长，务不出本都，且如一都有六百户，将五百五十户编为五里，剩下五十户分派本都，附各里名下带管当差，不许将别都人户补辏”。[1]可见，里甲组织特别强调地域限制。在南方，多以都、村分里甲，而在北方某些地区，或以社、屯分里甲。嘉靖时人桂萼称，“如北方之土，有屯地、社地之异。今直隶、河南等处州县，以社分里甲，犹江西湖广等处州县以村分里甲也”。[2]社与屯的含义，万历《香河县志》称，“按土著之民编社，流徙之民编屯，社屯各有长，长率十户，谓之里甲”。[3]社与屯都是拥有一定地亩的一个地域概念。

在社会基础方面，里甲以小农为主要编制对象，是建立在小农经济基础之上的组织。这批小农包括佃农和自耕农。建立里甲时，黄册所登载的人丁、事产分列旧管、新收、开除、实在四项，即所谓“四柱式”。土地既然作为载籍的一项重要内容，说明黄册所载、编进里甲的大多数乡村民户，应该拥有一定数量的土地。黄册以田从户，也说明社会上有相当多的人户拥有土地。[4]一些地区还在里中树碑，记录本里的田地数量。如吕坤记载河南的情形称，“每里立石碣一通，上书某里十甲，除军屯子粒等地不开外，本里民地共几百几十几顷几十几亩，共该夏粮几百几十几石几斗几升几合。人许入里，地不出图。如违，以变乱成法论。大书深镌，树之里中”。[5]“地不出图”，旨在禁止本里土地卖给外里，以维护本里的经济基础。明代中期以前，正是在明政府采取体养生

1 《皇明制书》卷七《洪武礼制》。

2 桂萼：《请修复旧制以足国安民疏》，《明经世文编》卷一八〇。

3 万历《香河县志》卷二《地理志·里社》。

4 参见韦庆远：《明代黄册制度》，第37~79页，中华书局，1961年。

5 吕坤：《实政录》卷四《民务》。

息政策，小农经济获得发展的空间，一定数量的土地和户口相对稳定的条件下，里甲制度得以建立和推行。

对于里甲组织，明初封建政权授予它以多方面的职能。里甲有民事诉讼裁判权，负有维护本里人户财产的合法买卖、抵制亲邻对买卖双方的干预、对本里子弟进行封建法制教育、劝课农桑、恤贫扶弱的责任，有管理水利设施的权力，等等。但里甲最为重要的职能，是作为一个服役单位，向封建官府提供徭役。

里甲所服徭役，称里甲正役。服役是按户计役，以甲为单位轮流充当。即每年由10名里长中1名现年里长，带领10甲中1个值年甲首应役。应役“在官者曰见年，空歇者曰排年”。[1]现年里长和现年甲的职责是，“催征钱粮，勾摄公事”。“催征钱粮”是现年里长和现年甲的主要职役。其任务是由现年甲协助现年里长征收其他九甲首的钱粮。[2]“勾摄公事”则包括：管理本里人丁事产，清勾军匠、根究逃亡、拘捕罪犯，到各级衙门“承符呼唤”，支应“上供物料”，等等。同时，在服役之外，作为封建政权的乡村基层组织，还负有对劳动者进行政治强制和超经济强制，把劳动人手束缚在土地上的重要职责。

里甲组织功能的发挥，自然取决于里甲组织本身的完备。里甲组织败坏了，其催征赋役等功能自然也就无从谈起。明代自嘉

1　嘉靖《惠州府志》卷七《赋役》。

2　本节论述参考唐文基《明代赋役制度史》，第40页。关于甲首的含义，梁方仲曾明确指出，在明初指一甲之首，只一名，与里长一样，同为封建地方基层组织最低级的半公职人员，与一般人户相区别，即《明史·食货志·户口》所谓“岁役里长一人，甲首一人，董一里一甲之事”。后来，赋役繁重，里甲户籍制中的甲首便转移到以赋役的编排方面为重点，于是值年应役的一甲十户，都通称为甲首。《明太祖实录》卷一三五“岁役里长一人，甲首十人，管摄一里之事”，即取此义。又因每甲十户都有值年的机会，虽非值年的九十户亦渐得泛称为甲首。参见《梁方仲经济史论文集》，第580～584页。袁良义：《清一条鞭法》（北京大学出版社1995年7月），第185页。张研：《清代族田与基层社会结构》（中国人民大学出版社1991年9月），第200页于此似未加注意。

靖起，里甲的经济基础和社会基础都开始削弱。在经济基础方面，随着土地兼并的发展，明朝原有的“地不出图”、“田不过都”以维护里甲土地稳定的禁令被冲破。张居正之子张敬修在《张太岳行实》中称，“……以故田赋之弊孔百出，而其大者曰飞诡，曰影射，曰养号，曰挂虚，曰过都，曰受献，久久相沿为故业，于是豪民有田无粮，而穷民特以力薄，莫可如何，始受其病矣”。[1] 这典型地概括了地主阶级通过诡寄、飞洒、花分、寄庄等伎俩，千方百计使土地摆脱里甲的控制。

所谓诡寄，就是通过里胥，将自己的土地写在别人的户籍之下。这种诡寄于他户而为吏胥总书等欺隐下来的田亩，其赋税均洒派众户，作奸者阴食其利。[2] 诡寄中除飞洒伎俩外，还有把田地诡寄于有赋役优免权的官宦勋戚之家的，以达到欺隐田地、逃避赋役的目的。

所谓花分，是将一户分为数户。富民行贿县总里胥，将自身之田，分作多户，以减轻赋役负担。比如五百亩田，一户所有为上户，徭役负担较重，分作十户，则变成下户，徭役负担便减轻。以致贫民田不及百亩者，所承受的徭役负担反在花分后的富民之上，形成贫富混淆、劳逸倒置。[3]

所谓寄庄，是指“此都之粮户，买田于彼都”。[4] 地主大户不仅要兼并本里甲的土地，还要兼并别都别里的土地。这就会导致里甲和土地相背离，形成“寄庄户”。洪武时期，明廷规定寄庄户

1 《张太岳文集》卷四七。

2 万历《武进县志》卷三《钱粮一·额赋·秋粮》载万历三十一年，武进县总书金某利用职权，“一旦欺隐田六百亩，洒派众户，己则阴食其稍，而令一县穷民代之税”。

3 参见黄洪宪：《碧山学士集》卷一五《与郭中尊论田粮积弊书》。花分情形，并参陈龙正：《几亭全书》卷三七《辛未均役条议》等。

4 王庭：《三县田粮问答》；康熙《秀水县志》卷三《错壤》。

除在本里服役外，还要承担所寄庄里甲的徭役。[1]实际上，寄庄户往往逃避所寄里甲的徭役。如嘉善县，“盖书手诡户，往往分名析字，寄田别甲异图，每逢当甲，则日子户也；遇派重役，则曰田不及也。展转推避，十年或不一役。是故贫者愈损，流者益多”。[2]有鉴于此，明廷于景泰二年下令禁止寄庄，“各处寄籍人户，令各将户内人丁事产，尽数报官，编入图甲，纳粮当差。于户下注写原籍贯址、军民匠灶等户，及今收籍缘由，不许仍作寄籍。违者本身发戍口外，田产尽数没官”。[3]但禁而不止。失去土地的里成为穷里，另一些在外都外里购置大量田地的里，却成了富里。在海盐县，“盖往因里甲不限田，故奸民竟将田地诡寄富里，以致富里之民虽田盈千亩，一役不沾，患里之民虽户无立锥，且充数役”。[4]这样，地主通过诡寄、飞洒、花分、寄庄等使土地摆脱里甲控制。按户编里甲，各里的田地多寡不等，便使按里编役造成负担轻重不均，成为里甲组织的一大弊端。

对于土地和里甲的相互关系，明代人士有清楚的认识。有人说，“夫里甲之制，即比闾族党之遗也。然田不井授，里甲安可常哉！夫十户为甲固矣。今田已亡，里亦不能独支！”[5]里甲是以一定数量土地的相对稳定为前提的。里甲土地丧失的同时，里甲人户也因土地兼并、赋役繁重而纷纷逃亡。面对里甲经济与社会基础削弱的现实，明中叶始不断有人提出析户的主张，如称“凡民户之里甲有缺，就将图内丁粮高大者，析户当差，以补其数”，[6]企图从人户业已减少的里甲现存人户中分析出人户来补足旧数，

---

1 《明会典》卷二〇《户部七·徭役》。

2 正德《嘉善县志》卷一《户口》。

3 《景泰实录》卷二〇。

4 天启《海盐县图经》卷六《食货篇》第二下。

5 隆庆《岳州府志》卷一一《食货考》。

6 章懋：《枫山集》卷一《议处盐法事宜疏》。

承当差役。但这不能从根本上缓解里甲基础削弱的矛盾。

明代里甲制度的败坏，还突出表现在里甲职能的削弱和里甲人事问题（里书作弊与里长权力的削弱）上。

鉴于里甲经济社会基础的削弱，有人主张从根本上改变徭役的编审办法，主张将以丁为佥派对象改为按田计役。[1]万历年间，各地多进行此类改革。这样，编审之时便出现了不再按户而是按田划分里甲的情况。以田亩数划分里甲，使得里甲的内容和性质完全改变了，出现"户不投甲，甲不投里"，[2]封建政权再也不能凭借里甲控制劳动人手。那些无田之人，"则脱然成为世外之游民，而天子不能使，邑宰不能令"。[3]里甲职能削弱的又一重要表现，是里甲和赋役相脱离。明中后期各地广泛开展的徭役制改革，摊丁入地和力役折银是其共同的特点和趋势。尤其是一条鞭法的实施更是如此。这样，徭役与里甲只在征收环节上有所关联。更有一些地区，对征收环节也进行了改革。万历以后，一些地区实施纳户自行封银交纳的"柜银"制度，[4]简化了征收手续，不仅可以避免里胥在征纳时敲榨勒索和贪污中饱，同时也基本上解除了里长甲首催征赋役的职责，从而使里甲与徭役完全分离开来。

随着里甲和土地、人口、徭役相分离，里长的权力也日渐削弱。明初，里长本是一种荣耀的职役，在社会上有较高的地位。一些地区，成化、弘治以前以当里长为荣，但嘉靖以后，情况发生逆转。特别是穷人任里长后，里长几乎等于苦差役，人所畏惧，多以免任为幸。曾任福建惠安知县的叶春及述及该县的情形称，

1　张萱：《西园闻见录》卷三二《赋役前》云："土地万世而不变，丁口有时而盛衰。定税以丁稽考为难，定税以亩检核为易。"

2　同上。

3　决懋德：《丁粮或问》，《食货典》卷一五二《赋役部》，《古今图书集成》。

4　《万历实录》卷五七六，万历四十六年河南道御史房壮丽曾奏称条鞭法行后，州县令花户自行纳柜的情形。

“国初，因都分里。徙不出乡。厥后民无恒守，不特甲首分裂四溃，里长亦徙他都”。[1]不仅里民逃亡流徙，连里长都逃绝了。明代里长大多数是乡村中小地主，到明中叶，乡村中豪强地主权力更加增长，也促使中小地主里长权力削弱。不过从人事上看，里书的作弊，不仅是里甲组织基础削弱的重要原因，也是里长变为重役的根由。

里书又称册书、扇书，每里设一人，掌册籍书算，按户登载应征赋役的数额。里书利用造册计算的职务方便，与州县的总书、吏书上下串通，作奸犯科。里书不仅左右一里的赋役事务，连里长的人选也由里书的册籍来决定。明中叶后，里书成了作弊谋利的美差，里长反而变成了服重役的对象。前述破坏里甲经济基础的作弊行为诡寄、飞洒等，里书多与谋其事。在对里长权力的损害上，里书主要是在受贿后，任意编造册籍，卖富差贫，以使田粮多的地主富户逃免粮差或应轻差，而少田无田的贫困小户则纳粮当差或当重差，结果造成赋役征派困难，现年里长被迫赔累。

徭役制度的改革，使得里甲在徭役佥派征发中的作用减弱以至消失，而里长权力的削弱和里书的为非作歹又使里甲的社会管理职能无从发挥作用，里甲的重要性大大降低。故自万历始，就有人提出“里甲当除”的主张。但明中叶后，阶级矛盾和民族矛盾日益尖锐。为了稳定封建统治秩序，在里甲组织削弱的形势下，统治者不得不寻求其他对策，转而提倡保甲法。这样，在明后期保甲制度广泛推行，而里甲又未曾取消，便形成保甲与里甲双轨并存的局面。

清初封建政府在建立全国统治权的过程中，在社会基层组织的建设上，沿袭明代旧有的制度。为了实现赋役征派，继续推行里甲制度；为了稳定统治秩序，又提倡保甲法。所以，清初是里

1　叶春及：《叶䌹斋先生全集》卷七《政书一二·保甲篇》。

甲与保甲并存。然而，赋税是政权存在的经济支柱，清初封建政权在稳定统治秩序的同时，更多地着力于对与赋税征收直接相关的里甲制度的恢复和完善。

明末农民战争破坏了里甲制度，各地“赋税图籍多为流寇所毁”[1]。虽经清初户口编审和《赋役全书》的编纂，稳定了里甲组织，但清政权在沿袭明代里甲制度的同时，也承袭了它在明代已显现的弊端。其中最突出的问题仍表现在里甲制度赖以存在的基础上，亦即里甲组织中田产广狭不等，人户多寡不齐，并由此造成的赋役不均。由于战乱及土地买卖等原因，一些州县“一甲而寥寥数亩，一甲而积亩数千”。[2]一些州县“虽有里甲之名，其实多寡不一。多者每里或五六百顷，或三四百顷。少者每里止一二百顷，甚至或数十顷以至寥寥数顷者”。[3]这和明初所规范的里甲组织规模相差甚远。清初，赋役的征派沿袭一条鞭法，赋役主要部分的数额都根据里甲的地亩来确定，杂差杂役按里均派。前述情况必然引发下列问题。第一，由于里甲的土地变迁频繁，加之普遍出现的寄庄现象，很容易促成田赋的转嫁和隐漏，使得赋税征收过程及手续复杂化。第二，杂差杂役与里甲正役按里甲摊派的做法，由于里甲规模大小不一而形成苦乐不均。地方官不看里甲的大小，“均派使费，一无轻重”，“里甲无划一之规，小民多偏苦之累”[4]。这种情况以江南地区最突出。如苏松两府的里役，“名曰签报殷实，竟不稽查田亩”，致使“有田已卖尽，贫无立锥而仍报重役者，遂有田连阡陌，坐享膏腴而全不应差者”[5]。里甲组织已失去了正常运转的根据。

---

1 《清世祖实录》卷四三，顺治六年四月壬子。

2 顾高言：《均田示》；李渔：《资治新书二集》卷一二《文告部》。

3 佟凤彩：《沿河民困四事疏》，《清经世文编》卷三三《户政》。

4 台湾《明清档案》A31-83（4-1），B175。

5 柯耸：《编审厘弊疏》，《清经世文编》卷三〇《户政》。

面对这种情况，清初一些地区发展了明代东南地区出现的按田编里的办法。如康熙《钱塘县志》称，“胜国编审凡一百一十户为一里，视户口之多寡以均赋，是以田从人也。迩来编审凡三千亩为一里，视田亩之多寡以均粮，是以人从田也”。[1]安徽石埭县等地，也采用了按田编里的办法。[2]这种做法，强化了按田均派差役银的倾向。而清朝政府，早在首次举行编审之际就规定，“通计州县田地总数与里甲之数，均分办粮当差。”[3]从田亩的均平和协调上来平衡里甲的负担。顺治十四年又题定，“编审人丁，均平里甲”。[4]这些意旨最后落实到康熙初年实施的“均田均役”运动上。

均田均役首先在江南地区推行。康熙元年，江南苏松两府首先被清廷指令“行均田均役之法”。[5]江苏巡抚韩世琦下令该地区所属各县“统计合邑田亩若干，分配区图，逐里均平，将一应图外户名尽归入甲”，所有差役，一律按田征派。[6]康熙五年，松江府娄县知县李复兴实施均田均役，成效明显。他的做法是，在均田方面，行“均图之法”。“一县区图田额，多寡不齐，若一体承役，必致大小不均。兹蒙科宪柯题定均图之法，先将该县田地通盘打算，均分若干图，每图应均准熟田若干亩。一图分立十甲，每甲应准熟田若干亩。无论绅衿役民，一并照田编甲，则田必入图，图无亏田，永杜偏枯之弊矣”。把田亩均分于各里。在均役方面，由于“绅衿役户，向有优免之例，故田多者类皆诡寄避役。

1　康熙《钱塘县志》卷六《户口》。

2　康熙《石埭县志》卷四《赋役》载：“顺治八年，各州县奉有均田之旨，将通县田亩融均，以五百六十亩为一甲，以甲分田多者提出补凑甲分田少者，民无偏累，一时称便。”

3 《皇朝政典类纂》卷三〇《户役》。

4　台湾《明清档案》A81-83（4-1），B175。

5 《清朝文献通考》卷二一《职役》。

6　道光《苏州府志》卷十《田赋·徭役》。

其在图承役者，悉属贫民小户，独膺繁苦”，现在根据“朝廷一体当差之旨，并入均图，照田编甲。在钱粮则各自输纳，差徭则各自承应，既不偏枯，亦无牵累。夫役之均也，由于均田。逮田之均也，则并无役矣”。[1]在均田的基础上，论田起役，使田无不役之人。康熙十三年，江苏布政使慕天颜奏准在江苏普遍实施均田均役，“以一邑田地，均摊各里。每里每甲田数齐平，粮则相等，差徭画一。不许此盈彼缩，田多役少，五年一举推收户田，汇总办课。由是积困得除，万民称便”。[2]慕天颜在江南普遍实施均田均役的基础上，饬令勒石永远遵行，并请清廷将此法推向全国。这样，康熙十三年再次掀起均田均役运动的高潮，清政府强调必须“通计该州县田地总额与里甲之数，均分办粮当差，不许豪户多占隐没，苦累小民。其推收编审，悉照均田均役，听民自相配搭”。[3]

各地的均田均役，大同小异。在浙江富阳县，实行“田与役并均”，将役丁均入各里，坊市四里，每图编充五百丁，其余编入农村各图甲。[4]浙江长兴县，“每里三千亩，听士民自相归并”[5]；石门县，“以三千亩为一里”[6]，划定了里甲的田亩数额。而该省的仁和县则“概以三千亩为一役，并作二百四十八里”。[7]总之，均田是通过一里一甲所属田亩数额的大致均平，使里甲大小不等的问题得到解决。均役是在均田和里甲规模整齐的基础上，按里甲组织均摊里甲正役及杂役。这是清政府整顿和强化里甲组织以维护现存的赋役分派制度的措施，为清政府赋役征收服务。诚然，

1　李复兴：《均田均役议》，《清经世文编》卷三〇《户政》。
2《江苏布政使张渠奏为请复均田均役之法折》（乾隆二年八月初四日）。
3　康熙《清会典》卷二三《户部·户口》。
4　光绪《富阳县志》卷一二《赋役志》。
5　同治《湖州府志》卷四《疆域·乡都区庄》。
6　道光《石门县志》卷一《疆域》。
7　乾隆《杭州府志》卷四《乡里》。

均田均役的实施使清政府有可能更紧密地控制土地和人户，因为它“必期田尽落甲，役必照田”。[1]而且在一定程度上缓解了赋役不均的矛盾，使地主豪绅欺隐田亩、转嫁赋役的弊端得到抑制。所以有的地方文献称，“自康熙十三年均里后，里有定地，则书算无可相诡；地有定方，则里役便于相督。……诚百世之利也”。[2]钱粮编审不再由里书摆布，里书无法弄奸作弊，民间从此较为安宁。

但是，均田均役并非一劳永逸。从功能原理上看，由于土地买卖和人口流动的日益频繁，均田均役如不经常地进行，便达不到预期的效果。如果经常进行，里甲组织户口编制的稳定性就失去了。如果对土地经常进行推收过户，赋役征派对象就更加变化频繁，不利于赋役的征派。事实上，均田均役也未从根本上提供杜绝地主豪绅欺隐舞弊行为的保证。

在现实中，均田均役后最突出的矛盾是里甲组织中土地推收过户没有解决，从而造成里甲格局和土地所属关系的混乱，给赋役征派带来更大困难。乾隆七年，苏州巡抚陈大受在奏折中论及这一问题时称，“乃纂天颜原疏云，听民自相品搭充足里甲之数。此言一出，民间推收遂不计田亩坐落处所……故欲就实征册而考其田在何处，非里书排年末（莫）由知悉。而里排人等，以印官舍彼钱粮无凭催征，藉此权操掌握，花分诡寄，包揽侵收，无弊不作。皆自相品搭一语阶之厉也。……旧日里胥积蠹向藉均田推收为婪索之计”。[3]当时的情形是，“各图之田不必尽为本图人之产，客图人亦或有之”。[4]有些地方连里甲首事对里甲所辖田主也不熟悉，田虽在本里，而户主“皆素不

1 《清朝文献通考》卷二二《职役》。

2　乾隆《鹿邑县志》卷一《方舆略》。

3 《苏州巡抚陈大受奏陈力行版图顺庄之法折》（乾隆七年五月初七日）。

4　叶映榴：《与邑令论编审》，《清经世文编》卷三〇《户政》。

相识之人”。[1]赋役的正常征派根本无从谈起。在此情形下，豪绅地主与里书排年等不法之徒乘机舞弊，日形泛滥。

均田均役之外，康熙二十五年，清政府试图以缩短人丁编审的年限，“编审人丁俱以一年为限”的办法，[2]来保持里甲人户的均衡，以维护里甲制度，但未能变为现实。同时，康熙时期又大力推行滚单催征法，以抑制里甲组织中赋税征收的弊端。但滚单催征得以真正落实，如上节所述，是在顺庄法实施之后，而那已是里甲制度的末日了。

清代对里甲组织的承袭和调整维护，都是服务于摊丁入地以前的赋役分派赋税征收体制的。如中篇（上）所述，清初赋役秩序化的过程，实际上是一个赋役征派项目归并合一的过程。总的说来，摊丁入地以前，田赋和徭役是分别征派的。里甲作为基层社会组织，它主要是以作为一个服役单位为特征的。赋税全部内容的重要方面徭役以里甲为征派计算单位，所以徭役的征派方式没有改变，里甲组织就必须维持。随着社会经济的发展，土地买卖和人口流动日益频繁，一方面，在赋税征收体制上，清廷按人户和丁口征派徭役的方式失去效用，另一方面，在基层组织的格局上，里甲稳定存在的经济社会基础失去了。这是同一过程的两个方面。为了实现赋税征收目标，从康熙末年的不加丁赋到雍正初年的摊丁入地，清政府推行了一系列的赋役制度改革措施，从而改变了赋税征收方式。随着赋税征收方式的变革，清代基层社会组织也从里甲制演进到以保甲制为主流的格局。

（二）摊丁入地与保甲的催科责任

从制度赖以存在的现实根据来看，里甲组织的式微和保甲制

1 沈荃：《均编要略序》，《清经世文编》卷三〇《户政五》。

2 康熙《清会典》卷二三《户部·户口·编审直省人丁》。

的兴盛，是与编审的废除和顺庄编里两个历史事件直接相关的。而这两个事件又导源于摊丁入地的赋役改革。

首先我们来看由于摊丁入地，里甲组织的基本职能人丁编审的丧失。康熙时期，整个赋税征收的项目大致已归并为地粮和丁银两大项。由于中篇（上）业已叙述的原因（其中就有里甲编审中存在的弊端），在康熙五十一年，清政府实施了不加丁赋的政策。由于滋生人丁永不加赋，编审对赋役征派的作用就大为削弱。人丁编审的赋役征派功能只限于解决故绝人丁的丁银递补问题。至于察明人丁增出的实数，并无增赋的作用，编审的强制性和重要性自然失去。但一个较长时期，编审制度的繁文缛节依然存在。每至编审之年，“出示差催，远近乡民齐集城中听审。旅寓有守候之艰，往返有盘费之累”。[1]而“向来编审之法，未能稽户之实，而徒滋民人之费”。[2]我们知道，定期举行编审是里甲组织作为一个承应赋役单位的基本职能，编审重要性的降低，无异于削弱里甲组织存在的根据。

雍正初年实行摊丁入地，编审仅存的解决故绝人丁丁银递补问题的赋役征派功能也自然消失。里甲编审既与赋役征派无关，其察明人丁增出实数的作用也便失去了发挥的压力，根本落不到实处。如乾隆元年李卫奏称，“各直省历来编审，有一家数十人止报一二丁者；有老名总户，人已久无，名仍在册者；有流寓寄居未曾入籍者；有本身无地未报编丁者”。就连恩恤老民的政策也不能依据编审册籍得以落实。[3]乾隆二十二年，胡泽潢在奏折中称，编审之后，“增而不增，减而不减；户非其户，丁非其丁”，[4]编审严重失实。摊丁入地后的编审，只是一种虚应故事以塞责上

1 《程仕折奏》（乾隆元年），“朱批奏折类”，一史馆藏档。

2　李绂：《穆堂初稿》卷三九《请通融编审之法疏》。

3 《李卫奏》（乾隆元年三月），“朱批奏折类”，一史馆藏档。

4 《胡泽潢奏》（乾隆二十三年十一月），“朱批奏折类”，一史馆藏档。

司的形式了。事实上，许多地方在摊丁入地后已明确停止编审，如浙江部分州县，“民间无编审之忧”。[1]而山东诸城县，“自诏免丁赋以来，官吏遇编审之年，惟约略其数而已”。[2]不过，由于各地摊丁入地的进度不一，清政府在较长时期内没有明确宣布在全国范围内废除编审。

乾隆五年，清政府对人户编查作出新规定，“直省各州县设立保甲门牌，土著流寓原有册籍可稽。若除去流寓，将土著造报，即可得其实数。应令各督抚于每年十一月将户口数与谷数一并造报”。[3]这就把户口统计转归保甲负责，实际上等于废除里甲的编审职能。所以，王庆云称“自丁归地粮，乾隆五年，遂并停编审，以保甲丁额造报”。[4]把乾隆五年看成停编审之年。从此，也有了真正意义上的人口统计，保甲编查的内容不再只是以前里甲编审奏报的人丁数，而是包括列有男妇长幼口数的人口数目。及至乾隆三十七年，清政府明令“嗣后编审之例著永行停止”[5]，从法令上明确承认了编审制度业已废除的事实。

编审与里甲组织具有不可分割的关系。定期举行的编审通过清核丁数人户，不断均平里甲，以保持里甲的适当规模和赋役征派的正常运行。因此，编审是维护里甲制度的重要手段。封建国家通过里甲组织管理土地和人丁，以编审清里甲，按里甲行编审，直接服务于“有田则有赋，有丁则有役”这一赋役分派的赋税征收体制。摊丁入地为主的赋役改革改变了赋役分派的格局，一切赋税出自田亩。编审既停，里甲制度便失去了存在的重要根据。

从组织上直接促使里甲制度陷于崩溃的，是顺庄法的实施。

1 乾隆《鄞县志》卷六《田赋》。

2 乾隆《诸城县志》卷六《田赋志》。

3 《清朝文献通考》卷一九《户口》。

4 王庆云：《石渠余记》卷三《纪停编审》。

5 嘉庆《清会典事例》卷一三三《户部·户口·编审》。

历史文献表明，顺庄法是针对均田均役后存在的里甲土地所属关系混乱及由此引起的赋役脱漏现象而实施的。如前引乾隆七年五月初七日苏州巡抚陈大受奏折，在指出“民间推收遂不计田亩坐落处所”等均田均役中的弊端后，便极力主张实行版图顺庄法以杜其弊。均田均役后，由于户名不清，村庄不顺，钱粮包揽飞洒脱漏之弊泛滥，以致历年拖欠国家赋税。因此，人们主张“按保甲之实户，问田产之坐落；以田产之的名，编行粮之图甲。挨庄顺叙，户户可稽”，[1]以顺庄法来消除这些弊端。

顺庄法的内容和实施情形已如本篇上节所述。其核心是按照田产与人户现居村庄编造簿册，通过理顺田产与业主的关系，以消除赋役征收中的隐漏诡寄等弊端。它实质上是一次赋税征收在组织方式上的变革。顺庄法的广泛推行，也是在摊丁入地后，因为丁银并入地亩后才可能抛开服务于人丁编审的里甲组织，按人户现居村庄编造簿册。

顺庄法的推行，与康熙初年实行以维护里甲组织为前提的均田均役法直接相背离，必然打破原有的里甲格局，使地方社会基层组织实现从里甲制到以保甲制为主流的转变。这主要表现在，首先，均田均役法以里甲中的田亩为主线，只要求均平各里甲所属田亩数额，而不论这些田亩的户主居住何地。顺庄法则以田亩的户主为主线，不论田亩坐落何里何甲，要理清田亩的户主。这就改变了对农村居民的组织方式，从以前里和甲的组织转变为以自然村庄为基本单位的组织。在顺庄之后，州县“将通县民图拆散甲分，查照烟户住址，编为庄村”，[2]许多地方出现了“更里为庄”[3]、“改图甲为乡庄”[4]的变化。原有的里甲组织彻底崩溃。

1　徐鼎：《请稽查保甲以便催征疏》，《清经世文编》卷二九《户政》。
2　同治《湖州府志》卷四《疆域》。
3　道光《海昌县志》卷二《都庄》。
4　乾隆《严州府志》卷四《乡都》。

其次，均田均役法要大体均平里甲规模，以实现里甲赋役负担的均衡，进而维护里甲制度的正常运行。顺庄法实际上则承认里甲规模大小不一的事实，从注重维护里甲组织转变为注重便于管理人户的村庄，而这正是保甲法编查户口的基本职能所在。因此，顺庄法是保甲制的前奏。最后，均田均役法实行的时期，赋税的征收受制于里书，而里书等作弊猖獗。而正如本篇上节所述，顺庄法是配合滚单催征实施的。清政府强调“悉照顺庄滚单之法，使人立的名，粮归本户”[1]。里甲组织中的里书行滚单催征，因其为非作歹，不能奏效。所以从组织人事上剔除里甲的根基即禁革里书，成了顺庄法的基本内容之一。如浙江平湖县颁发的顺庄规条，其中一条就称，“永革里书之弊。历年里书尽行革逐，不许更名盘踞。所管册籍追出交官，佥点诚实县书经管，每年挨充”。[2]而滚单催征要求对人户实行保甲编查。[3]这样，负责编查和管理人口的保甲组织在赋税征收上也取代里甲组织，地位上升，进而集赋税征收、社会治安与人户编查等职能为一体，成为此后清代地方基层组织的主流。

编审制度的废除与顺庄法的施行经历了一个漫长的过程，直至雍正乾隆之交，在地方基层组织中保甲才普遍地取代里甲而成为主流。那么，保甲制又如何对赋税征收发生影响呢？这就要从保甲法推行的历史及其体现出来的性质出发，才能加以说明。

清代保甲制的基本内容是，“一州一县城关若干户，四乡村落若干户，户给印信纸牌一张，书写姓名、丁男口数于上。出则注明所往，入则稽其所来。面生可疑之人，非盘诘的确，不许容留。十户立一牌头，十牌立一甲头，十甲立一保长。若村庄人少

1　李卫、田文镜：《圣谕条例州县事宜》。

2　乾隆《平湖县志》卷五《食货·顺庄规条永遵碑记》。

3　戴兆佳：《天台治略》卷五《告示》称“以保甲滚催相为表里”，就是对这一要求的反映。

不及数，即就其少数编之。无事递相稽查，有事互相救应。保长、牌头不得借端鱼肉众户。客店立簿稽查，寺庙亦给纸牌。月底令保长出具无事甘结，报官备查，违者罪之”。[1]这是一种侧重于治安管理的组织，它是沿袭明代的保甲法而来。如前所述，明中期以后的徭役制度改革，使得以徭役佥派为主要功能的里甲组织削弱。在日益深化的阶级矛盾和民族矛盾背景下，为了稳定统治秩序，明朝各地方政权纷纷实施保甲法。

从历史渊源看，保甲制由来已久。北宋王安石变法时，便实行过完整形态的保甲法。为了说明保甲制的合理性，王安石更将它的起源上溯到古老的三代。[2]王安石变法失败，保甲被取消，此后一直未被认真广泛的推行。明代成化年间，有在京城和荆襄上流等地设保甲以加强治安和处置流民的建议。弘治时，明廷还批准了兵部关于在全国实行保甲法的提议，但各地并未认真施行。明中叶实行保甲法最有力的是王守仁。正德十二年，他巡抚南赣，为配合对左溪、横水等地农民起义军的军事围剿，创造了与保甲法类似的十家牌法，命令所属州县实施。十家牌法以防奸缉盗为主要职责，同时保留了原里甲催征钱粮的功能。嘉靖以后，明朝内忧外患日益加重，要求和建立保甲的地方越来越多。[3]

总的说来，明代实行保甲制的历史表明，每当社会出现动乱，统治秩序受到威胁时，官僚就极力主张建立保甲。王守仁的十家牌法还保留着征派赋役的责任，而到嘉靖以后保甲只负责社会治安了。天启顺天府府尹沈潢就称，“严保甲以稽查奸细为第一义”。[4]通过保甲制度，官府对民众的行动，进行严密的监视和控制。

清廷比明代更加重视保甲制度。入关后，多尔衮谕军民人等，

1 《清朝文献通考》卷二二《职役二》，康熙四十七年康熙帝申行保甲法诏令。

2 王安石：《王文公文集》卷一《上五事书》。

3 参见唐文基：《明代赋役制度史》，第 339 ~ 342 页。

4 《天启实录》卷六三。

"各府州县所属乡村，十家置一甲，百家置一总甲。凡遇盗贼逃人、奸宄窃发事故，邻佑即报知甲长，甲长报知总甲，总甲报知府州县卫。府州县卫核实。若一家隐匿，其邻佑九家、甲长、总甲不行首告，俱治以重罪不贷"。[1]从巩固统治秩序着眼，多尔衮曾说，"息盗安民，莫如保甲为良法"。将保甲制向全国推广。顺治二年二月，直隶巡抚王文奎疏言，"凡属军宅屯庄，不拘乡村城甲，概入保甲，一人为盗，九家连坐"。[2]保甲法不仅稽察盗贼，而且编排各地逃亡户口。顺治六年，清廷谕内三院，"自兵兴以来，地多荒芜，民多逃亡，流离无告，深可悯恻，著户部、都察院传谕各抚按，转行道府州县有司，凡各处逃亡民人，不论原籍别籍，必广加招徕，编入保甲，俾之安居乐业"。[3]由于不少地区的里甲组织经农民战争后残缺不全，清廷便将逃亡户口编入保甲组织，使之有效地管理逃亡户口，防止其反抗。所以，清朝在取得统治权初始，就在稳定里甲组织的同时提倡保甲法。

事实上，在保甲组织取得地方基层组织主流地位之前的清朝时期，推行保甲法都是稳定社会统治秩序的手段，并作为考核地方官员政绩的内容。如康熙时期的地方名臣李士桢康熙三年补江西湖东道，上任伊始，就申明保甲法，檄各县于每坊设社正、社副、甲长。十家为一甲，三十甲为一社，互相察觉。于村市要道置闸门巡警，其后城中又改为关长、坊长。远鄙则每都立乡长，每村立保长。[4]康熙二十一年，李士桢调补广东巡抚前夕，专门颁行《申饬保甲弭盗檄》，指出"保甲原是里井守望，共卫身家之策"，[5]要求所属实心实行。本年五月，李士桢刚至广东任巡抚，

1 《清世祖实录》卷七，顺治元年八月癸亥。

2 《清世祖实录》卷一四，顺治二年二月乙卯。

3 《清世祖实录》卷四三，顺治六年四月壬子。

4 乾隆《建昌府志》卷一七《武备》。

5 《抚江政略》卷一《符檄》，中国社会科学院经济研究所图书馆藏本。

就发布地方宪法性质的《抚粤条约文告》十六条；其中“严保甲”条称，“保甲之法，洵地方官固圉安民之第一义也。粤省幅员辽阔，五方杂居。兼之向来营伍较多，投充不少，加以本处苗、獠往来，衅隙易生。其间逃人逃卒，奸人匪类，托足潜藏，最难讥诘。今后有司举行保甲，务必其慎其严，不得稍有疏忽”。[1]总之，总是把推行保甲法作为安定社会秩序治理地方的重要手段。但是，摊丁入地之前的赋役分派体制是以里甲组织为基础的，政府及官僚尽管不断提倡行保甲，在地方基层组织的结构上仍然是里甲组织占主导地位，在没有保甲的地方清廷可以凭借里甲组织来管理社会。

摊丁入地后，由于编审的削弱及废除，加之顺庄法的实施，里甲组织衰退，在地方便出现了真空，清政府不得不强化保甲组织，以维护地方统治秩序。雍正乾隆时期，清政府多次颁布保甲条文。雍正四年，清廷对保甲组织进行一次较大的整顿，上谕强调必须落实对人户的编排，要求每户“发给印信纸牌一张”，以凭稽查。在保甲编制上，也更具灵活性，“村庄虽小，即数家亦可编为一甲”。[2]同时，一系列少数民族和边疆的保甲措施也制定出来。五年，清政府宣布，“直省绅衿一体编入保甲，听候稽查”。[3]九年，“令江南苏州踹坊设立坊总甲长”。[4]保甲编制的范围不断扩大。至雍乾之交，在州县以下基层组织中，保甲组织已取代里甲而成为主流。[5]

保甲组织是以人户编查为主的治安组织。康熙时人黄六鸿就

1 《抚粤政略》卷五《文告》，康熙二十一年五月。

2 雍正《清会典》卷一三八《兵部·保甲》。

3 同上。

4 《清朝文献通考》卷二三《职役》。

5 具体情形参见孙海泉：《论清代从里甲到保甲的演变》，载《中国史研究》1994年2期。本节论述中部分资料和观点，也参考此文。

称，“所谓保长者，邑分四乡，乡立一长，谓之保长。不曰乡而曰保者，以乡别有长，所以管摄钱谷诸事，而保长乃专司盗逃奸宄，不与乎其他者也。”[1]它代替里甲成为基层社会组织的主流后，清廷赋予它多方面的职能，诸如承担催粮和各种地方公务（这些地方公务主要是：处理和上报地方词讼、斗殴等案件，承办州县官府的飞差杂役，负责灾荒赈济，安置难民等事务）。这样，表面看来，在职能覆盖范围上，它与明初定立的里甲制完全相同。那么，在与赋役征收的关系上，保甲组织是否也和里甲相似呢？

事实表明，即使在钱粮征收责任的承担上，保甲组织也显现出鲜明的治安组织色彩。它重在“督催”而不在“征收”。保甲长以国家政权代理人的身份，把赋税催征当成与其他治安事宜类似的执法行为之一，从而使保甲在与赋税征收的关系上与里甲形成鲜明对比。首先，由于赋税征收体制变化，一切赋税出自田亩，保甲不似里甲作为一个服役单位，其存在不受地亩和人户变动的影响，具有灵活适应人地相互关系变动的特点。而在里甲制下，地亩和人户既是赋役征派的根据，又是里甲组织本身存在的基础，地亩和人户的变动既影响赋税的完纳，又对里甲组织的基础形成冲击。里甲组织和赋役征收是相互依存的关系。其次，由于保甲不像里甲那样是赋役派征的计算单位，本身并无负担赋役的责任，在与赋税征收的关系上相对独立。因此，更能以纯粹国家权力代表的身份对赋税征收实行监督。这就与既承担赋役又督催赋役的里甲区别开来。关于此点，也可以从里长和保甲长选任原则的差别上得以说明。从最初规范的要求来看，里长，按规定应由丁粮多者担任。而保甲长的选任却不以赀产为标准，却由“才力为众所服者”担任。才是指组织才能，力指膂力、武艺，为众所服要求有社会威望。只有具备这些条件的保甲长，才有可能胜任缉捕奸盗、维护治安的责任。

1　黄六鸿：《保甲三论》，《清经世文编》卷七四。

清代关于保甲与赋税征收关系的文献也表明，保甲的特点在督催，其重心在“催”而非在“征”。乾隆元年，江西巡抚俞兆岳在奏折中称，“将花户完粮额数填注门牌，县官分出，就便吊取，一览周知。……即寓催科于编甲之中”。[1]这里明确指出是以保甲来行催科。浙江海宁，在实行顺庄法后，“每庄佥出总甲，责成催粮”。[2]德清县“每庄有地保一名，所以稽户口，便征收也”。[3]地保的设立，之所以给赋税征收带来方便，在于它的稽查作用。陕西“以专管烟户之保长、甲长而责以催粮办科一切公事”。[4]山东淄川，乾隆时“革去公直”，“责令各庄地方代为催科”。[5]直隶河间县，则以农村中的书手和地保共同负责催科事宜，“里长久废，每里设书工一人，亦不分某地属某里，其制如江南活图法，取征粮便易而已。至在城街道，在乡村庄，别分七十二地方，以管保甲”。[6]由于保甲的治安强制特点，在清代地方官眼里，以保甲行催科是一种简明严格而奏效的良法，“保甲不但可弭盗，稽田赋则钱粮不能欠，田土之案无虚假矣”。[7]保甲和顺庄滚单法相互配合，成了乾隆以后赋税征收的主要形式。直隶总督方观承就说，“征收钱粮，行滚单法者，按里按户，俾其自相滚催，与保甲之法相益而行”。[8]保甲在催科这一地方事务上代替了里甲。但这并不等于说，在与赋税征收的全部关系上，保甲与里甲相同。[9]

---

1 《俞兆岳奏》（乾隆元年三月二十八日），“朱批奏折类”，一史馆档案。

2 道光《海昌县志》卷二《都庄》。

3 民国《德清县志》卷一《舆地志·区分》。

4 《清馥奏》（乾隆二十三年），“朱批奏折类”，一史馆档案。

5 乾隆《淄川县志》卷三《赋役》。

6 乾隆《河间县志》卷一《地舆志》。

7 何士祁：《保甲实在可行》；徐栋：《保甲书》卷三《广存》。

8 《方观承奏》（乾隆二十二年十月二十七日），“朱批奏折类”，一史馆档案。

9 嘉庆《松江府志》卷二七《田赋》称，该府乾隆元年“革除区差，改图书为保正”，“其职役同于里长”。事实上，只在催科这一职能上相同，并非所有的职能都相同。何况，连催科的内容也有别（一为赋役两项，一为合一的赋税）。

只是在赋税征收方式和体制变革（地丁合一）后，以治安组织为特色的保甲才发挥起其赋税催科的作用。

那么，保甲是否能真正担负起赋税催科的责任，保证国赋的完纳，便取决于保甲的完备程度和执法力度。事实表明，在这两方面，都存在着问题。

在保甲组织的完备程度方面，雍正乾隆年间清政府虽大力提倡和申令推行保甲法，但实际执行情况却与法令规定存在很大的差距。雍乾时期的沈彤就说，“今之州县官奉大吏之令，举行保甲而卒无其效”。[1]许多州县“不过奉文造册，潦草塞责”，[2]对清政府严行保甲的申饬令置若罔闻。而在广西，到了乾隆年间，依然是“保甲一法，多未奉行。即有行者，亦不过于城厢内外，聊造一册”。[3]一些地方的保甲组织屡行屡废，反复无常，并未形成稳定的组织机构。

在执法力度上，由于保甲长素质的低劣，根本达不到预定的目标。从立法的初始意图看，保甲长是国家权力在基层社会的代理人，然而在清代特定的社会政治环境下，此类职务，“衣冠之家及乡党稍知自爱者皆不屑为。充此役者，非穷困无聊之徒藉此以谋口食，则狡悍无赖之辈，假此以遂阴私”。[4]保甲长不仅不能执法，自身也成了违法作奸之徒。

这种局面，主要是这样两个因素导致的。第一，保甲在人户编制上虽具有灵活性，不拘于一定的户数，但它是清政府强加于基层社会之上的人为组织形式，其理想化的机械编制难以与自然存在的乡村共同体组织系统吻合。第二，由于保甲不是清朝完全意义上的一级行政组织，故保甲长的选任和行为没有严格的制度

1 沈彤：《保甲论》；徐栋：《保甲书》卷三《广存》。

2 叶佩荪：《保甲事宜稿》，同上书，卷二《成规上》。

3 杨锡绂：《奏明力行保甲论》，《清经世文编》卷七四。

4 龚景翰：《请立乡官乡铎议》；徐栋：《保甲书》卷三《广存》。

约束。这样，保甲制的推行一方面表现为在区域上的不完备，另一方面在设立了保甲的地方，其行为又走了样。从整个社会来看，它就不能在赋税督促方面完全切实地负起责任。

从雍乾之后清政府推行保甲制的情况看，都是把保甲法寓于自然存在的乡村共同体之中，与乡村共同体结合起来。[1]只有在这种条件下，保甲制虽然弊端百出，才仍得以维持。不过，在地方事务上，也就不得不受这些乡村共同体的制约。在赋税征收上也是如此。在此背景下，要探明赋税征收的影响因素，就不得不考察它们与赋税征收的关系。这些乡村共同体是笼统称为“乡族组织”的基层社会实体。具体而言，有家族、乡族、乡约、会社、会馆等形式，其中以家族或宗族最有影响。下面我们就以宗族为中心进一步弄清保甲制成为基层组织主流后，赋税征收的真实图景。

（三）宗族组织与赋税征收

关于地方乡村社会共同体与赋税征收的关系，由于资料的零散和研究的不足，难以进行全面的探讨。这里借助已有的研究成果，对宗族组织与赋税征收的关系加以总结说明。

清朝政府在夺取全国的统治权后，首先承袭明代的里甲制，既而又大力推行保甲法，并赋予保甲以多方面的职能，试图将保甲组织建成国家权力控制基层社会的中介组织。然而，由于清代现实社会关系的复杂变动，决定了无论里甲制抑或保甲制，都不可能真正成为基层社会组织的普遍形式。

事实上，中国传统社会历来存在着不同层次、不同形式的地方共同体。这些共同体维系的基础，或者是固有的地域和血缘关系，或者是共同的利益关系，或者是共同的文化传统，更多的是这些因素兼而有之，而以其中之一表现得相对突出。这些泛称为

1　参见《清代全史》第五卷，第 429～430 页，辽宁人民出版社，1991 年。

“乡族组织”的共同体长期普遍地存在，并在许多方面制约着各个时期的社会经济生活，是中国传统社会的鲜明特征。里甲、保甲这些为官方经济政治利益服务的组织是官方人为地外加到地方社会共同体之上的，其功能的发挥只能是在这些共同体的作用和影响之下。

已有的研究表明，清代主要有三类根据不同的认同、整合和分类原则构成的地方社会系统，即：（1）宗族；（2）基本市集区；（3）祭祀圈。当然，随着清代经济生活日趋多元化，社会分化的不断加深，地方共同体的职能更为多样化，根据不同原则组成的地方共同体不断涌现出来，超出了这三种系统的范围。但就这三个主要的地方社会系统来看，与赋税征收直接相关的是宗族。

宗族组织是以血缘关系为基础建立起来的社会共同体。[1]各宗族组织往往以续修族谱、分胙饮福、发放义米为名建立起严密的户口管理制度。乾隆年间，宗族组织更加普遍化。为了在地方上站稳脚跟，出现了许多没有血缘关系的虚拟宗族。宗族已成为社会基本组织形式，其作用越来越大，并突出地表现在与赋税征收的关系上。

首先，各宗族族规中多有保证赋税征收的内容。如范氏义庄“宗禁”十条第一条就是“禁抗欠钱粮”。[2]而有的族规称，“国债非私债可比”，“完粮纳税，国课为先”，须“照限早完”，断不可“比例于顽户”。[3]湖北刘氏指出，“草野士庶亦不可不存效忠之心。或问此等何为效忠？曰：国课早完，官法不犯，便是草野全君臣之义”。[4]桂林方氏也规定，“须早办官税，先期输纳，即或

1 关于宗族制度的一般性质和功能，王思治教授有精辟的论述，见所著《清史论稿》中《宗族制度浅论》一文，巴蜀书社，1987 年。

2 《范氏族谱》卷二《义庄宗禁》。

3 《敕旌义门王氏族谱》卷六《宗约》。

4 湖北《刘氏宗谱》卷一《家规》。

年荒岁歉，亦要设法以杜官债”。[1] 桐城赵氏宗族规定，“今后遇一应粮差，不依期完纳，或以货物代充，或仅完其半，致令族人负责赔偿，此最不义者”。[2] 族规还要求族人按期缴纳税粮，否则要受到处罚。山阴吴氏宗族就规定，“完纳钱粮，成家首务，必须预为经划，依期完纳。如有恃顽拖欠者，许该里举鸣祠中，即行分别责罚，以示惩戒，决不轻纵，致累呈扰”。[3] 有的族规明确指出了宗族保证赋税完纳的理由，常州张氏就规定，“朝廷之取钱粮也，非以入私帑也。文武之俸出于是，士卒之养出于是，驱逐寇兵之用出于是。取之百姓者，还百姓用之，故百姓得以从容安乐，以成其耕耨，以享其安饱也。此何必劳官府之催征，衙役之追促哉！世有拖欠以希宥赦，欺侵以饱私囊者，必不容于天地鬼神。凡我宗族，夏熟秋成，及期完纳，毋累官私焉，实亦忠之一端也，而实保家之道也”。[4] 保证国家赋税的完纳既是忠君的表现之一，又是“保家”的重要前提。

其次，在清代基层社会中，宗族组织与里甲、保甲相互交错，盘根错节，这就使得各组织及其任职人员相互重合，宗族组织也就承担起里甲、保甲催办钱粮的任务。清代宗族参与地方政务早已有之。康熙年间陆陇其任江苏嘉定县令时，每遇“民有宗族争者，令族长逮之”，不到一年便收到“公庭草满，吏胥稍稍易业去”的效果。[5] 雍正以后，不少地区试图实行保甲与宗族相结合的政策。雍正四年，清政府制定选立族正之例，并陆续在江西、福建、广东和苗、壮等族聚居的省份推行。为了推行保甲制，清政府允许“保甲不能编查”的同姓聚居之地，不设保甲，而以族正

1 《桂林方氏支谱》卷一。
2 安徽桐城《桐陂赵氏宗谱》卷首《家约》。
3 浙江山阴《吴氏族谱》卷三《家法》。
4 《张氏族谱》卷二《家规》。
5 光绪《嘉定县志》卷一三《名宦》。

代行保甲长的职责。[1]在保甲与宗族组织并存的地方，保甲长或由巨户大族的首领充当，或由巨户大族指派，在履行职务的过程中，直接受宗族的影响。这样，在宗族势力较强的地区，保甲组织往往与宗族合而为一。这种情况尤以江南为胜。清朝法律规定，保正、甲长、牌头“查访盗贼，据实举报”，“其一切户婚田土不得问及”。[2]在此情况下，宗族组织在赋税征收方面便可发挥较大的作用。

宗族参与赋税征收的具体情形，目前以清代珠江三角洲图甲制的研究最有成绩。珠江三角洲地区，在整个清代都实行着里甲制（那里称“图甲制”）[3]。但这种图甲制实际上已与宗族组织合一。同治《南海县志》称，“以图（里）统甲。每图分为十甲，每年轮值，以一甲总一图办纳之事，谓之当年……其法沿自前明”。又称“以甲统户，户多少不等。有总户，有子户，子户多少更不等。然由甲稽其总户，由总户稽其子户”。[4]在甲这一层，与明代定立的里甲制完全不同，除了一甲由原来的十一户变为户数不等外，更为引入注目的是“里长—甲首”的关系在广东图甲制下变成了“总户—子户”的关系。

“总户”，是指由全族或一个房派所共同支配的户口，或者说是它们共同组成的一个课税单位。“子户”是指族内各支派分别开来的户口，或为一个小分房、一个家庭。一般说来，一甲只是一总户，这一总户的姓名往往从明末清初至民国年间也未曾更改。

研究表明，宗族势力的扩大使得明清时期广东珠江三角洲的

1 《大清律例汇集便览·刑律·盗贼窝主》。

2 同上。

3 这方面的研究以日本学者片山刚用力最多，参见其论文《关于清代广东省珠江三角洲地区的图甲制》（《东洋学报》64-3.4）、《明清时代的王朝统治与民间社会》，（《广州研究》1986-6）等。

4 同治《南海县志》卷六《经政略·图甲表补序》。

里甲构成呈现出由初始同一甲内包括多个家族（庭）到后来逐渐变为由一个大族所垄断的倾向。随着一甲之内的异姓户口逐渐亡失或分拆出去，而留在甲内的户口又不断分析出若干子户。“总户—子户”的关系取代了“里长—甲首”的关系，进而使原来的里长、甲首也更名为总户与子户。这样，“总户—子户”的结构便成了清代广东图甲制的基本结构。[1]

在图甲制下，宗族组织占据举足轻重的地位，这尤其表现在与赋税征收的关系上。清中叶后，虽然保留里甲、总户的形式，但各大族的赋税却渐渐改为祠堂征收。乾、嘉以后，“各族惩其贻累，遂统归祖祠，代为完赋”。[2]在这方面，叶显恩、谭棣华等的研究给我们勾勒出清晰的轮廓。

珠江三角洲宗族组织严密。“粤地，多以族望自豪”。[3]当地各大族，“其先多从外省迁粤，有同一姓而分数宗者，有分数姓而为一宗者，有族大丁口至数千者，或数百口，数十口者，要皆聚族而居”。[4]一族之内设有族长，各分房又有房长。自族众而房长，而族长，形成秩序井然、等级森严的共同体。这些大族在缙绅的控制下，绅权与族权合一。里长、总户或与族长、房长合而为一，或只虚应故事，徒有虚名，已无实权。在此情形下，通过宗族催征钱粮，较之图甲更具有权威性。同时，各宗族都置有族田，如光绪年间，“粤东祖祠之祭产，其为田必数十顷”，“粮额实占其邑之半”。[5]这些族田是清初以来长期沿袭累积起来的。对

1　参见刘志伟：《清代广东地区图甲制中的“总户”与“子户”》，载《清代区域社会经济研究》上册，中华书局，1992 年 8 月。刘志伟同时指出，“总户”与“子户”的关系，不尽属于同一血缘集团，还有其他类型。但所举的其他类型，也有浓厚的宗族印痕。

2　光绪《九江儒林乡志》卷二一《杂录》。

3　民国《佛山忠义乡志》卷九《氏族志·氏系》。

4　嘉庆《龙山乡志》卷九《氏族》。

5　徐赓陛：《不慊斋漫存》卷五《覆本府条陈积弊禀》。

官府而言，由祠堂负责催征赋税，使族田部分应纳的税粮更易于完纳。

祠堂负责催征钱粮，是由族长领导下的祠堂值理兼管。有的宗族则指定专人负责。顺德水藤堡河边乡厚本堂何氏的做法是，“每年办纳粮米，专委一人征收，汇缴到官，名曰殷丁”。[1]殷丁原为清初设立，由大户充当，负运粮解仓之责，以国家政权代理人的身份，为政府征收钱粮。乾隆嘉庆以后，情况发生了变化，“家计稍裕者，不作殷丁。每由无业刁民充当此役”，这时的殷丁为宗族服务，受宗族约束，“以家法驭殷丁”。[2]为杜绝碍于族亲情面不便催征的现象，有的宗族雇用族外人充当殷丁。同治年间顺德大良龙氏，“殷丁系雇别姓人充当，本甲内子孙不准搀充，以绝弊窦”。但实际上，外族人充殷丁，同样“私受欠丁嘱托，将未完混注已完”，[3]依然弊端丛生。因此，就是从前另设殷丁的顺德水藤邓氏也“改归大箱兼管”，专设“催粮房正四名、收粮理事八名”，来负责赋税的征收。

各宗族征收赋税的方式，已有研究揭明的有如下几种。[4]

1. 由祠堂代为催征。各宗族通常将完纳税粮列入宗族族规，以宗族的力量强制族人交纳赋税。乾隆年间，东莞鳌台王氏宗族就规定，“惟各遵四月完半，八月全完之例，田贻通图负欠之名，倘故顽拖遗累，一切差费，固惟其人是问，复唤到祠切责，儆戒将来”。[5]有关晚清的宗族资料表明，宗族对于拖欠者的处罚更加

1 《何氏事略》。

2 光绪《九江儒林乡志》卷二一《杂录》。

3 民国《龙氏族谱》卷七《纳粮条款》。

4 参见叶显恩、谭棣华：《清代中后期珠江三角洲豪族赋税征收问题》，载《清史研究通讯》1985年2期。并参见谭棣华：《清代珠江三角洲的沙田》，第185～198页，广东人民出版社，1993年。

5 鳌台《王氏族谱》卷三《家规》。

严厉，已由一般的切责变为“停胙”以至“共同送官押追”了。胙肉是祖先享用过的祭品，寓意富有祖先的恩惠，食用它可以增进自身的福气，获得祖先的保佑。所以，分胙乃是族中大事，是族人的一种重要权利。停胙或革胙便是对族人的严厉惩罚。如同治八年，顺德大良龙姓南房规定，“递年子孙欠粮，就将本人及其子若孙现年冬祭应领文明堂以下私房各祠丁贤寿胙，竟按时值折扣抵纳。如尚不敷，扣本人及期功缌服各亲人胙价，或将本人田亩，另期投租抵纳，务以完全数扣足为止”。[1]如钱粮没有完清的族众，经宗族公同责收，依然置若罔闻，就“同送官押追”。[2]宗族已成了官课完纳的执法者。

2. 由祠堂直接征收，然后汇总解交官府。宣统《南海县志》有记载称，“庄头、冯村有钱粮会，每年上下忙，在乡祠开收，期以三日，末日见烛为限。过此加一惩罚。有抗粮者，责其亲属，不少假借。故其乡三百年来，无抗粮之民，无积欠之户，不见追呼之役，不待蠲免之恩”，[3]由此可见，在该地于明朝末年便由祠堂开征税粮。不过，材料表明，由祠堂征收税粮，在珠江三角洲地区盛行于乾嘉以后，尤其清末。族人赋税是由祖祠汇纳，抑或各户亲自交纳官府，在有些宗族是变通执行的。南海深村蔡氏族规称，“向章定于八月初十日之前，一一输纳清楚。到初十日，在六祖士逸祖祠对验油串，倘其户无油串到验，罚银十两。例已遵行，永不更改。至于或各户自行完纳，或各户携银到祠汇纳，则随时变通可也”。[4]这里规定，在交纳方法上可自由选择，但都得将油串对验，拖欠者受罚。都不能逃避宗族的监督。

3. 由祠堂用族产公款代纳钱粮。这种方式在我们考察的时限

1　民国《龙氏族谱》卷七《纳粮条款》。

2　民国《顺德水藤邓永锡堂族谱·族法》。

3　宣统《南海县志》卷四《舆地略三·风俗》。

4　光绪《南海深村蔡氏族谱·训族规略》。

范围内，资料付诸阙如。在晚清却所在多有，如南海甘蕉蒲氏的情形，“吾族粮务旧由各户备纳，或先或后，总难划一。同治甲子，绅耆酌议，拟由本立堂汇收，定以每年十一月十四日为期。用蒲镜兴总户完纳，每年十一月十五日为期。如该子户十五日不清交，则本立堂先代清纳，加五收回，永著为例，众称便焉”。[1]蒲镜兴户原是本立堂属下族众立的总户，内有七十七家子户。子户如此之多，很难全数依期完纳。先由祠堂代垫交纳，既避免了由于拖欠而受赔累，又变相地把子户所欠钱粮转为高利贷，收到增殖族产的效果。

那些族产微薄的宗族，没有代族众垫纳钱粮的储备，便有设“粮务会”，专门为应付钱粮而在族内筹备一笔基金的。咸丰九年，南海深远堂冼氏“设粮务会于祠内，轮房值理。其会则每亩捐银三两，房园塘边余地，各有等差，常为基本金。业户税项，令照数呈明，由粮务会代为完纳”。[2]

宗族祖祠征解钱粮，使赋税征收收到成效。因为祖祠征解，了解族内田亩赎买典卖变异情况，可多少减少胥吏飞洒诡寄、侵渔之弊，故族谱、方志往往称实行宗族征解后“年年清款”、“吏不催科”，“若辈无所用其弊混”，“保族之道莫大于是”。然而，对于广大农民而言，征催的绳索勒得更紧。

宗族催征和代收赋税对封建国家赋税的征纳提供了保证。但宗族在赋税征收上与封建政权也存在矛盾。强宗大族“其耳目好尚，衣冠奢俭，恒足以树齐民之望而转移其风俗”，[3]可以影响一方，是强大的地方势力。豪绅地主任族长而控制的巨族，“或因祠富而恣横，或恃族业豪富，因兆衅构讼”。[4]乾隆二十九年，江西

1 《南海甘蕉蒲氏家谱·杂录》，蒲镜兴户条。

2 《岭南冼氏宗谱》卷三《深远堂粮务会碑》。

3 张海珊：《聚民论》，《清经世文编》卷五八《礼政》。

4 《京兆归氏世谱》卷四《义庄志·昭文归氏义田书田记》。

巡抚辅德在《请禁祠宇流弊疏》中，指出强宗巨室“祠堂有费，实为健讼之资”，因而健讼、缠讼不止，“讼案繁多”，形成刁风，流弊不可胜言。辅德采取了断然毁祠措施，来消除巨族势力对统治秩序形成的冲击。[1]强宗巨族借联宗通谱，以树势力，顾炎武早就指出其实质，“近日南北皆尚通谱，最为滥杂，其实皆植党营私，为蠹国害民之事，宜为之禁”。[2]乾隆也称，“各处族正鲜有守法之人”，“此等所举族正，皆系绅衿土豪。若明假以事权，必使倚仗声势，武断乡曲，甚至挟嫌诬首及顽凶抵命，何不可为？”[3]宗族势力恣横行衅的行为中，自然包括对正常赋税征收的冲击，影响国家赋税政策的贯彻。他们“或盘踞山谷，或称霸城乡。雄长一方，聚族而居、夜郎自大。图差不敢到门追求，县官不能当堂杖比”。[4]与官府相抗衡。广东图甲户名一立，数百年不变，其间田土买卖分析从不过割，遂至晚清“分谷则举族皆来，纳粮则互相推诿”。[5]值此之故，政府便对宗族加以管理和约束。如规定地粮不清，“问同姓绅富”，“令各族绅耆清查”；再不清，则要“封禁祖祠，搜刮神主，押割田禾”。[6]因此，在宗族组织与国家赋税征收的关系方面，是一分为二的。否则，乾嘉以后宗族组织日益普遍化，而国赋的征收却每况愈下，便不可解。

以上我们考察了清代赋税征收方式与基层社会组织形式变迁之间的关系，从中我们可以得出以下认识。

首先，赋税征收体制从赋役分派革新为摊丁入地的赋役合一，

1　辅德：《请禁祠宇流弊疏》，《清经世文编》卷五八《礼政》。
2　顾炎武：《日知录》卷二三《通谱》。
3《清高宗实录》卷一三三五，乾隆五十四年七月庚戌。
4《天台治略》卷一《详文》。
5　徐赓陛：《不慊斋漫存》卷二《复本府》。
6　李调元：《粤游小识》卷三《风俗》。

是清代基层社会组织从里甲制为主转变为保甲制为主流，到后来宗族等地方社会共同体也对基层社会运行产生重要作用的直接动因。换言之，基层社会组织从里甲制转变为保甲制为主流，地方社会共同体宗族组织也普遍化，在一定程度上正是为了适应清代赋税征收体制的变化。由于社会生活的复杂性，几种社会基层组织形式在各个时期都同时存在，只是主流地位发生了变化。正是基于这一事实，《清朝文献通考》将清代地方基层社会的运行概括为，“凡一州县分地方若干，一地方管村庄若干。其管内税粮完欠，田宅争辩，词讼曲直，盗贼生发，命案审理，一切皆与有责。遇有差役所需器物，责令催办。所有人夫，责令摄管。稍有违误，扑责立加，终岁奔走，少有暇时。乡约、里长、保长，各省责成轻重不同。凡在民之役大略如此”。[1] 因此，在考察基层社会组织形式对赋税政策的影响时，要全面地观察。

其次，地方基层社会组织从里甲到保甲以至宗族等地方社会共同体作用的加大，表明清朝封建政权对基层社会控制能力的削弱。里甲组织是从经济、政治双重控制社会的组织，而保甲组织是以政治箝制为特色的治安组织。这种从双重控制转变为保甲下的单一政治管理，被管理者再不像前此那样被缚着在土地上，人口迁徙变动成了经常的事情，政府管制放松。这样，因赋税体制改革而引起的地方基层组织的变化，又反过来对赋税征收产生影响，使赋税征收在基层社会更具复杂性。所以，乾嘉以后宗族等社会共同体也在赋税征收过程中发挥重要影响。与此变化同步的是，清政府赋税的征收却日益失控，其间必然蕴含着因果关系。

最后，必须着重说明的是，赋税交纳方式与基层组织形式之间的关系。我们知道，清代法定的赋税征收方式是“自封投柜”。《清会典》称，“顺治元年题准，催收钱粮，令花户自封投柜，禁

1 《清朝文献通考》卷二一《职役》。

革催领，以杜纷扰”。[1]然而，要真正做到自封投柜，却十分困难。在里甲制为主流的时期，绅衿豪蠹、里长包揽钱粮之弊十分严重。尽管清政府以由单、截票，让民户真正知道应纳钱粮数目，而“区书、粮书藏匿由单，舞文私派……为害不可胜言”。州县“或不查截票，而仍比甲催者……或并花户之应截欠数总归里长甲催名下，独累见年者”[2]，民户不知自身纳税情形，无可凭依。而且里书（册书、扇书）收受富户钱财后，“辄令顶召绝户名色，其温饱之家无不捏立诡名，至以三妹四妹称之，不独田地莫可稽查，虽其姓名亦一时难辨，是谓影响。熟知图内某某愚懦可欺，将本户田地分厘分毫撒挂其户下，人召虚粮，己占实产，愚者不知，懦者知亦不敢言也，且遍寄甲首田地，岁征抵粮自润，俗呼吃粮书手，是谓欺隐”。[3]在此情形下，民户更难弄清自身的赋税应纳数额。各地绅衿积棍，里长包揽钱粮，还要民户出帮贴银，如安徽全椒县，“先是，一遇佥报，里长议花户帮帖，收银则加二加三，乘机包揽，于中取利。有长催之费，有户吏之费，有库役之费，有总书之费，有茶果之费，又有提差打发解银旧规之费，耗增之数，几半于正赋。此征收之弊也”。[4]后来实行顺庄滚催，辅之以保甲，情况有所好转，如直隶大名县，“……于是改按村庄，分为各路，五人共发一单，谓之滚单，或有玩户则惟乡地是问，不责之里甲矣。柜书但知第几柜，收银若干，亦不问其何甲也，奏销时与里册核数无差，造送备案而已。今仍备载赋额于里者，以存旧制”。[5]柜书收税事务不再受制于里甲长，而由乡长地保负责欠户纳赋催督之责，五人共用一滚单，有利于自封投柜。山东

1　康熙《清会典》卷二四《户部·起运》。
2　慕天颜：《详行役法兴革事宜》，康熙《苏州府志》卷三五《田赋三》。
3　康熙《石门县志》卷二《赋役·册书》。
4　康熙《全椒县志》卷五《田赋·征解则例》。
5　乾隆《大名县志》卷九《赋役志》。

章邱县，“……将里长枝头革去，惟有用乡保按庄传催，以本庄之人催本庄之赋，事易不劳，绅民称便。收书止令登记流水，填给串票，纳户自封投柜，分厘不假其手，侵渔抵换之弊除矣”。[1] 但是，随着保甲长素质的降低，多“穷困无聊之徒”、“狡悍无赖之辈”，为遂其阴私，也滥征勒索，自封投柜大打折扣。不仅在征收中加重民户的负担，也影响了国赋的完纳。在宗族势力参与赋税征收的情形下，统一由宗族汇收完纳，则直接是对自封投柜的否定。所以，清政府自始自终一再宣称的“自封投柜”并未得以真正常彻落实，[2] 它必然受到里甲、保甲及宗族等社会中介组织的冲击，大打折扣。[3] 这一冲击又以基层组织与清政府官方机构的疏离与紧密的不同情形而有强弱的变化。大致说来，里甲制保甲制实行之初，政府管制得力，它们对自封投柜的冲击就小，而越往后，清政府对基层组织控制削弱，里甲保甲及其附着物里甲长、里书及保甲长的行为对自封投柜的冲击就更大。及至宗族等社会共同体在赋税征收中的作用加强，政府已在较大的程度上依赖自然形成的乡村组织管理社会了，而这些乡村组织在更大程度上疏离清政府的官僚体系。在这时，不仅自封投柜得不到保证，民众受更多的敲榨，国家赋税的征收也日渐萎缩。这就是乾隆末嘉庆时期及以后清朝的社会现实。

1　运泰：《临析归并大粮总征分解详稿》，康熙《章邱县志》卷十。

2　广东图甲制下，尽管存在宗族祠堂统一征收汇纳赋税，但从粮房以子户为对象发出的由单、截票看，各图甲内的田赋是纳粮户即各子户自行向官府完纳的，并不是全甲统一汇收完纳。可见，在名义上，清政府从未放弃过自封投柜。参见谭棣华：《清代珠江三角洲的沙田》，第 192 页，广东人民出版社，1993 年。

3　日本庆应义塾大学山本英史教授对清朝自封投柜的表面化和象征性特质作了较详细的论述。参见所著《自封投柜考》，载《中国——社会与文化》第 4 号，1989 年；《税粮包揽中的绅衿与清朝国家》，载《东洋史研究》第 48 卷 4 号，1990 年。

三　赋税政策效果与吏治

赋税政策的实施，如前所述，既有赖于赋税征收工具的改良，也受着地方基层社会组织形式变化的影响。然而，赋税征收工具功能是否能正常地发挥，地方基层社会组织在运行中是否能贯彻中央政府的赋税政策意图，都取决于清政权官员队伍的整体素质。因为，清政权的赋税政策是由其各级官员代表中央政府来实施的。各级官员在赋税征解中的表现，是赋税政策能否得以真正切实贯彻的关键。

（一）赋税征收失控与民众负担加重

清代赋税政策实施的效果，主要体现在赋税征课目标的实现程度和赋税征收行为的社会经济影响两方面。赋税征收行为的社会经济影响，在清代社会主要体现在民众赋税负担上[1]。因为清政权的财政职能并不直接包括提高社会再生产能力的内容。在清代小农经济为主的条件下，再生产能力是否能够扩大，主要取决于农民交纳租税后的剩余在消费和积累两方面的分配比例。而影响积累大小的基本因素，便是农民的实际负担状况。

在赋税征课目标的实现程度方面，如果仅从清代地丁银统计数字上看，如前所述，康熙年间进入承平时期后，便大体保持在一个相对稳定的水平。赋税征收目标，表面看来，在1840年前清朝时期都已实现。但从户部存银和赋税征解的具体情况来看，乾隆后期始，赋税征收已严重失控。

1　当然，从更大的视野看，赋税政策还影响到土地制度等其他社会经济方面，如魏安国所分析的，一田二主制、押租制的发展与摊丁入地及赋税货币化具有相关关系。（见加·魏安国：《清代华南的土地所有制、赋税制和地方控制》，载叶显恩主编《清代区域社会经济研究》下册，第903～920页，中华书局，1992年）但这种影响要间接得多。

户部银库，“为天下财赋总汇，出纳均有常经。各省岁输田赋、盐课、关税、杂赋，除存留本省支用外，凡起运至京者咸入焉。”[1]银库的大进大出虽然不完全与国家岁入岁出相同，但它从一个侧面反映出国库收支的状况，从而也在一定程度上反映出赋税征收目标的实现情况。1840 年前，户部银库年终库存银数，已揭明的资料表明：乾隆十二年，32363404 两；乾隆二十二年，40152254 两；乾隆二十八年，47063610 两；乾隆四十二年，81824044 两；乾隆四十五年，75474894 两；嘉庆二年，27919631 两。[2]嘉庆初年，由于镇压白莲教起义，耗去数千万两，其后库藏大为减少。道光元年至道光十四年间，平均每年只有 2716294 两。道光二十三年，只剩银 9933789 两。道光三十年，只存银 800 万两。[3]可见，从嘉庆初年始，清朝国库的财力急转直下。

赋税征解中实际存在的问题，一是征不入库，一是征存未解。这些问题也自嘉庆始变得越来越严重。嘉庆五年，嘉庆帝在对内阁的上谕中就指出，根据户部的奏报，自嘉庆三四年以来各省积欠不下 2000 余万两。他并指出。“此项银两，岂尽实欠在民？外省地方官于应征钱粮往往挪新掩旧，以征作欠。每遇有协拨之项，辄以本省现有急需为辞。其实正项虚悬，是以不得不以挪移掩饰之计”。[4]当时还有一种“做亏空”的恶习。同年正月，嘉庆帝在给各省督抚的上谕中指出，“大抵州县亏空，不畏上司盘查，而畏后任接手。上司不能周知盘查，仍须书吏临期挪凑，贿嘱签盘。况为期迫促，焉能得其真实。此所以不畏上司盘查也。惟后任接手，自顾责成，无不悉心查核，书吏亦自知趋向新官，不能隐藏

1 光绪《大清会典事例》卷一八二《户部·库藏》。

2 参见上篇附表。

3 参见彭泽益：《十九世纪后半期的中国财政与经济》，第 84 页，人民出版社，1983 年。

4 《清仁宗圣训》卷三三《理财》，嘉庆五年正月丙寅上谕内阁。

册簿。然此向来之弊，非近年情形。近年则新旧交相联络，明目张胆。不特任内亏空未能弥补，竟有本无亏空，反从库中提出带去，名曰做亏空。竟移交后任，后任者不肯接收，则监交之员两边说合，设立议单。其不肯说合者，又令写具欠券，公同书押。以国家仓库作为交易，实属从来未有之创举”。[1]至嘉庆十九年，情况更趋严重。这年四月，嘉庆帝在给内阁的上谕中称，“户部奏请饬催各省州县征存未解银两开单呈览内，江苏安徽两省嘉庆十四年奏催案内未解银300余万两……现在此两省共未解银660余万两。山东省亦增至50余万两。其甘肃、云南、直隶、福建、广东等省亦均有未解银两。实属因循疲玩。直省各州县经征银两，乃国家惟正之供，度支经费所从出。……各督抚受朕厚恩，具有天良，无一实心办事，思之实深愤懑。全不以国计为念，一任不肖官吏拖延弊混，总不上紧清厘。明知经费未裕，琐琐焉议于常赋之外设法巧取，而置分应提催之款于不办，岂非本末倒置、公私罔辨乎？”[2]嘉庆以后，清廷中央税收从未按时按数征足，朝廷上下每年所做的，是如何弥补该年之前的积欠。至于该年的赋税，又寄希望于来年。在赋税征收行为上，完全形成一种“弥补”局面。

在民众的实际负担方面，各时期都有负担加重的现象。但从总体上看，民众负担普遍深重也是从乾隆后期开始的。民众的实际负担，并不等同于清政府的赋税征课额。在各级官员额外巧取的情况下，它是国家赋税征课额与各项额外榨取之和。[3]那时，地

1 《清仁宗圣训》卷三三《理财》，嘉庆五年正月壬戌上谕各省督抚。

2 《清仁宗圣训》卷三四《理财》，嘉庆十九年四月癸亥上谕内阁。

3　王业键认为，整个清代政府部门的收入大概没有超过国民所得的5%，见 Land Taxation in Imperial China，1750~1911，pp. 127～178，131～133. Harvard University Press Cambridge，Massachusetts1973. 如以此来衡量农民实际负担状况，则与事实大相径庭。

主统治阶级不可能对民众的实际负担进行切实的统计。在缺乏相关数字资料的情况下，民众实际负担的轻重，便间接地由吏治的好坏体现出来。

从官员个体的行为来看，贪污腐败、在赋税征课中私行巧取，各时期都存在。然而，清朝官员素质的蜕变和腐败的普遍化自乾隆时期起却是日形严重的。清朝高级官员的犯罪情况，可以说明这一事实。晚清时人朱彭寿曾详细记录清朝各代皇帝在位期间二品以上大员受处极刑情况。[1] 据此资料列表如下：

清代二品以上大员受处极刑情况表

事由 / 朝代	总人数	经济犯罪人数	经济犯罪人数占总犯罪人数的百分比	经济犯罪者主要罪名
顺治	18	2	11	贪婪无忌，贿属吏科
康熙	29	2	6.9	恣意贪婪，任意贪婪
雍正	11	2	18	欺罔贪残，冒饷侵帑
乾隆	53	29	54.7	详见下文
嘉庆	5	4	80	贪纵营私，贪污欺罔，婪索赃银，侵用余银
道光	1	0	0	

表中所见，经济犯罪自乾隆起，呈明显的上升趋势，经济犯罪在整个高级官员受处极刑者中占绝大比重。就经济犯罪的内容而言，大多涉及清朝的财政收支。如乾隆时期因经济犯罪受处极刑者中，婪赃纳贿的有 7 人外，其余 22 人都是在财政收支过程中舞弊营私触犯刑律的。大臣受处极刑最集中的乾隆二十二年，九月，湖南布政使杨灏以侵扣谷价，贪黩败检处斩，云贵总督恒文以借贡献为名，短发金价，兼纵容家人，勒索门礼，令自尽；十

1 《旧典备征》卷五，见朱彭寿：《旧典备征·安乐康平室随笔》，中华书局，1982 年。

一月山东巡抚蒋洲，以前在山西藩司任内亏短库项，恣意勒派处斩，山西布政使杨文龙以亏短库项，恣意勒派处斩。其劣迹均与国家财政收支相关联，要么耗蚀国库，要么攫取税收。国家机器要照常运转，却不能因他们的侵蚀而相应减少财政支出，结果又把负担转嫁到基层百姓身上。官员的赋税征收行为，自然也由此扭曲。

那些假公济私、肆意贪婪的官员，其行为必然直接对赋税征收造成危害。一个典型的例子是康熙年间的太原知府赵凤诏。他为政贪残，竟然明目张胆地声称，“为官不要钱，如妇人不养汉”。[1]并奉为自身的信条。前列表中雍正时期因经济犯罪处以极刑的二品以上大员所占比重虽然不大，但雍正初期地方官员诸如各省布政使因钱粮亏空等经济问题受到严惩的却为数众多。[2]这一时期的吏治，也有极不乐观的一面。汪景祺描述陕西官吏的情形时称，“吏治之坏，莫甚于陕西。数十年来，督抚藩臬皆以满洲人为之。目不知书，凡案牍批详，第责之幕客，官方贤否，但委之堂官，虽判日亦假手于人。吏治民生皆不过而问焉。惟以刻剥聚敛为恒舞酣歌之计而已。即如督臣吴赫，钦差大臣监讯，有妓女为款犯。督臣与妓女同跪于庭，为千古笑谈。不但失大体已也。上官既无善类，属吏朘民以奉之，加征杂派，苛政日增。间有自好之士，不竭膏血为馈遗即不能保其位，且有破家亡身者”。[3]总督大员与妓女同堂受审，官员形象扫地。如有洁身自好的官员，不贿赂上官，便保不住官位，结果在此任官者同流合污，形成一股污浊官风，加重对民众的剥削。

吏治败坏表现在对民众的攫取上，在嘉庆时最为突出。湖南

---

1 《康熙起居注》第 3 册，第 2216 页。

2 参见冯尔康：《雍正传》，人民出版社，1985 年。

3 汪景祺：《读书堂西征随笔》，“西安吏治”条,上海书店，1984 年 7 月。

布政使郑源琫，“凡选授州县官到省，伊即谕以现有某人署理，暂不必去，俟有好缺以尔署之。有守候半年、十月者，资斧告匮，衣食不供。闻有缺出，该员请示，伊始面允，而委牌仍然不下。细询其故，需用多金，名为买缺。以缺之高下定价之低昂，大抵总在万金内外。该员财尽力穷，计无所出，则先晓谕州县书吏、衙役人等务即来省伺候。书役早知其故，即携重资而来，为之干办。及到任时，钱粮则必假手于户书，漕米则必假手于粮书，仓谷、采买、军需等项则必假手于仓书，听其率意滥取，加倍浮收。上下交通，除本分利”。把官缺当成商品来交易，使得湖南“百姓富者贫，贫者益苦矣”。而郑源琫本人，“在署家属四百余人外，养戏班两班，争奇斗巧，昼夜不息”。其奢靡浪费，都是人民的脂膏。官员的普遍腐败，欺诈百姓，官逼民反，终于酿成嘉庆年间的白莲教大起义。所以，清朝官僚尹壮图在当时就疾呼，“现今所急者川省军务，尤莫急于各省吏治。吏治日见澄清，贼匪自然消灭。贼匪不过癣疥之疾，而吏治实为腹心之患也。以今日外省陋习相沿，几有积重难返之势。……伏查乾隆三十年以前，各省属员未尝不奉承上司，上司未尝不取资属员。第觉彼时州县俱有为官之乐，闾阎咸享乐利之福，良由风气淳朴，州县于廉俸之外，各有陋规，尽足敷公私应酬之用。近年以来，风气日趋浮华，人心习成狡诈。属员以夤缘为能，上司以逢迎为喜，踵事增华，夸多斗靡，百弊丛生，科敛竟溢陋规之外。上下通同一气，势不容不交结权贵以作护身之符。此督抚所以竭力趋奉和珅，而官民受困之原委也。”[1] 这样，到嘉庆时期，随着官员的普遍腐败，赋税征收失控，百姓负担加重，清政权的赋税政策已趋于失效。

1　以上引文俱见（清）姚元之：《竹叶亭杂记》卷二，载《檐曝杂记·竹叶亭杂记》，中华书局，1982 年。

（二）赋税征解中吏治败坏诸表现形态

吏治败坏在赋税征收中的表现，可以从两方面来考察。一是官员自身的舞弊行为，一是官员对属下及基层乡绅势力的约束和管理松弛。在实际的社会生活中，这两者又往往结合在一起，难以截然划分开来。

就官员自身在赋税征收中的表现而言，其行为是否清正廉洁、克己奉公，是赋税征收能否达到既定目标的关键。如康熙年间的名臣李士桢，三藩之乱期间他任浙江布政使，在闽粤战事方殷，军需孔棘的情况下，全力筹措经费支持前线战争，为清廷最终平定三藩提供了重要的财力保证。[1]后来，在任江西巡抚期间，以"上求足赋，下求恤民"为职志，在赋税的催征解送上创立了飞签催提之法。他针对江西省属官员在地丁银米、漕项钱粮征解等急办事务上玩愒成风的情况，通行申饬，"……今后奉行钦部事件，以及兵协漕南银米，务须遵照定例，依期速完。其从前积玩陋习，痛加改革，不得因循委靡，一切事件钱粮，本院严催之后，不完不解者，听候发签提催。此签发下，着该衙门吏房书吏承行，毋论事务完否，俱要签到，次日批解。正身经承，亲赍赴院回销，敢有空文缴覆，雇人顶替，及批解迟延等弊，本院即差官锁拿，该经承并吏房经承，一并尽法究惩，仍将本官具疏参处，均不姑恕。总之，本院设立此签，非万分紧迫，不肯轻发。一经发去，必要事完人到，各属官吏，务宜信奉力行，毋得视为故套，自贻噬脐"。[2]后来，他任广东巡抚，也厉行此法。他"长于文学，娴于吏治"[3]，居官以明代周忱、海瑞为立身榜样。"凡有规正属员，兴厘利弊诸务，答讲批详，发于檄示，总为澄清吏治，绥抚

1　参见王利器：《李士桢李煦父子年谱》，北京出版社，1983年。

2　李士桢：《抚江政略》卷一《奏疏·荒缺丁田缓征疏》、《符檄·饬行签催》。

3　朱建寅：《安庆府志序》。

民生起见”。[1] 具有良好的个人素质和行政作风。所以，在出任浙江、江西和广东要职时，都保证了赋税征收的顺畅进行。康熙年间另一位贤明官吏陆陇其，也能以良好的行政作风处理好赋税征收事务。有记载称，康熙十三四年间，绠城知县赵昕贪黩，“所得赀载归故乡。时荒乱，乡人夺之，焚其居，赵亦随以狂疾卒于官。引发，绠人争拾瓦砾击之。又佯为儋负者，没其余赀。妻子贫馁，至不能营葬”。陆陇其接任后，到官之日，“除弊政，绝馈遗。薪水取给于家。夫人率婢妾以下纺织给鱼菜。日与绅士之贤者，讲道论学，当午辄出粗粝共食”。二年后离任时，“留者鞠鞠殷殷遮道而哭。海内争欲望见其颜色。都人士称循良吏，必以陆当之”。[2] 正由于他为政清廉，勤于任事，在民间有较高威信，便能用自身的感召力来促成赋税的早日完纳。如一故事称，他任嘉定县令时，“民有逋粮者，将责之，哀祈俟下限。及期，果尽完。先生怒曰，‘若必作贼矣！向屡比不应，知汝穷无亲戚之援也，今何以得此？’民大恸曰：‘公为宰，焉敢盗？某恐累公考成，卖女与邻家以完公事耳。’”[3] 这个故事生动地说明，赋税完纳的成效在很大程度上取决于官员的自身品质及由此形成的社会影响力。

相反，那些假公济私、肆意贪婪的官员，其行为必然直接对赋税征收造成危害。前述受处极刑的高级官员，除了本身在财政收支中直接巧取外，其腐败行为还使得属下各官为了迎合他们，蓄意巧取民膏。这些高级官员不仅放松对所属各官的管理，而且怂恿放纵属官对人民巧取豪夺。“州县为亲民之官，品秩不尊而事权特重，故县令得人而一邑治，监司能择州县而一省治。直省为州县之积，大吏操牧令之源”。由于直省大吏不能以身率属，造

1 《抚粤政略》卷三《符檄·颁发刊书檄》（康熙二十一年八月）。

2 刘献廷：《广阳杂记》卷一，中华书局，1957 年。

3 陈康祺：《郎潜纪闻四笔》，第 151 页，中华书局，1990 年。

成嘉道年间州县积习甚重。其主要表现，“一曰勒接交代。州县莅任，禀接前官亏空，必致上司隐怒，或调简，或改教，甚至假事劾去，而亏空莫敢明矣。二曰摊派捐款，有筹补帮助赔贴使费等名，州县力不能应，则于批解钱粮中扣除，而钱粮饬其补解。三曰代备赏号。上司阅兵巡边公宴，皆由州县预备赏封及缎疋银牌之类。甚或先事收入临时减扣发给而巧取益精矣。四曰派办供给。过境有夫马酒席站规，同城有月费门包节礼。衙署中一窗一扉一厨一厕，惟附郭之州县是问，而阖省均摊焉。五曰压荐幕友，刑名钱谷上下盘结，互相汲引，且有岁致束修而不请到馆者，谓之食坐俸。六曰滥送长随。州县既以荐自上司而不敢辞，长随又以荐自上司而无所忌。既难人人饱欲，必致事事生端。七曰委员需索、上司调剂，闲员所得无几，而州县程仪水脚积少成多。或因馈送不遂，拨弄是非，则掣肘更甚。八曰提省羁留。州县果不胜任，即应据实参劾，乃徒令往返奔波，以致无累者生累，有累者增累，是重其弊也。故近日牧令疲精于奔走承应之中，救过于纸札文书之上。十人而聚，无语农桑者焉；百人而聚，而无语教化者焉。其于百姓鱼肉也，百姓视之虎狼也”。[1]这典型地反映了上级官员的越轨行为对州县官赋税征取舞弊累民的影响机制。

赋税征收过程中，官员对下属和基层社会管理松弛方面，主要表现在绅衿和吏役的作弊泛滥。绅衿的作弊，如本篇第二节所述，主要是与官府及吏役串通，规避赋役和包揽钱粮，从中渔利。至于吏役，如所周知，清朝的正式官员只设至州县一级，州县的治理，要依靠大量的吏役和乡村半官方性质的里甲、保甲组织。诚如清人所言，宋元明以来，“官治之实皆吏治耳”。吏役本为一种义务供职，他们没有官方发放的俸禄。唐宋以来，“以制举取士于文采声华，而士乃不习民事。吏习民事而不得美仕。吏日下，

1　黄钧宰：《金壶浪墨》卷四《州县积习》。

士日尊，判然两途。……于是吏益以无赖。然在一邑，则一邑之政由其手。在一郡，则一郡之政由其手。在一部，则一部之政由其手。以无赖之人，而政出其手，则无所往而不为弊矣。朝廷兴一利，吏即随所兴者滋其弊。欲革一弊，吏即随所革者滋他弊。自知罪大，则纵火去其籍，使茫然莫知其颠末。且官有除降，而吏则长子养孙。官避本籍，而吏则土著世守。即年满有制，重役有禁，而子弟亲戚迭出不穷。更名而不更人，更人而不更其所守。夫以他州外郡之人为来往无常之官，官一而吏百，又皆文采声华不习民事之官，以之驾驭百十为群，熟悉风土，谙练事故，作奸犯科，无赖之吏于此而能奏循绩焉。……沿习既久，如久病之人，转以病为命。一旦悉去此辈，则百司茫然，一步不可行，势不能以终日”。[1]赋税征收方面，四川地区的情形，就典型地说明这一点。“有清一代，川省田地，迄未举行清丈。积二百六十余年之久，内容遂极糅杂。有因避多田之名，每置业一区，即另用一名立契，而廒册上之粮名，亦随之不同者；有欲避免加捐，暗贿粮书，将一人之粮在廒册上化分为数名或十数名，使粮额皆降至极微者；有其人已死，子孙已析产，然仅分执田契管业，未将廒册上粮名改为各承继人之名，以致此一户之粮，须由数家朋纳者；有将已业割卖一段与他人，买主要求粮从轻拨，始允成交，形成守余田者任其重，买新业主任其轻，以致一方业少粮多，一方业多粮少者；又有割卖之际，竟不拨粮与买主，以致买主成为有业无粮者；又有缘上两种情形，田业均经割卖无余，而未拨完之粮，尚须承完，成为有粮无业者；又有两邑毗连，田在甲邑，粮名亦在甲邑廒册上，而粮户则住居乙邑者。种种纠纷，粮册上某名之粮，应向某人催收，非粮差不能悉其底蕴。而每一邑之中，其辖境有分甲者，有分乡者，粮差亦以或甲或乡为区域。于是此区粮

1　阮葵生：《茶余客话》卷七《吏之重要》、《论吏道》，中华书局，1959 年。

差亦仅知此区粮户之内容，他区又非所知。粮书虽有知者，又不如粮差之备悉”。所以，自清中叶以迄清末，“地方官对于催科一事，皆只有拱手受成，惟日责成粮差催收，虽极勤能之吏，亦无从理此乱丝矣”。[1]

吏役既然是这样一个特殊的角色，他们便可以利用公职敲榨勒索，或者与官员相勾结，贪污舞弊，大发不义之财。一旦参与赋税征解，便获得了攫取钱财的极好机会。在赋税征收过程中，他们又往往与基层社会的地方势力绅衿豪强狼狈为奸，剥削人民。如雍正十二年，清查山东积欠时，该省益都收书侵蚀历年钱粮2089两，武定州柜书侵蚀历年钱粮1249两，长清、泰安、历城、滕县、利津、泗水、单县、东平、沂水等县，查出收书等侵蚀银三四百两一二百两余不等。[2]至雍正十三年十一月，该省查出计役蚀银共8万余两。[3]探究积欠的原因，结果是，“出于小民无力清完者，十止三四。余或豪强衿棍，肆意拖延，单头甲催，包揽贻累。又或州县收书完粮，而银不入柜。大票填作小根，新旧交盘，混作民欠。实征流水，未及稽查。于是洒派飞摊，重征叠比。种种积弊，不可枚举”。[4]这种吏役和绅衿对赋税征收的危害作用，正反映了清朝官员对地方董率的勤惰。正是官员的管理松弛，使得山东竟出现了“不欠钱粮不成好汉”的“恶谚”（乾隆帝语）[5]。江苏积欠的缘由，也是如此。乾隆二十四年，两江总督尹继善、江苏巡抚陈弘谋指出，“悉心体察江南积欠难清之故，总由民俗浮靡，习为逋欠。其间实在贫乏拖欠者，如庐墓荒地及产典粮存年久无着，又家多事故力有难支，如此者不过十之二

1　周询：《蜀海丛谈》，《制度类上·田赋》，巴蜀书社，1986年。

2《河东总督王士俊奏为委员清查山东积欠钱粮折》（雍正十二年正月二十日）。

3《河东总督王士俊奏为办理清厘山东积欠钱粮折》（雍正十一年十一月十二日）。

4　同上。

5《清高宗圣训》卷一〇四，乾隆元年四月庚辰，上谕山东巡抚岳浚。

三”。[1]其他均是衿监吏役抗延侵蚀造成。此类例子在现存清朝档案中，俯拾即是。

州县赋税征收过程中，就官员和吏役的作弊方式而言，各地花样繁多。[2]以下仅据档案资料聊举几类。

——以征收税粮的计量单位作弊。如湖北以石斗计田，欺隐税粮。“楚省陋例，向来以石斗计算。或以布种之数计算，曰几石几斗田地。或以完粮之数计算，曰田地一处载粮几石几斗。其载粮之数，虽系制斗，而各种田粮科则不同，则顷亩亦因之而迥异。至于计种之数，则类以各处市斗计算，又各有大小不同，难以画一。奸民猾胥，乘此舞弊飞洒钱粮，隐匿契税”。[3]因以石斗计田，豪富衿民，借此闪脱，胥吏亦藉此朦官，希冀侵蚀。

——重戥多收。即在征取赋税时从衡秤上做手脚。如在陕西，“名遵自封投柜之令，实系私立重戥。如完银一两，明要一两二钱作正，而又暗以重戥加二加三。大县完银一两，实需一两四五钱不等，小县横征，有加倍苛敛者”。[4]而在四川，则有以“坐戥”害民的。“川省地瘠民贫，凡系纳粮之户，不过止以钱计止以两计。因其银数零星，天平实难兑准，不得不制戥秤收以便民。而无如不肖州县所制一种坐戥，害有甚于重耗者。伊等以清查诡寄为名，不特一家之人分居异爨者，俱令拨粮分户，即一人名下，旧粮与新粮亦必用两戥秤收。盖其所制之戥，坐重四五分或六七分不等。无论纳银一两，纳粮一钱，但拆秤一戥，必重此数，故

1 《两江总督尹继善等奏为筹办清厘江苏积欠钱粮情形折》（乾隆二十四年八月二十九日）。

2 参见任道斌：《清代嘉兴地区胥吏衙蠹在经济方面的罪恶活动》，《清史论丛》第六辑，中华书局，1985年；朱金甫：《清代胥吏制度论略》，《清史论丛》，辽宁古籍出版社，1994年。

3 《湖北布政使李世倬奏为请除石斗计田之陋例折》（雍正十三年二月十二日）。

4 《署理四川陕西总督岳钟琪密奏年羹尧在陕加派私摊火耗折》（雍正三年五月二十六日）。

不肯令民合粮上纳也。……坐戥所重，在纳粮一两者尚不觉其难，在纳银一钱者实深见其苦。是坐戥之偏累贫民，较重耗之为害大也”。[1]

——银钱比价不合理，借此多征。如陕西巡抚陈弘谋乾隆十年论及陕西情形时说，“无如各省钱价低昂不一，其应收耗羡各省多少不同。概照每银一分连耗收钱十文，其中不无浮多之处。即如陕省民间所用，多系钱文，钱价亦贵。每库平一两，易制钱在八百文上下。即以八百文而论，每两收钱八百文，应收加一五火耗，止该制钱九百二十文。若照部设连正耗每两该收钱一千文，合计银数几于加二五收耗矣。兼之陕省僻小之地，银少钱多，民间无银完纳，其上纳钱粮即数钱以至两数，亦有用钱者，不止一钱以下方收钱文也。竟照每两连耗收钱一千文，小民亏折太多。”[2]山西巡抚爱必达在乾隆十二年亦指出小户以钱纳赋，钱贵银贱时加重负担。他称，“臣查晋省征收钱粮，每银一钱，止加耗银一分至一分三厘而止。现在市价每银一两易制钱自七百八十文至八百一二十文不等。今以每银一钱，连耗纳钱百文，按计市价可易银一钱二分五六厘不等，较之征银一两，即有盈余一钱二三分。在操守廉洁之牧令，固知自爱，而设遇不肖官吏，恃有此例，恐有抑勒交钱从中渔利者，亦复不免”。[3]而事实正是如此。不过，在钱价贱时，增加钱数也有可能给赋税承担者加重负担。[4]总之，在银钱并用

1 《四川按察使程如丝奏请严办多征钱粮之州县官员折》，附于雍正朱片末，具体年月不明。

2 《陕西巡抚陈弘谋奏为征收钱粮请照时价折钱折》（乾隆十年八月二十六日）。

3 《山西巡抚爱必达奏请暂停小户以制钱完粮折》，河南巡抚硕色也论及钱价高昂后仍按原定银钱比价计算，于民有损，见《河南巡抚硕色奏为办理按照钱文时价折算征收折》（乾隆十三年五月十五日）。

4 《直隶总督颜检密奏阜城县征收钱粮增加钱效系照章办理折》（道光二年十二月初六日）。

的情形下，二者比价的变动给官员在征收赋税时作弊又提供了一条新的途径。

州县赋税征收的弊端，表现在征收过程的各个环节。雍正六年贵州提督杨天纵就指出贵州田赋的情弊在绅衿隐蔽，官吏侵蚀。而在催征初始阶段，又存在多种弊端。他说，“从前各该地方官，每年钱粮皆签委胥役催征，名曰排年，又名催差。此役到乡，不管正供之有无，必先需索手钱、鞋脚钱。此催差之弊也。至征收条马等银，明加之外，又有暗加。且多置大柜横栏库门，重等称收，民莫能窥。又复勒取票钱，稍有诘问，即劈面掷还，不行收纳。民虑守候需要盘费，又畏比责难堪，只得任其称收。及至交官，则又止照正额轻等封入。余即分肥私橐，此库吏之弊也。征收米谷，正耗之外又有高收者、私折者，此仓书斗级之弊也”。[1]

上述表明，就作弊主体而言，从征之于民的吏役直至解送到省藩库的各个环节的相关人员都有。清朝官员和吏役在赋税征解中的舞弊行为，是渗透在各个环节的，无时不有，无处不有。[2]

（三）政策失效的根源：专制制度、不完全财政与时势变迁

如前所述，到乾隆末年及嘉庆年间，清朝各级官员既不能完成国家的赋税征收任务，又在赋税的征收过程中加重对基层民众的剥削。吏治已普遍败坏，赋税政策已趋于失效。那么，吏治败坏，赋税政策失效的根源是什么呢?

1. 这是由封建社会的性质及封建专制主义的官僚体制决定的

诚如学者所言，首先，绝对君权以及封建专制主义的官僚等

1 《贵州提督杨天纵密奏黔省田赋情弊折》（雍正六年三月初六日）。

2 参见陈锋：《清代的钱粮征解与吏治》，《社会科学辑刊》1997 年第 3 期。

级权力，使下级官吏的升降荣辱，完全决定于上司长官，而不取决于个人的政绩优劣。为取得上司的欢心，他们“十分精神，三分办事，七分奉上官”[1]。而上级官吏也需要左右之间的奥援，结成利害与共的小集团，即所谓朋比，以便“贪图货赂，营谋私利”。朋党是封建官僚政治的赘瘤，它以门生、故吏、同年、同乡、同班为基础，是封建官僚彼此排挤倾轧献媚邀宠，肆行贪污纳贿的渊薮。其次，从绝对君权出发，封建皇帝需要忠于一姓王朝的官吏，所以强调“人治”。从“有治人，无治法”的原则出发，官吏的任免升降就必然以皇帝和上司的好恶为标准。某一官吏一旦邀宠，便敢于肆无忌惮，无法无天。如前述得宠于和珅的郑源琦等官吏。由此也形成任人唯亲的用人标准。在这种背景下，“上司弗问吏治，喜怒一任乎私心。因而荐举不公，官评淆乱”。[2]所以，封建专制主义的政治制度，是清朝吏治败坏、赋税征收失控的根本原因。[3]

2. 是由清代特有的不完全财政制度造成的

国家财政支出上存在缺口作为一种现象，清代以前的封建王朝也存在着。如唐朝政府就曾设立“公廨本钱”，派专员经营生利，以弥补官员生活开支和办公经费的不足。[4]但作为一种制度化典型形态的不完全财政，却是清朝经摊丁入地形成定额化的赋税制度后，才确立下来的。清朝以前各封建王朝是赋和役分派的。赋的部分虽然遵循原额观念，征课形式主要是实物，所收赋税自然不受价格上涨的影响，形成虚假性财政收入。役的部分以劳役形式支付给国家，对封建国家财政行为而言，收

1 《清世祖实录》卷一一八。

2 《清世祖实录》卷一〇六。

3 参见王思治：《从清初的吏治看封建官僚政治》一文，载作者著《两汉社会性质问题及其他》，三联书店，1980年。

4 参见萧清：《中国古代货币史》，第211页，人民出版社，1984年。

支过程合一，不会形成支出缺口。而且，它还有可能为相对定额的赋的部分提供缓冲途径。这就是，定额的赋的部分不能满足原来预定的支出项目时，可以用役的形式来替代。所以，在赋役分派的情况下，赋役制度显示出一定的弹性，财政支出缺口是局部的。清朝赋役合一和赋税货币化后，国家赋税已全部定额化、货币化，由定额化赋税决定的不完全财政体现在国家财政分配的各个领域，形成支出制度上的重要特色。这时，由于赋税普遍货币化，在物价上涨的趋势下，不完全财政的缺口更趋加大。

不完全财政影响官吏赋税征收行为的机制已如中篇（上）所述。其结果是国家政权和基层百姓交受其困。从清朝的解决途径看，一是采取捐输、报效、盐斤加价等临时性措施（已如前述），一是使徭役死灰复燃。关于后一点，嘉庆二十五年掌河南道监察御史蒋云宽就指出，“直隶差次费用，名目不一。有难以报销而必须使用者，名曰外销差费。如每遇皇差，一切桥道工程车马支应等项，虽有经费，不敷支销，往往责令民间供应。此项经费，由司道派之州县，州县派之民里。相沿非一日，而历任总督皆未经据实陈奏。司道因派差未经奏明，遂畏州县之挟制。凡派银两，不敢印札明取，但令差局委员潜通信息。于是州县中之贪劣者，藉此加倍派敛，而司道无如何也。州县以司道未经明派，亦畏绅士之挟制，不敢按地均派，但令书役向里民暗中调拨。于是，吏胥中之刁恶者，藉此任意科敛，又倍于州县所派之数，而州县亦无如何也”。就这样，在摊派数额上，层层加码，“衙门一点朱，民间一片血”。[1]这些正常赋税征收外的解决途径，使得清廷集聚财力的行为非秩序化。

可见，由于不完全财政的迫使作用，地方官额外筹资由其

1 《掌河南道监察御史蒋云宽奏为请均减直隶徭役折》（嘉庆二十五年十一月初一日）。

“自行度量”，缺乏严密的数字化管理[1]。官员的行为失去硬性的制度约束，多征滥派，给民众带来无限灾难，同时造成国家财政的亏空。

在赋税田赋地丁方面，组织收入解决支出缺口，首先是正项之外有火耗，火耗之外又继之以“平余”，又有所谓“重戥”。钱粮又有所谓“浮收”（始于乾隆三十年后），不久又有“折扣”（主要在漕粮方面）。正项外不断加码。正是在这个意义上，钱穆称清朝不加丁赋等“讨好”民众的行为，“固仅腾口惠，与确立一代规模之善政有辨”。[2]

3. 时势变迁对官吏腐败的催化作用

吏治败坏是由清朝封建专制制度的本质和财政制度的缺陷决定的。然而，为什么清朝初年各级官员在总体上励精图治，社会向上发展，而到承平日久后的乾隆末嘉庆时期呈现出衰败蜕变的不同局面，赋税政策趋于失效呢？

在官员的知识能力上，清初未必理想。而制度法规建设均显粗略。如顺治七年以前，管理全国财政的中央机关户部，钱粮均未奏销，而户部主管官员竟然不知有奏销程序。尚书谢启光称，

1　黄仁宇将缺乏数目字管理作为中国古代财政管理的重要特点（见《赫逊河畔谈中国历史》，三联书店，1992 年）。在清代，这主要表现在赋税外征取上。它的影响可以四川地丁正供外的田赋加增来说明。清代四川地丁正供一项，年仅征丁粮银 68 万余两。雍正时，为解决养廉银的来源，第一次“加赋”10 万两。乾隆末年，白莲教起，饷糈无出，川省按地丁加倍完纳（西南 34 县免加），加“津贴”54 万余两，以供支用。这是第二次，咸同年间，为团练、协饷，按地丁底数派“捐输”银 190 余万两，这是第三次加增。光绪年间，为庚子赔款加派“新捐输”100 万两，为第四次加派。这样，到光绪年间，四川每年以“田赋收入”名义上交的数额由原来正供地丁的 68 万余两上升到总额达 430 余万两。而这些加增都视作临时的，“并非一成不易之法”。但造成了征收管理上的秩序混乱。“经收之法，各邑除地丁、火耗悉归粮房经收外，其余津贴、捐输，新捐输，各邑不同。有官收官解者，有绅收绅解者，有房收房解者”（参见周询（蜀海丛谈》，《制度类上田赋》）。

2　钱穆：《国史大纲》下册，第 864 页。

他“自元年以后五年七月以前为侍郎时，不知前朝有奏销例，衙门中又无人向我说，故此未行”。[1]可见，制度建设在初创时粗略之至。但从当时全国官员的总体来看，均能效忠朝廷，实心任事，具有很强的责任感，实现行政正常运转。顺治年间，一些县令因完不成有关任务，便畏惧自杀。[2]

这种对待职守的态度，乾隆中期以后大大改变。洪亮吉论及官员风气变化时说，“然则为守令者，别有异术乎？亦惟视守令居心而已。往吾未成童侍大父及父时，见里中有为守令者，戚友慰勉之，必代为之虑曰，此缺繁，此缺简，此缺号不易治，未闻及其他也。及弱冠之后、未入仕之前，二三十年之中，风俗趋向顿改。见里中有为守令者，戚友慰勉之，亦必代为虑曰，此缺出息若干，此缺应酬若干，此缺一岁之入己者若干。而所谓民生吏治者，不复挂之齿颊矣。于是为守令者，其心思知虑，亲戚朋友，妻子兄弟，奴仆媪保，于得缺之时，又各揣其肥瘠。及相率抵任矣，守令之心思，不在民也。必先问一岁陋规若何？属员之馈遗若何？钱粮税务之赢余若何？而所谓妻子兄弟亲戚朋友奴仆媪保者，又各挟溪壑难满之欲，助之以谋利。于是不幸而守令数易，而部内之属员，辖下之富商大贾以迄小民，已重困矣”。[3]官员简直把当官看成商业行为。在此情形下，官员任职的目的在营私，不仅不会因职守劳苦而自杀，而且想方设法买官以求谋私的机会。

时势由艰苦转为安乐，清朝最高统治者对官吏腐败的态度也由严转宽。清朝立国之初，便存在腐败现象。早在顺治十年正月癸巳，顺治帝到内院阅看吏部大计疏，就对大学士范文程等说，

---

1 《刑部议杜笃枯参户部本》，并参《杜笃祜参户部银粮不销算本》，俱载《掌故丛编》，中华书局，1990 年。

2 《户部题本》（顺治十三年十二月二十三日），载《明清史料》己编上册，第 782 页，中华书局，1985 年。

3 洪亮吉：《守令篇》，《清经世文编》上册，第 515 页，中华书局，1992 年。

“贪吏何其多也。此辈平时侵渔小民，当此大察之年，亦应戒慎”。范文程奏道，“彼平居未仕时亦知贪吏不可为，一登仕籍则见利智昏矣”。顺治帝指出，“此由平素不能正心之故也。苟识见既明，持守有定，安能为货利摇夺乎？”顺治十七年十一月戊寅刑部等衙门覆奏抚臣林起龙惩贪疏，顺治帝在谕中又说，“贪官蠹役害民，屡惩弗悛，不得不特立严法，冀人人畏惧省改贪心，始不负朕惩贪救民之意。今林起龙疏称，近因法重以致人犯抵死不招，赃追甚少。旋经该部覆议，应仍照律论罪，赃追入官以助军需等语。夫与其畏法不招，何若使其畏法不贪。与其餍足贪腹以赃济饷，何若使其不贪，民得丰裕，国赋亦充。朕明知立法既严，于贪官蠹吏有所不便，必怀怨心。但轸念民生即为贪蠹所犯，亦不遑恤。若不如此，贪风何由止息？小民何日安生？其仍遵前谕行”。[1] 从稳定统治出发，对业已滋生的官吏贪污行径绝不手软。赋税征收在清初雷厉风行，未有地方不听中央的政令有意拖欠者。康熙晚期虽有宽纵，但雍正即位后竭力振刷，在财政赋税上建立起完备的制度，对贪官劣吏予以严惩，行政为之一新。及至乾隆时期，清朝社会进入最兴盛的时期，乾隆帝以“宽严相济”为治国原则，但失之于宽，特别是最后二十年，政落和珅之手，官吏腐败普遍化。这种形势的恶性发展，使得嘉庆年间的赋税征收根本失控。嘉庆十五年巴哈布在奏折中称，“各省地丁正耗钱粮，除本省留支之外，例应报解部库，以供各项经费。近来解部银两日渐减少，亏欠日多，皆缘各省不按时奏报核销，俾经征之员，得以挪新掩旧，规避处分所致”。[2] 对赋税财政上弊端的处理，也变得手软。嘉庆五年正月初九日，嘉庆帝特谕各省督抚，

1 《清世祖圣训》卷六。

2 《掌贵州道监察御史巴哈布奏请饬令各省遵照定例奏销地丁正耗钱粮折》（嘉庆十五年六月二十八日）。

阐明了对亏空的处理态度。他说，“国家设立仓库，原备各省缓急之用，岂容稍有亏缺。若清查过急，州县借弥补为名，复有劝捐派累之事，是为民反成害民之举，理财变为聚敛之弊矣。若勒限在任弥补，则是剜肉补疮，无益有害，朕深知此弊。总之，百姓不可剥削，仓库不可亏损，其如何从容弥补之法，则在督抚悉心讲求，无欺无隐，密奏章程，候朕酌定，亦不拘年限也”。[1] 不拘年限，嘉庆帝已陷入宽急两难的境地，对地方的管理已显得无可奈何。

钱穆论述乾嘉之盛极转衰的原因为：（1）因帝王精神，一代不如一代；（2）因满族官僚，日益贪污放肆；（3）汉人也志节日衰，吏治日坏；（4）因户口日增，民间经济情形转坏。[2] 这些因素自然都与时势的变化相关。清初，面对长期战争造成的破坏，统治阶级必须团结一致，才能巩固政权。所以，从皇帝到州县牧令都抱有励精图治的精神，虽然官员也有触犯刑律的，但总的氛围是向上的，远避律刑而行。及至承平日久，统治者所面临的压力已不如前，其本身的政令也时有变化，宽纵遂行。官吏在营私可侥幸免祸的情况下，对法律的威慑已态度大变，他们勇于试法以求侥幸于万一。时势变化，官员普遍风气大为逆转，贪污成风。统治阶级已整体腐朽，社会走向崩溃的边缘。晚清时人何刚德谈及时势对人们行为的影响时说，“乱世官威易行，平世官威转损。官之威，亦恃力之为助耳。乱世官以武助力，虽甚贪暴，民纵智，不能与武抗也。平世官以法助力，民之智，正可缘法生奸”。[3] 揆诸官员素质的蜕变，何尝没有乱世与平世压力变化的影响。

综上所述，在封建专制政治制度下，由于封建政治体制本身

1 《清仁宗实录》卷五七。

2 钱穆：《国史大纲》下册，第 865 ~ 870 页。

3 何刚德：《客座偶谈》卷三。

的痼疾和财政制度上的缺陷，随着时势的变化，吏治从清明变为腐败，中央政权的统治权力也由强变弱，赋税政策也从高效转变为失控。当然，时势的变化是必然的，社会的救治就只能从冲破封建制度着眼。

结　语

我们在结束了对清代前期赋税政策主要方面的考察之后，可以得出关于这一政策性质及其意义的总体认识。

清代前期清政府在赋税政策思想上，恪守着满足经常性财政支出即军需国用的目标。各个具体的历史阶段面临的政治经济形势虽各不相同，统治者在财政赋税方面所推行措施的重心也各有异，如顺康时期为筹集军需逾制加征多派，雍正时严行赋税的征收和管理，乾隆时罢开垦增赋之途，但赋税收入的基本目标始终未变。只要国用充足，清政府就可实行蠲免；府库空虚，则遂即严行催征与管理。为了实现这个目标，清政府大量裁扣存留，改作起运，以扩大中央的财力；在赋税承担者负担轻重方面，也进行一定程度的政策调整，使负担有所均平，旨在保证赋税收入的稳定和如数征收；在定赋之时，还以清初物价高昂时的价格作为赋税货币化的依据，来扩大清代赋税额度。总之，清朝恪守的是一种承平型赋税征收体制。

与赋税政策目标相联系，在顺康时期提高赋税应征额和赋役合一运动的基础之上，清政府建立起定额化的赋税征收制度。这一制度以康熙五十一年推行“滋生人丁永不加赋”为始，首先把丁银总额固定下来。雍正初年实行摊丁入地，通过征税对象的简化归一，一则使固定了的丁银总额易于征足，得以落实，再则利用地亩变动相对稳定的特点，使得清代赋税主体地丁部分在数额上总体保持在相对固定的水平，使清代赋税征收体制呈现出显明的定额化特点。这种定额化的赋税征收体制，以赋役合一和赋税货币化为条件，决定了清代财政分配制度在支出上缺口的普遍存在，从而形成中国历史上前所未有的不完全财政制度。财政支出上大量缺口的存在，促使地方政府及各级官员不得不谋求财政外的渠道攫取社会财富以求弥补。这就一方面迫使政府对官员额外苛索在管理上放松，另一方面，额外多派又影响正额赋税的完纳。这种正额赋税固定化的结果，对于国家财政而言，是赋税实征额的日益减少；对于基层百姓而言，是实际负担日形加重。民众的负担一层层累积起来，直至无法忍受，“官逼民反”。

在制度建设之外，清政府也在日常行政中对赋额及赋则等进行临时性的调整。这些调整措施，旨在通过对不同地区、不同征课对象的部分赋额增减，以协调各方面的利益关系，最终为清朝统治的稳定服务。但赋税调整有一个最基本的前提，就是不能影响清政府赋税征收的大体，全国赋税总额必须基本稳定。这一点，不仅可以从个别地区赋额变动分析中看出，也可以从全国赋税总额地丁银统计数字中得到说明。

清政府赋税政策的实施受着多方面条件的制约。其中最主要的制约因素，是赋税征收工具、基层社会组织的形式和吏治状况。清政府先后创立了易知由单、截票（串票）和滚单等赋税征收工具，并推行顺庄编里来配合滚单的使用。但赋税征收工具的变换和在技术上的改良，并不能根本保证赋税政策的贯彻。基层社会组织是清朝国家政权统治人民的中介组织。清代基层社会组织从里甲制向保甲制的转变，是清代赋税征收体制从赋役分派通过摊丁入地改革为赋役合一的结果。保甲制成为基层社会组织形式的主流后，给赋税征收带来更大的困难，因为保甲组织的存在并不像里甲制那样是以赋役征派功能为前提的，保甲的职责仅在督催。在中央政权权威弱化的条件下，保甲组织既得不到完善，基层社会赋税征收的权力便转移到乡村自然生长的宗族组织等手中。宗族组织较之保甲，与国家政权的关系更为疏远。这个事实说明，清政权通过赋税征收所体现的社会控制能力削弱了。

赋税政策的效果，主要体现在赋税征收目标的实现程度和对民众实际负担的影响两方面。这既与赋税征收工具的改良有关，又与基层社会组织的完善相联系。但更为重要的决定因素是吏治状况，因为清代赋税政策是由其庞大的官僚队伍去执行的。事实表明，随着吏治状况的日趋恶化，清代赋税政策的效果也越来越差。到乾隆末期嘉庆年间，赋税政策已趋于失效。清朝官吏对财政赋税的侵蚀体现在赋税征收和解送的各个环节上。嘉庆时期，正额赋税的完纳日渐减少，连政府也把目光转向捐纳及其他非赋税方面以谋求财源。社会管理秩序陷入混乱，赋外加赋，一轮新的恶性循环又开始了。这种局面，追根溯源，是清朝的封建专制制度和不完全财政制度在时势变化的条件下相互作用的结果。

清代赋税政策，是完全沿袭此前封建时代中国的传统模式。正是在这个认识前提下，我们作了上述分析。在此时期，西方世界已经迈入资本主义时代，把赋税征收不仅作为经常性财政支出的来源，而且当成满足生产性财政支出的途径，影响生产的结构和方向。与此对比，清政府赋税政策的缺陷就更是显而易见。面对赋税征收中的新问题，诸如支出扩大后如何从正常的赋税调整中予以解决、币值变动情况下如何调整赋额，清朝政府都没有妥善可行的对策。由于这些问题的困扰和清政府整个统治的渐趋腐败，其财政日形困窘，最后在西方势力渗入中国后，其收入的组织形式和结构不得不改变，那又是另一番景象了。

引用书目与参考文献

一　论著

1.《路易·波拿巴的雾月十八日》，《马克思恩格斯选集》第1卷。

2. 陈支平：《清代赋役制度演变新探》，厦门大学出版社，1988年。

3. 史志宏：《清代前期的小农经济》，中国社会科学出版社，1994年。

4. 钱穆：《国史大纲》下册，商务印书馆，1994年。

5. 全汉昇：《中国经济史论丛》第2册，香港新亚研究所，1972年。

6. 梁方仲：《中国历代户口、田地、田赋统计》，上海人民出版社，1980年。

7. 庄吉发：《清世宗与赋役制度的改革》，台湾学生书局，1985年。

8. 陈锋：《清代军费研究》，武汉大学出版社，1992年。

9. 叶显恩：《明清徽州农村社会与佃仆制》，安徽人民出版社，1983年。

10. 许大龄：《清代捐纳制度》，燕京书社，1950年。

11. 萧一山：《清代通史》，中华书局本。

12. 周伯棣：《中国财政史》，上海人民出版社，1981年。

13. 日·佐伯富著，郑樑生译：《清代雍正朝养廉银研究》，台湾商务印书馆，1975 年。

14.《梁方仲经济史论文集》，中华书局，1989 年。

15. 严桂夫主编：《徽州历史档案总目提要》，黄山书社，1996 年。

16. 美·费正清：《剑桥中华人民共和国史，1949~1965》，上海人民出版社，1990 年。

17. 吉尔伯特·罗兹曼：《中国的现代化》，江苏人民出版社，1988 年。

18. 韦庆远：《明代黄册制度》，中华书局，1961 年。

19. 唐文基：《明代赋役制度史》，中国社会科学出版社，1991 年。

20. 袁良义：《清一条鞭法》，北京大学出版社，1995 年。

21.《清代全史》第五卷，辽宁人民出版社，1991 年。

22. 王思治：《清史论稿》，巴蜀书社，1987 年。

23. 王思治：《两汉社会性质问题及其他》，三联书店，1980 年。

24. 谭棣华：《清代珠江三角洲的沙田》，广东人民出版社，1993 年。

25. 冯尔康：《雍正传》，人民出版社，1985 年。

26. 王利器：《李士桢李煦父子年谱》，北京出版社，1983 年。

27. 萧清：《中国古代货币史》，人民出版社，1984 年。

28. 黄仁宇：《赫逊河畔谈中国历史》，三联书店，1992 年。

29. 彭泽益：《十九世纪后半期的中国财政与经济》，人民出版社，1983 年。

30. 汤象龙：《中国近代财政经济史论文选》，西南财经大学出版社，1987 年。

31. 何炳棣：《中国古今土地数字的考释和评价》，中国社会科学出版社，1988 年。

32. 陈锋：《顺治朝的军费支出与田赋预征》，载《中国社会经济史研究》1992 年第 2 期。

33. 孙毓棠、张寄谦：《清代的垦田与丁口的记录》，《清史论丛》第 1 辑，中华书局，1979 年。

34. 曹月堂：《谈康熙朝的钱粮蠲免》，载《南开史学》1982 年 1 期。

35. 常建华：《乾隆朝蠲免钱粮问题试探》，载《南开史学》1984 年第 2 期。

36. 潘喆、唐世儒：《获鹿县编审册的初步研究》，载《清史研究集》第 3 辑，四川人民出版社，1984 年。

37. 经君健：《论清代蠲免政策中减租规定的变化》，载《中国经济史研究》1986 年 1 期。

38. 郭松义、李新达：《清代蠲免政策中有关减免佃户地租规定的探讨》，载《清史论丛》第 8 辑，中华书局，1991 年。

39. 郭松义：《论“摊丁入地”》，载《清史论丛》第 3 辑，中华书局，1982 年。

40. 李华：《清代前期赋役制度的改革——从“滋生人丁永不加赋”到“摊丁入亩”》，载《清史论丛》第 1 辑。

41. 何本方：《清代户部诸关初探》，载《南开学报》1983 年第 3 期。

42. 彭泽益：《清代财政管理体制与收支结构》，载《中国社会科学院研究生院学报》1990 年 2 期。

43. 薛宗正《清代前期的盐商》，载《清史论丛》第 4 辑，中华书局，1982 年。

44. 彭雨新：《四川清初招徕人口和轻赋政策》，载《中国社会经济史研究》1984 年第 4 期。

45. 史志宏：《山西省地丁合一完成的年代》，载《清史论丛》第 3 辑，中华书局，1982 年。

46. 孙海泉：《论清代从里甲到保甲的演变》，载《中国史研究》1994 年第 2 期。

47. 日·片山刚：《明清时代的王朝统治与民间社会》，载《广州研究》1986 年 6 期。

48. 刘志伟：《清代广东地区图甲制中的“总户”与“子户”》，载《清代区域社会经济研究》上册，中华书局，1992 年。

49. 叶显恩、谭棣华：《清代中后期珠江三角洲豪族赋税征收问题》，载《清史研究通讯》1985 年 2 期。

50. 任道斌：《清代嘉兴地区胥吏衙蠹在经济方面的罪恶活动》，载《清史论丛》第 6 辑，中华书局，1985 年。

51.朱金甫：《清代胥吏制度论略》，载《清史论丛》，辽宁古籍出版社，1994 年。

52. 陈锋：《清代的钱粮征解与吏治》，载《社会科学辑刊》1997 年 3 期。

53. 王业键：Land Taxation in Imperial China，1750~1911. Harvard University Press Cambridge，Massachusetts 1973.

54. Madeleine Zelin：The Magistrate's Tael：Rationallizing Fiscal Reform in Eighteenth Century Ch'ing China，Berkeley，University of California Press，1984.

55. 日·片山刚：《关于清代广东省珠江三角洲地区的图甲制》，东洋学报 64-3.4。

56. 日·山本英史：《自封投柜考》，载《中国——社会与文化》第 4 号，1989 年。

57. 日·山本英史：《税粮包揽中的绅衿与清朝国家》，载《东洋史研究》第 48 卷 4 号，1990 年。

二　史料

58.《多尔衮摄政日记》

59.《清实录》

60.《清稗类钞》

61. 昭梿：《啸亭杂录》，中华书局，1980 年。

62.《明清档案》，台湾联经出版事业公司。

63.《清史列传》

64.《清史稿》，中华书局点校本。

65.《明清史料》丙编，台湾维新书局本。

66.《清经世文编》，中华书局，1992 年。

67.《明清史料》己编，中华书局，1985 年。

68. 同治《衡阳县志》

69.《清代档案史料丛编》第 4 辑，中华书局，1979 年。

70.《清史资料》第 2 辑，中华书局，1981 年。

71. 乾隆《钦定大清会典则例》

72.《康熙御制文集三集》

73.《经义斋集》

74.《康熙起居注》1~3 册，中华书局，1984 年。

75.《论语》

76.《礼记》

77.《清圣祖圣训》

78.《石渠余记》，北京古籍出版社，1985 年。

79. 赵翼：《皇朝武功纪盛》

80. 叶梦珠：《阅世编》，上海古籍出版社，1981 年。

81. 王先谦：《东华录》

82.《康熙政要》

83.《康熙御制文集一集》

84.《康熙御制文集二集》

85. 雍正《上谕内阁》

86.《清世宗诗文集》

87.《养吉斋丛录》，北京古籍出版社，1983年。

88.《文献丛编》第43辑。

89.《雍正起居注册》

90. 萧奭：《永宪录》

91.《雍正朝汉文朱批奏摺汇编》，中国第一历史档案馆编，江苏古籍出版社，1989年。

92. 乾隆《光州志》

93. 谢济世：《谢梅庄先生遗集》

94.《清朝文献通考》

95.《小仓山房文集》

96.《宫中档雍正朝奏摺》（台湾故宫博物院）第1、2、3、8、10、11、25辑等。

97. 一史馆档案，“朱批奏折财政类”等。

98.《乾隆上谕档》第七册，档案出版社，1991年。

99. 彭元瑞：《孚惠全书》

100. 吴庆坻：《蕉廊脞录》，中华书局，1990年。

101. 法式善：《陶庐杂录》，中华书局，1959年。

102.《清高宗圣训》

103. 陆陇其：《灵寿陈时务》

104. 李之芳：《赋役详稿》，中国人民大学图书馆藏本。

105. 咸丰《平山县志》

106. 中国社会科学院经济研究所藏抄档《地丁题本》。

107. 嘉庆《湖北通志》

108. 田文镜：《抚豫宣化录》

109. 乾隆《江南通志》

110. 乾隆《广信府志》

111. 曾王孙：《清风堂文集》

112. 赵熊诏：《赵恭毅千秋录》

113. 李兆洛：《养一斋文集》

114. 雍正《浙江通志》

115. 雍正《大清会典》

116.《康雍乾时期城乡人民反抗斗争资料》，中华书局，1979年。

117. 康熙《清会典》

118. 乾隆《盛京通志》

119. 乾隆《江西通志》

120. 乾隆《巴县志》

121. 康熙《上海县志》

122. 康熙《平阳府志》

123. 康熙《河州志》

124. 蒋伊：《条奏疏稿》

125. 光绪《应城县志》

126.《清代档案史料丛编》第1辑，中华书局，1978年。

127. 康熙《宁化县志》

128. 康熙《灵寿县志》

129.《古今图书集成》

130. 道光《阳曲县志》

131. 乾隆《夏津县志新编》

132. 陈振汉等编：《清实录经济史资料（农业编)》第3分册(上)，北京大学出版社，1989年。

133. 万历《永福县志》

134.《天下郡国利病书》

135. 嘉庆《茶陵州志》

136. 康熙《汾阳县志》

137. 民国《汾阳县志》

138. 康熙《天长县志》

139. 嘉庆《澄海县志》

140. 陆陇其：《三鱼堂外集》

141. 赵吉士：《万青阁自订文集》

142. 张玉书：《张文贞公集》

143. 吴桭：《牧济尝试录》

144. 光绪《曹县志》

145. 李蕃：《雪鸿堂文集》

146. 嘉庆《大清会典事例》

147. 嘉庆《延安府志》

148. 魏世杰：《魏兴士文集》

149. 何刚德：《客座偶谈》，上海书店，1983 年。

150.《钦定大清会典事例》，台湾新文丰影印本。

151. 蒋良骐：《东华录》

152. 赵翼：《檐曝杂记》，中华书局，1982 年，《檐曝杂记·竹叶亭杂记》本。

153. 姚元之：《竹叶亭杂记》，同上。

154. 顾炎武：《日知录》

155.《清世宗圣训》

156.《亭林文集》

157. 罗福颐辑：《国朝史料零拾》，台湾《近代中国史料丛刊·续辑》（441）。

158.《清朝续文献通考》

159.《辑瑞陈言》，《抚吴封事》附刊本。

160. 乾隆《苏州府志》

161.《历史档案》1992 年 4 期，所载浙江湖州重赋处理档案。

162.《清会典》

163.《湖北通志》

164. 嘉庆《大清一统志》总目。

165. 道光三年份《直隶正定府赋役全书》（十四州县），中国人民大学图书馆藏本。

166. 康熙九年《陕西通志》

167. 雍正《陕西通志》

168. 道光《陕西志辑要》

169. 嘉庆《四川通志》

170. 嘉庆《松江府志》

171.《清朝通志》

172. 黄六鸿：《福惠全书》

173. 康熙《苏州府志》

174. 戴兆佳：《天台治略》

175. 田文镜：《钦定饬训州县规条》

176.《永乐大典》卷二二七七《湖州府志》

177.《明太祖实录》

178. 叶春及：《叶絅斋先生全集》

179.《皇明制书》

180.《明经世文编》

181. 万历《香河县志》

182. 吕坤：《实政录》

183. 嘉靖《惠州府志》

184.《张太岳文集》

185. 万历《武进县志》

186. 黄洪宪：《碧山学士集》

187. 陈龙正：《几亭全书》

188. 康熙《秀水县志》

189.《明会典》

190. 正德《嘉善县志》
191.《景泰实录》
192. 天启《海盐县图经》
193. 隆庆《岳州府志》
194. 章懋：《枫山集》
195. 张萱：《西园闻见录》
196.《万历实录》
197. 李渔：《资治新书二集》
198. 康熙《钱塘县志》
199. 康熙《石埭县志》
200.《皇朝政典类纂》
201. 道光《苏州府志》
202. 光绪《富阳县志》
203. 同治《湖州府志》
204. 道光《石门县志》
205. 乾隆《杭州府志》
206. 乾隆《鹿邑县志》
207. 李绂：《穆堂初稿》
208. 乾隆《鄞县志》
209. 乾隆《诸城县志》
210. 道光《海昌县志》
211. 乾隆《严州府志》
212. 李卫、田文镜：《圣谕条例州县事宜》
213. 乾隆《平湖县志》
214. 王安石：《王文公文集》
215. 乾隆《建昌府志》
216. 李士桢：《抚江政略》、《抚粤政略》，台湾《近代中国史料丛刊三编》（382、383、384）。

217. 民国《德清县志》
218. 乾隆《淄川县志》
219. 乾隆《河间县志》
220. 徐栋：《保甲书》
221.《范氏族谱》
222.《敕旌义门王氏族谱》
223. 湖北《刘氏宗谱》
224.《桂林方氏支谱》
225.《桐城赵氏宗谱》
226. 浙江山阴《吴氏族谱》
227.《张氏族谱》
228. 光绪《嘉定县志》
229.《大清律例汇集便览·刑律·盗贼窝主》
230. 同治《南海县志》
231. 光绪《九江儒林乡志》
232. 民国《佛山忠义乡志》
233. 嘉庆《龙氏乡志》
234. 徐赓陛：《不慊斋漫存》
235.《何氏事略》
236. 民国《龙氏族谱》
237. 鳌台：《王氏族谱》
238. 民国《顺德水藤邓永锡堂族谱》
239. 宣统《南海县志》
240. 光绪《南海深村蔡氏族谱》
241.《南海甘蕉蒲氏家谱》
242.《岭南冼氏宗谱》
243.《京兆归氏世谱》
244. 李调元：《粤游小识》

245. 康熙《苏州府志》

246. 康熙《石门县志》

247. 康熙《全椒县志》

248. 乾隆《大名县志》

249.《章邱县志》

250.《旧典备征》卷五，载朱彭寿《旧典备征·安乐康平室随笔》，中华书局，1982 年。

251. 汪景祺：《读书堂西征随笔》，上海书店，1984 年。

252. 朱建寅：《安庆府志序》

253. 刘献廷：《广阳杂记》，中华书局，1957 年。

254. 陈康祺：《郎潜纪闻四笔》，中华书局，1990 年。

255. 黄钧宰：《金壶浪墨》，台湾文海出版社《近代中国史料丛刊》（428）。

256. 阮葵生：《茶余客话》，中华书局，1959 年。

257. 周询：《蜀海丛谈》，巴蜀书社，1986 年。

258.《掌故丛编》，中华书局，1990 年。

后　记

本书是在博士学位论文的基础上修订增补而成。几年来寒暑煎熬，披灯夜读，我的精力都集中于本书的写作与修改。所以，当书稿修订完毕，并通过东方历史研究出版基金评委的评审得以面世时，欣慰之情油然而生。

1993 年起，我在中国人民大学清史研究所王思治教授指导下攻读博士学位。王先生尊重我本人的意见，确定了本书的论题作为我的博士论文题目。就我本人而言，选择这个论题，一是考虑到自身工作的需要，一是从自己的兴趣和认识出发。1991 年 7 月我自清史研究所取得硕士学位后，便留校到财政金融系金融教研室，主要从事中国货币金融史的教学工作。论理，选择清代货币史作为研究方向更贴近教学工作的需要。然而，据我对清代货币史资料的了解，清代统治者对货币问题的处理仍处在十分朴素的阶段。虽有丰富的档案资料可供整理，其理论提炼价值尚形缺乏，论题过于偏狭。很长时间以来，在我的意识里，虽不像英籍中国科技史巨匠李约瑟从黄仁宇《中国大历史》所得的印象那样，整部中国史就是一部征税的历史，但赋税征收确实是封建国家政权联结基层民众的重要途径，并对社会生活的各个方面产生重要影响。赋税政策史的研究对理解中国历史具有重要意义。而从研究现状来看，学术前辈虽对清代赋税史进行了深入的研究，但仍有突破的余地。基于这些认识，我选择了与货币问题有重要关系的清代赋税政策作为研究对象。论题既定，三年里便在王思治教授的严厉督导下进行探索。王思治教授的主要研究领域虽不在经济史，但作为清史名家，他以对历史深邃的洞察力和整体把握，就论文的构思、撰写和修改提出了决定性的意见。所以，本书稿的写作自始至终凝结着导师王思治教授的心血。论文答辩通过后，我又根据同行专家的意见进行了修订增补，成为今天这个样子。

在我的治学经历中，还应特别提到我的硕士导师李鸿彬教授。我是首先从他那里学到了治学的基本方法。他治学严谨勤奋，现在虽然身患重病，仍继续发表论文和专著，并有撰写新著的计划。这种精神时常鞭策我在事业上不断进取，不敢稍事懈怠。

人是环境的产物。在我的人生旅途中，我的老师、同事、同学都给我良好的教益和影响。而我的父母给我提供了最初的成长环境。我的父亲何祖荫从事基础教育三十余年，他给我们的家庭创造了一个良好的文化氛围。我的母亲罗金芝，虽然没受过什么文化教育，但她对我人格的形成起了很大的影响。在湖北咸丰县活龙青岗林这片故土上，我从母亲身上学到了坚强正直的品质和顽强不息的精神，这使我后来在求学工作中形成了凡事不做则已，做则投入用心的做事原则。所以，当本书出版时，我愿将它献给我已故去的父亲和仍健在的母亲。

在本书稿的写作过程中，我一直承担着满负荷的教学工作量，除了货币金融史外，有几个学期还讲授本科货币银行学课程。我的思绪不时在古今之间转换。为了把学位论文写好，我便必须加倍投入精力。这样，相当长的时间里，夜晚经常看书至凌晨一二点。同时，在论文的构思和定稿期间，也是我可爱的小惠东从出生到会说简单话语的时候，我的妻子徐琼和我共同承担了抚育小孩的各项事务，不胜辛劳。西方哲人富兰克林说过，人当二十，受意志支配。在繁重的工作和家务压力以及恶劣的居室环境下，本书的写作不啻是对我意志力的考验！

本书的写作，虽然尽了很大努力，但仍然存在许多缺陷。我深知，学术前辈的肯定，是鼓励我今后不断进取，并不等于说本书的论证和分析就十分完善。我十分欣赏所谓科学是探求真理的过程的说法，任何科学探索的结果都不是终极真理。即使在本书涉及的个别问题上，如对不完全财政的分析，我虽然指出了中国古代为清朝所特有，但诚如经君健先生所说，它作为一种财政分配类型，其普遍的理论意义尚需以世界各国的历史材料予以论证。路漫漫其修远兮，吾将上下而求索。

最后，在本书即将出版时，我还要特别感谢清史研究所李华教授，他有益的资料提示和鼓励，使我坚定了从事此论题研究的信心。感谢中国第一历史档案馆、北京图书馆、中国人民大学图书馆库本室和线装书阅览室的老师们，他们的资料服务是本书写作的基础。感谢中国社会科学院经济研究所研究员、全国政协委员经君健先生，著名清史专家、中国社会科学院历史研究所研究员郭松义先生向基金所作的推荐。感谢中国社会科学出版社总编辑王俊义教授和副编审郭沂纹女士，他们认真负责的精神和辛勤劳动，使本书得以顺利出版。

何　平

1997 年 12 月 6 日

于中国人民大学东风 2 楼 235 室

明清纪元简表

皇　帝	年　号 （在位年限）	元年干支 （公元纪年）
太祖（朱元璋）	洪武（31）	戊申（1368）
惠帝（朱允炆）	建文（4）*	己卯（1399）
成祖（朱棣）	永乐（22）	癸未（1403）
仁宗（朱高炽）	洪熙（1）	乙巳（1425）
宣宗（朱瞻基）	宣德（10）	丙午（1426）
英宗（朱祁镇）	正统（14）	丙辰（1436）
代宗（朱祁钰）	景泰（8）	庚午（1450）
英宗（朱祁镇）	天顺（8）	丁丑一（1457）
宪宗（朱见深）	成化（23）	乙酉（1465）
孝宗（朱祐樘）	弘治（18）	戊申（1488）
武宗（朱厚照）	正德（16）	丙寅（1506）
世宗（朱厚熜）	嘉靖（45）	壬午（1522）
穆宗（朱载垕）	隆庆（6）	丁卯（1567）
神宗（朱翊钧）	万历（48）	癸酉（1573）
光宗（朱常洛）	泰昌（1）	庚申八（1620）
熹宗（朱由校）	天启（7）	辛酉（1621）
思宗（朱由检）	崇祯（17）	戊辰（1628）
* 建文四年，成祖废除建文年号，改为洪武三十五年。		
太祖（爱新觉罗·努尔哈赤）	天命（11）	丙辰（1616）
太宗（爱新觉罗·皇太极）	天聪（10） 崇德（8）	丁卯（1627） 丙子四（1636）
世祖（爱新觉罗·福临）	顺治（18）	甲申（1644）
圣祖（爱新觉罗·玄烨）	康熙（61）	壬寅（1662）
世宗（爱新觉罗·胤禛）	雍正（13）	癸卯（1723）
高宗（爱新觉罗·弘历）	乾隆（60）	丙辰（1736）
仁宗（爱新觉罗·颙琰）	嘉庆（25）	丙辰（1796）
宣宗（爱新觉罗·旻宁）	道光（30）	辛巳（1821）
文宗（爱新觉罗·奕詝）	咸丰（11）	辛亥（1851）
穆宗（爱新觉罗·载淳）	同治（13）	壬戌（1862）
德宗（爱新觉罗·载湉）	光绪（34）	乙亥（1875）
爱新觉罗·溥仪	宣统（3）	己酉（1909）
1616年，努尔哈赤建立后金；1636年，改国号为清；1644年，清入关。		

◆ 制表参考《现代汉语词典》（第5版，商务印书馆，2010年）。

◆ 年中改元时，在干支后用数字注出改元的月份。

编后说明

《明清史学术文库》旨在整合出版上世纪以来，明清史学研究领域中学术影响深远的专题论著（暂未包括专有出版权与其他出版机构有合同约束的论著）。

由于所选书稿在此前分别由不同的出版社出版，因此在编辑制作过程中，我们尤其注重构建本丛书的体例。特作说明如下。

一　内容

为保持与相关领域学术发展同步，本丛书出版前，各册书稿内容均请作者、作者家属或相关学者在原著基础上作了厘正。

二　结构

丛书各册内容按照章、节等体例安排层级关系，图表按章排序。

三　文字

文献名、引文、年号、姓名等文字中，如遇异体字或无对应的现行简化字，则保留原字。

四　注释

1. 相同文献的相同版本信息，只在第一次出现时予以标注（该文献如在书中出现其他版本信息，则逐一标注；如来稿每则注释皆信息完整，且体例统一，则不予改动；如信息查询未果，则维持缺项）。

2. “二十四史”等常见古籍，如无特殊需要，皆不注明版本信息。

3. 古籍卷数用“卷”与汉字表示，如卷一九、卷一三五等。

五　年代换算

明清两朝的干支纪年不逐一换算成公元纪年，对于原著未附纪元表的专著，附以《明清纪元简表》，以便参考。

六　寄语

本丛书各册作者皆为相关领域学术大家，故每册卷首均设作者寄语。寄语或为约请作者提供，或从其专著中援引。

宫廷历史编辑室

二〇一二年七月

图书在版编目（CIP）数据

清代赋税政策研究：1644~1840年 / 何平著. —北京：故宫出版社，2012.11

（明清史学术文库）

ISBN 978-7-5134-0340-5

Ⅰ. ①清… Ⅱ. ①何… Ⅲ. ①赋税制度-研究-中国-1644~1840 Ⅳ. ①F812.949

中国版本图书馆CIP数据核字（2012）第249024号

清代赋税政策研究：1644～1840年

著　　者：何　平

责任编辑：刘　辉　刘　玮

封扉设计：李　猛

出版发行：故宫出版社

地址：北京市东城区景山前街4号　邮编：100009

电话：010-85007808　010-85007816　传真：010-65129479

网址：www.culturefc.cn　邮箱：ggcb@culturefc.cn

制　　版：保定市万方数据处理有限公司

印　　刷：保定市中画美凯印刷有限公司

开　　本：787毫米×1092毫米　1/16

印　　张：22

字　　数：299千字

版　　次：2012年11月第1版

2012年11月第1次印刷

印　　数：1～3000册

书　　号：ISBN 978-7-5134-0340-5

定　　价：46.00元